西安城市轨道交通电客车全寿命管理实践与创新

卢剑鸿　史新伟　史富强　纪红波　秦孝峰　著

西南交通大学出版社

成　都

图书在版编目（CIP）数据

西安城市轨道交通电客车全寿命管理实践与创新 / 卢剑鸿等著. -- 成都 : 西南交通大学出版社，2025. 5. ISBN 978-7-5774-0413-4

Ⅰ. U266.2

中国国家版本馆 CIP 数据核字第 2025LW0878 号

Xi'an Chengshi Guidao Jiaotong Diankeche Quanshouming Guanli Shijian yu Chuangxin

西安城市轨道交通电客车全寿命管理实践与创新

卢剑鸿　史新伟　史富强　纪红波　秦孝峰　著

策 划 编 辑	黄庆斌　李芳芳
责 任 编 辑	张文越
封 面 设 计	GT 工作室
出 版 发 行	西南交通大学出版社 （四川省成都市金牛区二环路北一段 111 号 西南交通大学创新大厦 21 楼）
营销部电话	028-87600564　028-87600533
邮 政 编 码	610031
网　　　址	https://www.xnjdcbs.com
印　　　刷	成都蜀通印务有限责任公司
成 品 尺 寸	170 mm × 230 mm
印　　　张	18.5
字　　　数	332 千
版　　　次	2025 年 5 月第 1 版
印　　　次	2025 年 5 月第 1 次
书　　　号	ISBN 978-7-5774-0413-4
定　　　价	68.00 元

前　言

　　城市轨道交通是缓解城市交通拥堵最有效的交通方式之一，具有安全、快速、舒适、环保、运量大的特点。目前，中国已成为世界上城市轨道交通发展速度最快的国家，随着城市轨道交通电客车的需求量的不断增长，城市轨道交通建设力度也在不断加大。因此全面掌握电客车的特点，特别对电客车整车及重要零部件全寿命的周期管理已经成为目前城市轨道交通行业电客车专业的一个非常重要的课题。

　　城市轨道交通电客车是整个城市轨道系统中结构复杂、高新技术广泛应用的一个综合性机电一体化的重要设备，要保障这样一个庞大系统安全、高效和经济的使用，为城市轨道交通系统节约成本，就必须掌握电客车的基本特点、学习先进的管理经验并依靠与之相匹配的高素质员工掌握电客车全周期使用中的特点，进行管理的实践和创新。本书的作者根据长期的工作经验，深入调研，总结部分城市的轨道交通电客车全寿命管理、实践与创新方面的先进经验，在西安城市轨道交通系统中应用与实践，从而再总结再创新，并在理论方面进一步完善，编写完成本书。

　　本书共 10 个章节，内容包括西安地铁发展的概述，设备全寿命管理，电客车初步设计阶段的全寿命管理，城轨电客电辆招标、合同谈判及设计联络阶段的全寿命管理，电客车的制造、监造及试验阶段的全寿命管理，城轨电客车运用维修阶段的全寿命管理，电客车架大修阶段的全寿命管理，城轨电客车电三十年生命周期全寿命管理，全寿命周期的替代品研究及升级改造和城轨电客车电全寿命管理发展思考及展望共十项内容。本书涵盖了城轨电客车设计、监造制造、使用、检修、大修等环节的全寿命管理的内容，涉及面广，从西安城市轨道交通电客车全寿命管理中，提出了较先进的实践经验、方法及不足之处。

本书由西安城市轨道交通运营分公司卢剑鸿、纪红波、秦孝峰，中国铁路西安局集团有限公司车辆部史新伟、陕西交通职业技术学院史富强共同编写，全书由史富强统稿。

　　编者都是从事轨道交通电客车全寿命管理一线工作人员和管理人员，具有较为丰富的专业基础理论和实践经验，强调知识技能的系统性和实用性。由于我国城市轨道交通系统电客车管理存在差异，不同城市甚至同一城市不同线路，城轨电客车运营方式、管理模式和检修方式等方面都有一定的差异，因作者信息收集有限，本书无法涵盖不同城市的差异化情况，仅以西安为例，供读者参考；同时由于编者水平有限，不足之处在所难免，欢迎广大读者批评指正。

编　者

2024 年 9 月

目 录

1

概　述

1.1　西安轨道交通发展

　　西安市轨道交通系统（简称"西安地铁"），是服务于中国陕西省西安市境内城市轨道交通系统，2011 年 9 月 16 日开通试运营第一条线路，即西安地铁 2 号。西安成为我国第 14 座开通城市轨道交通的城市，是西北地区第 1 个开通地铁的城市。

　　如图 1-1 所示，截至 2023 年 12 月西安已建成通车的线路有 9 条，分别为：1 号线、2 号线、3 号线、4 号线、5 号线、6 号线、9 号线、14 号线和 16 号线，运营里程共计 309.92 千米；共设车站 192 座（换乘站不重复计算），其中换乘车站 19 座；目前西安地铁在建线路 3 条，分别为 15 号线一期工程、10 号线一期工程和 8 号线工程。

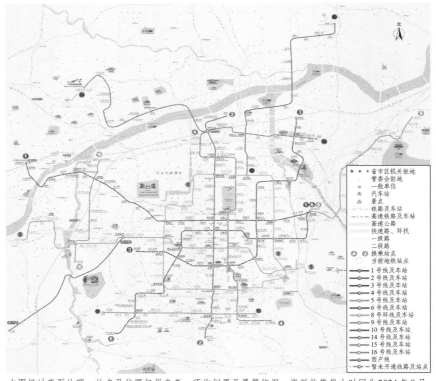

本图经过变形处理，地名及位置仅供参考，不作划界及量算依据。资料收集截止时间为 2024 年 8 月

图 1-1　西安轨道交通线网（截至 2023 年 12 月）

据西安地铁运营数据统计，截至 2023 年 12 月 31 日，西安地铁历史最高日客运量为 470 万人次。

1. 历史沿革

西安建设地铁的设想由来已久，最早可追溯至 20 世纪 70 年代，具有典型的事件有：

1993 年，西安市正式出台地铁修建规划，规划提出修建 4 条线路，成为西安地铁规划的雏形。

2002 年，《西安市城市轨道交通规划》出台，规划提出修建 6 条地铁线路。

2005 年 11 月，西安市地下铁道有限责任公司成立。

2006 年 4 月，《西安市城市快速轨道交通建设规划》通过了专家组审查。同年 9 月，国家发改委批准《西安市城市快速轨道交通建设规划（2006 年—2015 年）》，包含西安地铁 1 号线一期工程、西安地铁 2 号线一期工程。

2007 年 7 月 4 日，国家发改委批复西安地铁 2 号线一期工程可行性研究报告。8 月 10 日，西安地铁 2 号线一期工程全线开工建设。11 月 28 日，西北地区首台地铁盾构机在西安地铁 2 号线试验段始发，标志着西安首条地铁建设进入隧道掘进阶段。

2008 年 6 月 3 日，西安地铁首个车站（行政中心站）实现主体结构封顶。12 月 2 日，国家发改委批复西安地铁 1 号线一期工程可行性研究报告。2009 年 3 月底，西安地铁 1 号线一期工程全线开工。

2010 年 1 月，国家发改委批准《西安市城市快速轨道交通建设规划（2006—2016）调整方案》。在原批复建设规划和项目基础上，增加建设 3 号线一期工程、1 号线二期工程，合计增加线路长度 42.6 千米；规划年限由 2015 年延长到 2016 年。1 月 7 日，西安地铁召开运营公司成立大会。7 月 20 日，西安地铁首列电客车运抵电客车段。

2011 年 9 月 16 日，西安地铁 2 号线首通段开通试运营，西安成为中国西北地区首个拥有地铁运营线路的城市。

2012 年 5 月，国家发改委批复西安地铁 3 号线一期工程可行性研究报告，3 号线一期工程全面开工。

2013 年 5 月 7 日，西安地铁 2 号线客流突破 1 亿人次。

2013 年 9 月 15 日，西安地铁 1 号线通车试运营，与 2 号线构成十字交叉，形成西安轨道交通线网的主骨架。

2013 年 12 月，国家发改委批准《西安市城市轨道交通近期建设规划（2013～2018 年）》，包含 4 号线工程、5 号线一期工程、6 号线一期工程 3 个项目。

2014 年 6 月 16 日，西安地铁 2 号线南延段开通，全长 6.1 千米，设车站 4 座，停车场一处。车站由北向南分别是三爻站、凤栖原站、航天城站和韦曲南站。

2016 年 2 月 3 日，国家发改委批准《西安市城市轨道交通第二期建设规划调整方案（2013—2021 年）》，同意新增 5 号线二期工程、6 号线二期工程和临潼线（9 号线），线路长度 65.1 千米。

2016 年 11 月 8 日，西安地铁 3 号线一期工程开通试运营。

2018 年 7 月 24 日，西安市国有资产监督管理委员会批复同意：西安市地下铁道有限责任公司更名为西安市轨道交通集团有限公司。

2018 年 12 月 26 日，西安地铁 4 号线开通试运营。

2019 年 6 月 12 日，国家发改委批准《西安市城市轨道交通第三期建设规划（2018—2024 年）》，包含 1 号线三期工程、2 号线二期工程、8 号线工程、10 号线一期工程、14 号线工程、15 号线一期工程、16 号线一期工程 7 个项目。

2019 年 9 月 26 日，西安地铁 1 号线二期正式开通运营。

2019 年 10 月 17 日，中国企业联合体 Transmimetro（包括中国港湾工程有限公司、西安市轨道交通集团有限公司、中车长客股份公司和加拿大庞巴迪）中标波哥大地铁项目，标志着西安地铁实现了走出去战略第一步。

2020 年 12 月 28 日，西安地铁 5 号线、6 号线一期、9 号线正式开通运营。

2020 年 12 月 31 日，西安机场城际铁路整体移交西安市轨道交通集团有限公司并更名为西安地铁机场线。

2021 年 6 月 29 日，西安地铁 14 号线正式开通运营，西安地铁机场线并入西安地铁 14 号线。

2022 年 8 月 8 日，陕西轨道交通集团有限公司挂牌成立。

2022 年 12 月 29 日，西安地铁 6 号线二期正式开通运营。

2023 年 4 月 15 日，西安地铁线网单日客流再创新高，达 463.9 万人次。

2023 年 6 月 27 日，西安地铁 16 号线一期、2 号线二期正式开通运营。

2023 年 9 月 21 日，西安地铁 1 号线三期正式开通运营。

2023 年 12 月 31 日，西安地铁线网客流再创历史新高，单日线网客运量达到 470 万人次，较历史最高客流（2023 年 4 月 15 日 463.9 万人次）增加 6.1 万人次。

2. 机构设置

图 1-2 所示是西安市轨道交通集团有限公司的组织架构，其成立于 2005

年 11 月，为西安市政府直属国有独资企业，负责西安城市轨道交通系统工程建设、运营管理、资源开发和投融资等工作。集团现有 12 个部门、1 个中心和 7 个分子公司，现有员工 1.5 万人。

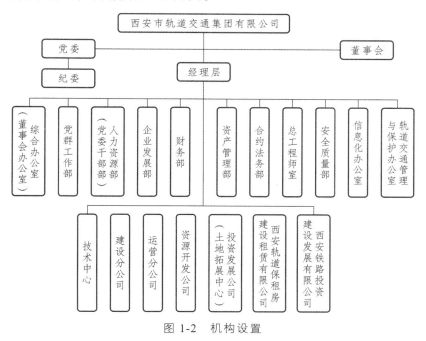

图 1-2 机构设置

3. 运营情况

1) 运营线路

截至 2023 年 12 月，西安地铁共运营有 9 条线路（不含市域铁路西户线），如表 1-1 所示。

表 1-1 运营线路情况

序号	线路名称	标识色	起止站点		车站/座	里程/km	编组	首段开通时间
1	1 号线	蓝色	咸阳西站	纺织城站	30	42.11	6B	2013 年 9 月 15 日
2	2 号线	红色	草滩站	常宁宫站	25	33.4	6B	2011 年 9 月 16 日
3	3 号线	粉红色	鱼化寨站	保税区站	26	39.15	6B	2016 年 11 月 8 日
4	4 号线	青绿色	航天新城站	西安北站	29	35.2	6B	2018 年 12 月 26 日
5	5 号线	黄绿色	创新港站	马腾空站	31	41.6	6B	2020 年 12 月 28 日

续表

序号	线路名称	标识色	起止站点		车站/座	里程/km	编组	首段开通时间
6	6号线	靛蓝色	西安国际医学中心站	纺织城站	30	35.1	6B	2020年12月28日
7	9号线	橙色	纺织城站	秦陵西站	15	25.296	6B	2020年12月28日
8	14号线	松石蓝	机场西（T1、T2、T3）站	贺韶站	18	42.96	6B	2019年9月29日
9	16号线	浅红色	秦创原中心站	诗经里站	9	15.1	6B	2023年6月27日

2）运营时间

根据 2023 年 12 月 31 日西安地铁官网显示，西安地铁线网各线路首末站点的首末班车时刻如表 1-2 所示（各站点最新时刻请以车站公示及西安地铁集团官网为准）。

表 1-2　运营时间情况

序号	线路名称	发站	首班车	末班车	发站	首班车	末班车
1	1号线	咸阳西站	06:00	23:05	纺织城站	06:00	23:30
2	2号线	草滩站	06:00	23:45	常宁宫站	06:00	23:45
3	3号线	鱼化寨站	06:00	23:15	保税区站	06:00	23:00
4	4号线	西安北站	06:00	23:00	航天新城站	06:00	23:00
5	5号线	马腾空站	06:00	23:15	创新港站	06:00	23:15
6	6号线	西安国际医学中心站	06:00	23:15	纺织城站	06:00	23:15
7	9号线	纺织城站	06:00	22:00	秦陵西站	06:00	22:30
8	14号线	机场西（T1、T2、T3）站	06:00	22:20	贺韶站	06:00	22:30
9	16号线	秦创原中心站	06:00	22:00	诗经里站	06:15	22:15
10	西户线（西户铁路）	户县站	06:30	19:25	阿房官南站	07:05	20:00

3）客运流量

自首条线路（2 号线）开通至今，随着运营线路的不断增加以及人们对乘坐地铁出行的认可，西安地铁不断在刷新日客运量。具有实际意义的节点如下：

2011 年 9 月 16 日至 2014 年 6 月 11 日 24 时，西安地铁安全运营 1000 天以来累计客运量达 3.13 亿人次，安全运行 3178.3 万列千米。

2011 年 9 月 16 日至 2017 年 3 月 7 日 24 时，西安地铁安全运营 2000 天以来累计客运量达 13.41 亿人次，开行列车 116.35 万列次，列车安全运行 2928.51 万列千米，日均客流量从 16.15 万人次增至 149.48 万人次，最高突破 190 万人次。

2011 年 9 月 16 日至 2019 年 12 月 2 日，西安地铁安全运营 3000 天以来累计客运量达 34.61 亿人次，实现单日最高客流 330 万乘次（2019 年 5 月 1 日），开行列车 294.27 万列次，运营里程 8035.06 万列千米。

2020 年 12 月 31 日，西安地铁日客运量达 404.81 万人次。

2021 年 4 月 30 日，西安地铁日客运量达 448.21 万人次。

2023 年 4 月 15 日，西安地铁日客运量达 463.9 万人次，创历史新高。

2023 年 12 月 31 日，西安地铁线网客流 470 万人次，再创历史新高。

1.2　西安轨道交通电客车概述

1.2.1　概　述

地铁电客车是地铁用来运输旅客的运输工具，它属于城市快速轨道交通的范畴，图 1-3 所示是西安地铁 2 号线电客车的三维立体示意图。现代城市轨道电客车有如下特点：

1）构造方面的特点

① 地铁列车本身带有动力牵引装置，兼有牵引和载客两大功能，不需要再连挂单独的机车就能保证在地铁线路上正常运行。

② 电客车按有无动力可分为两大类：拖车（T），本身为无动力牵引装置；动车（M），本身带有动力牵引装置。

③ 地铁电客车在运营时一般采用动拖结合，固定编组，采用动力分散布置形式。两头设置操纵台。由于隧道限界的限制，电客车和其各种车载设备的设计要求相当紧凑。

2）运用性能的特点

① 城轨交通站间距离短，起动、制动频繁。这就要求地铁电客车不仅要有良好的牵引、制动性能，保证运行安全、正点、快速，而且从设计上要有较高的安全保护措施。

② 地铁的服务对象是高密度城市活动的人群，并要与公交系统、小汽车形成竞争力，所以对其安全、正点、快速上有很高的要求。

③ 地铁电客车要提供给乘客适当的空间、安静的环境及空调，使乘客感到舒适、便利。

图 1-3　西安地铁 2 号线电客车

1.2.2　地铁电客车的组成

地铁电客车是地铁系统中最关键、也是最复杂的设备，它是多专业综合性的产品，涉及机械，电气、控制、材料等多领域。它是按功能分类的多个子系统组成的紧密联系的综合系统，总体上按以下几个子系统构成，如表 1-3 所示。

表 1-3　系统组成

机械部分	车体	电气部分	牵引电传动系统
	车钩及缓冲器		辅助电源系统
	车门系统		列车控制和诊断系统
	转向架		广播及乘客信息系统
	空气制动		照明系统
	空调和通风		列车自动控制（ATC）

1）车体及客室内装

西安地铁的车体钢结构，如图 1-4 所示。由图可知西安地铁车体整体采用薄壁、筒形整体承载结构，车体选用高强度不锈钢 SUS301L 系列为主要承载结构的全焊接结构，底架、侧墙、车顶、端墙分别组焊后再在总焊装台上被焊接成整个电客车壳体。车底架由侧梁、端梁、牵引梁、枕梁、横梁和其他部件组焊而成。底架的主要作用是承受车体上部载荷并传递给整体车体，承受因各种原因而引起的横向力和走行部传来的各种振动及冲击。在两头车前端设有撞击能量耗散区，在电客车受撞击时用以吸收传至地板水平方向的能量，最大限度地保护客室乘客的安全。车体外表面不涂漆。车体为轻量化不锈钢结构，整车除端底架采用碳钢材料外，其余各部位均采用高强度不锈钢材料。各零部件间采用点焊连接，车体总组成也是采用点焊连接。

图 1-4　西安地铁电客车车体结构

图 1-5 所示是西安地铁电客车内装结构。由图可知西安地铁电客车客室内装包括地板、预制成型的顶板、侧墙板、端墙板、侧顶盖板、车窗、空调系统进排气口等，客室内一般安装有客室座椅、照明灯、立柱扶手、灭火器、乘客文字信息显示和图像显示屏、广播喇叭、乘客司机对讲装置、紧急开门装置及车门状态显示灯、安全监控摄像头；电气控制柜等。

图 1-5　西安地铁电客车内装结构

2）转向架

图 1-6 所示是西安地铁电客车动车转向架结构（不同线路转向架稍有差别，但基本组成相同），转向架是电客车中一个关键的系统，其关系到电客车运行品质及乘客运输安全，是列车牵引力、电客车承载和轨道外力的直接承受者。

图 1-6　西安地铁电客车转向架结构

转向架主要由构架、轮对轴箱装置、弹簧减振装置、中央牵引连接装置、制动装置、牵引驱动装置（动车）、辅助装置等主要部件组成。各组成部分的主要作用如下：

① 构架是转向架的骨架，承受和传递垂直力和水平力。

② 弹簧减振装置用来保证一定的轴重分配，缓和线路不平顺对电客车的冲击并保证电客车运行平稳性。

③ 中央牵引连接装置是用以传递车体与转向架间的垂直力和水平力（包括纵向力如牵引力或制动力，横向力如通过曲线时的车体未平衡离心力等），使转向架在电客车通过曲线时能相对于车体回转。

④ 轮对轴箱装是轮对直接向钢轨传递电客车的重量，通过轮轨间的黏着产生牵引力或制动力，并通过轮对的回转实现电客车在钢轨上运行。轴箱是联系构架和轮对的活动关节，它除了保证轮对进行回转运动外，还能使轮对适应线路等条件，相对于车架上、下、左、右和前、后活动。

⑤ 牵引驱动装置是将动力装置的功率最后传递给轮对。

⑥ 制动装置是由制动缸传来的力，经系统增大若干倍后传递给闸瓦，使其压紧车轮，对电客车进行制动。

3）车门

车门包括司机室前端疏散门（见图1-7）、客室与司机室通道门（见图1-8）、客室车门（见图1-9）以及司机室侧门（见图1-10）。客室门由于关系到乘客的安全，要求在运行中可靠锁闭，在设计上通过监测装置将车门状态与列车的牵引/制动指令电路联锁。同时，为了应对故障或意外的紧急情况，每个车门都配置了可现场操作的切除装置和紧急开门装置。

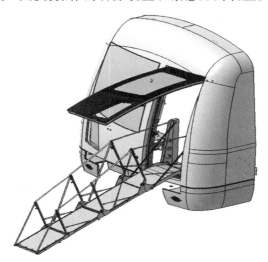

图1-7　西安地铁电客车疏散门结构

图1-8　西安地铁电客车通道门结构

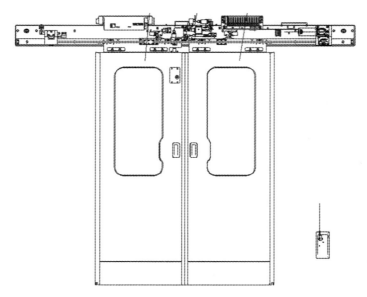

图 1-9　西安地铁电客车客室车门结构

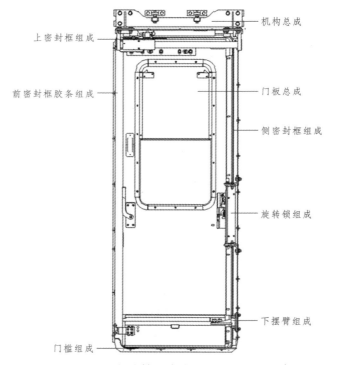

图 1-10　西安地铁电客车司机室侧门结构

4）车钩及缓冲装置

图 1-11 所示是西安地铁电客车车钩结构，车钩及缓冲装置安装在底架牵引梁上，是电客车的一个安全部件，其作用是将电客车互相连挂，连接成为一组车体；传递纵向牵引力和冲击力；缓和电客车之间的冲击作用；实现电路/气路的连接。

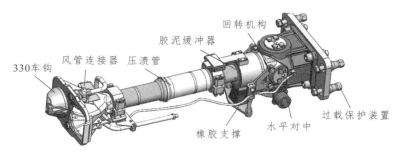

图 1-11　西安地铁电客车车钩结构

5）通道

图 1-12 所示是西安地铁电客车贯通道结构，由图可知贯通道使两辆车之间实现柔性连接，并使乘客可以在车厢之间流动均匀分布。它可以挡风雨，防水隔声并且是运行可靠的通道。

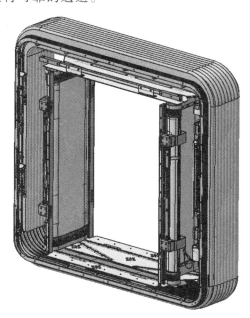

图 1-12　西安地铁电客车贯通道结构

贯通道由波纹形折蓬，两块安装在电客车端的渡板、顶板、侧护板及锁闭机构组成。贯通道是列车上的一个柔性部件，允许车厢间的相对运动，为旅客提供安全、舒适的过道。

6）牵引传动系统

牵引传动系统在地铁电客车中占有十分重要的地位，西安地铁 2 号线电客车牵引传动系统由日本日立公司提供。电客车通过受电弓将接触网 DC 1 500 V 的直流电引入牵引逆变器，通过逆变器将 DC 1 500 V 的直流电变为电压、频率可调的三相交流电给牵引电机，从而控制列车的牵引力和电制动力。西安地铁 2 号线电客车牵引电传动系统具有以下特点：

① 牵引及其控制采用车控方式。1C4M 方式高压电路，每套 VVVF 逆变器单元给 1 辆动车上的 4 台牵引电机供电；

② 交流牵引电机采用无速度传感器式矢量控制，基于速度推算方式进行空转/滑行控制；

③ 电制动以再生制动优先。随着再生吸收条件的变化，再生制动与电阻制动连续调节，且平滑转换；

④ 列车全列设有贯通高压母线，且设置母线断路器，保证列车能安全通过线路上任何一处架空线供电分段区；

⑤ 系统充分利用轮轨黏着条件，并按列车载重从空车到超员范围内自动调整牵引力和电制动力的大小，使列车在空车至超员范围内保持起动加速度和制动减速度基本不变；并具有反应及时、有效可靠的空转和滑行控制。

7）辅助电源系统

辅助电源系统主要为地铁电客车上除牵引电机以外设备提供电源。是由 SIV 逆变装置、整流装置、蓄电池、紧急逆变装置、扩展供电装置等报务构成。

西安地铁 2 号线采用全控型开关器件（IGBT），主要原理是通过 SIV 分流逆变和降压隔离将接触网 DC 1 500 V 逆变成低压 AC 380 V，为空调、空压机等辅助设备提供供电电源。输出的低压 AC 380 V 通过降压隔离和整流转变成 DC 110 V，为列车牵引/制动、空调控制、网络监控、广播及车载 PIS、客室车门等提供控制电源。再经直流斩波后转变成 DC 24 V，为控制系统的各电子元件提供电源。

蓄电池采用碱性镍镉电池，容量为 160 A·h。功能为一方面在列车主供电系统接通前，为列车激活提供电源；另一方面在列车主供电系统故障时，蓄电池可以提供 45 min 的紧急负载。

紧急逆变装置用于两台 SIV 均故障，列车三相 380 V，50 Hz 交流电源失效的情况下，为保证乘客安全，将蓄电池提供的 DC 110 V 紧急逆变，为空调机组送风机、幅流风机、司机室送风单元、废排风机供电，保证45分钟紧急通风。

8）空气制动与供风系统（见图1-13）

电客车制动系统的作用是产生制动力，而供风系统是给制动系统提供风源，实现列车的减速或停车，保证列车安全和正点运行。

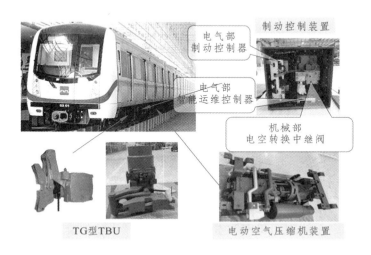

图 1-13　西安地铁电客车空气制动及供风系统组成

① 空气制动系统。在目前城轨电客车所采用的制动方式中，制动力的源动力主要是压缩空气的压力。以压缩空气为源动力的制动方式称为空气制动；以电磁力为源动力的制动方式称为电制动。

② 列车制动模式。

列车制动一般分为3种模式：常用制动、快速制动、紧急制动。

常用制动的减速率根据制动指令值的大小而定，以电制动优先，气制动系统根据制动需求补充电制动的不足。在常用制动的作用过程中，列车的速度变化率受冲动极限限制，有防滑保护功能。常用制动可根据指令随时缓解。

快速制动普遍采用电制动优先，气制动补充的方式，其制动减速度率固定，与紧急制动相同，但可根据指令随时缓解，在快速制动过程中，列车的速度变化受冲动极限的限制，有防滑保护功能。

紧急制动全部为气制动，制动减速度率固定。一旦触发不可缓解，必须制动到列车停止为止。不受冲击极限的限制，列车有防滑保护功能。

③ 气制动系统的组成。

一般车的空气制动系统从技术上分为 3 个基本组成部分：电子制动控制单元、空气制动控制模块和基础制动单元。

④ 供风系统。

供风系统包括空气压缩机组（由压缩机、干燥器、油水过滤器组成）、各类空气阀件、空气管路和储风缸。供风系统的负载除了空气制动系统，还有二系弹簧、受电弓等。

9）列车控制和诊断系统

列车控制和诊断系统是列车通信网络以列车中央控制单元为核心的一个列车监控系统。它由具有列车控制级和电客车控制级功能的多台计算机系统和一些专门开发的高处理速度的微机组成。由于可以通过 ATI 的骨干传输和对设备传输方式收发车上的主要信息，因而可以实现控制指令传输、列车状态显示、异常检测、车上检查等功能。

10）空调与通风系统

电客车空调系统为司机室和客室提供冷/热风和新鲜空气，以提高司机驾驶和乘客乘坐的舒适性。空调系统主要由空调机组、司机室送风单元，客室风道、废排装置等设备组成。

电客车采暖功能主要包括司机室采暖和客室采暖两种，以提高司机驾驶和乘客乘坐的舒适性。电客车客室采暖的实现方式通常有两种：① 客室布置若干个电暖器，电热管通电产生热量，使客室达到一定温度；② 采用变频冷暖空调机组，通过客室顶部送风口自上而下给客室供给热风。电客车司机室采暖主要以布置电暖器实现。

11）客室照明系统

图 1-14 所示是西安地铁的客室照明系统，在正常照明情况下，列车采用交流 220 V 电源。在紧急照明时，采用 110 V 电源，客室内能完成一定时间的照明。

12）广播及乘客信息系统

列车广播及乘客信息系统由列车广播、乘客信息、实时新闻播放和客室电视监控系统（CCTV）组成。具有列车广播、实时新闻无线接入、车载乘客信息、多媒体节目播放、LCD 显示、客室视频监控等功能。

图 1-14　西安地铁电客车客室照明系统组成

乘客信息系统设备主要包括 LCD 播放控制器、媒体网关、摄像机、CCTV 主机、LCD 监视显示器、LCD 乘客信息显示器、LCD 新闻信息显示器等，这些网络设备通过网络连接器挂接在 UDP 及 TCP/IP 通信网上，利用通信网络交换多媒体信息流与网络周边设备一起完成系统全部功能。

列车广播由广播主机、客室主机、终点站 LED 显示器、车门上方 LED 显示器（显示动态路线图）、乘客紧急报警器、扬声器通过专用网络构成完成广播功能。

13）列车自动控制 ATC

列车自动控制 ATC 车载 CBTC 系统由以下设备构成：车载控制器（CC），移动通信系统（MR）、MR 天线、轴装光电速度传感器（EOSS）、查询器（TI）、查询器天线（TIA）以及列车司机显示器（TOD）。

1.2.3　各线路电客车情况介绍

各线路电客车参数及主要系统供应商如表 1-4 所示（表内各厂家名称均为简称）。

表 1-4　各线电客车主要参数

线路系统		列车数量/列	驾驶模式	编组型式	车型	受流方式	最高运行速度/(km/h)	车体材料	电客车制造商	主要系统供应商								
										牵引系统	辅助电源系统	网络系统	制动系统	广播系统	空调系统	车门系统	贯通道系统	车钩系统
1号线	一期	25	列车自动驾驶	3M3T	B2	DC 1 500 V 接触网	80	不锈钢	中车大连	日立	日立	日立	克诺尔	西安铁路信号	石家庄国祥	北京博得	青岛欧特美	四方所
	一期增购	17	列车自动驾驶	3M3T	B2	DC 1 500 V 接触网	80	不锈钢	中车大连	日立	日立	日立	克诺尔	西安铁路信号	石家庄国祥	北京博得	虎伯拉	四方所
	二期	12	列车自动驾驶	3M3T	B2	DC 1 500 V 接触网	80	不锈钢	中车大连	日立	日立	日立	克诺尔	西安铁路信号	石家庄国祥	北京博得	虎伯拉	四方所
	三期	15	列车自动驾驶	3M3T	B2	DC 1 500 V 接触网	80	不锈钢	中车大连	永电捷通	永电捷通	中车大连机车	克诺尔	西安铁路信号	山东朗进	永贵博得	虎伯拉	四方所
2号线	一期	22	列车自动驾驶	3M3T	B2	DC 1 500 V 接触网	80	不锈钢	中车长客	日立	日立	日立	纳博	北海	石家庄国祥	北京博得	虎伯拉	四方所
	一期增购	25	列车自动驾驶	3M3T	B2	DC 1 500 V 接触网	80	不锈钢	中车长客	日立	日立	日立	纳博/四方所	北海	石家庄国祥	北京博得		四方所
	二期	26	列车自动驾驶	3M3T	B2	DC 1 500 V 接触网	80	不锈钢	中车大连	日立	永电捷通	永电捷通	纳博	西安铁路信号	山东朗进	北京博得	虎伯拉	四方所
3号线	一期	41	列车自动驾驶	4M2T	B2	DC 1 500 V 接触网	80	不锈钢	中车大连	阿尔斯通	阿尔斯通	大连电车	克诺尔	西安铁路信号	石家庄国祥	北京博得	虎伯拉	四方所
	一期增购	29	列车自动驾驶	4M2T	B2	DC 1500 V 接触网	80	不锈钢	中车长客	阿尔斯通	阿尔斯通	四方所	克诺尔	西安铁路信号	石家庄国祥	北京博得	虎伯拉	四方所

续表

线路系统	列车数量/列	驾驶模式	编组型式	车型	受流方式	最高运行速度/(km/h)	车体材料	电客车制造商	主要系统供应商								
									牵引系统	辅助电源系统	网络系统	制动系统	广播系统	空调系统	车门系统	贯通道系统	车钩系统
4号线	45	列车自动驾驶	4M2T	B2	DC1 500 V接触网	80	不锈钢	中车长客	日立	日立	四方所	克诺尔	西安铁路信号	石家庄国祥	北京博得	今创	四方所
5号线一期	37	列车自动驾驶	4M2T	B2	DC1 500 V接触网	80	不锈钢	中车长客	阿尔斯通	阿尔斯通	四方所	纳博	北海	石家庄国祥	北京博得	今创	四方所
5号线二期	30	列车自动驾驶	4M2T	B2	DC1 500 V接触网	80	不锈钢	中车长客	阿尔斯通	阿尔斯通	四方所	纳博	北海	石家庄国祥	北京博得	今创	四方所
6号线一期	25	列车自动驾驶	4M2T	B2	DC1 500 V接触网	80	不锈钢	中车大连	时代电气	时代电气	四方所	四方所	贝能达	山东朗进	永博得	今创	四方所
6号线二期	28	列车自动驾驶	4M2T	B2	DC1 500 V接触网	80	不锈钢	中车大连	时代电气	时代电气	四方所	四方所	贝能达	山东朗进	永博得	今创	四方所
9号线	29	列车自动驾驶	4M2T	B2	DC1 500 V接触网	80	不锈钢	中车长客	时代电气		四方所	克诺尔	西安铁路信号	山东朗进	永博得	今创	四方所
14号线一期	13	列车自动驾驶	4M2T	B2	DC1 500 V接触网	120	不锈钢	中车长客	中车永济		四方所	北京纵横	天津北海	山东朗进	南京康尼		
14号线机场城际段	19	列车自动驾驶	4M2T	B2	DC1 500 V接触网	120	不锈钢	中车长客	时代电气		四方所	克诺尔	上海鸣啸	山东朗进	南京康尼		
16号线	13	全自动无人驾驶	4M2T	B2	DC1 500 V接触网	100	不锈钢	中车长客	时代电气		四方所	克诺尔	天津北海	山东朗进	北京博得		

1.3　西安轨道交通电客车维修及管理模式概述

随着城市轨道交通行业的日益发展，电客车维修任务和规模也日益庞大。由于使用要求的不断提高，城轨电客车维修工作必须要建立在现代科学技术基础之上，并在先进的理论指导下进行。现代科技的新成就，特别是新兴科学技术理论与方法，诸如系统工程、计算机及电子学、可靠性工程等学科的发展和应用，促进了维修工程理论的研究和发展，已经形成了一门新的学科。

1.3.1　电客车维修理论简介

1.　维修理论发展进程

维修理论是随着维修实践的发展和需要而发展起来的。维修理论的发展进程大致可以分为四个阶段，即事后维修阶段、以磨损理论为基础的计划预防维修阶段、以监测与诊断技术为依据的状态维修阶段和以可靠性为中心的维修阶段。这四个阶段不是截然分开的，它们相互重叠、彼此联系。

（1）事后维修阶段。

这个阶段大致从出现技术装备开始到 20 世纪 40 年代中期。当时装备比较简单，机械化程度不高，可以通过眼看、耳听、手摸等直观判断来发现和排除故障。由于生产率低，装备停运时的影响也不是很大，而且当时大多数装备的设计安全余量很大，使用比较可靠，不易发生故障。因此，一般采用事后维修的方式，装备不坏不修，坏了再修，日常除了简单的清扫、润滑等维护工作以外，很少进行系统维修，只是凭经验来排除故障。此阶段的维修领域中没有系统的工程维修理论，只有一些相关的维修概念。

（2）计划预防维修阶段。

这个阶段是以磨损理论为基础的，时间大概从 20 世纪 40 年代中期到 60 年代中期。此阶段的技术装备基本上属于机械装备，因此装备出现的故障大多数是磨损类型的机械故障，也就是说装备的可靠性是随工作时间的增加而下降。随着生产力的发展，事后维修的思想发生了明显的变化。到了 50 年代，这种机械化程度高的装备数量更多、更复杂，生产力大为提高。随着生产对这些装备依赖性的增加，停机就变成了至关重要的问题。为了预防故障的发生，逐渐形成了计划预防性维修的概念，也就是在装备机件磨损到限之前，按照时间计划对装备进行分解检查、更换修理。这种维修与事后维修相比，显然在防止故障、减少停时、提高效益等方面有较大的优越性，因此相继被各国采用，成为技术装备维修中占统治地位的手段。我国工业从第一个五年计划开始也从前苏联引进了这种维修体系。城市轨道交通电客车维修也不例外，绝大部分都采用这种计划预防维修的维修体制。

（3）状态维修阶段。

计划预防维修存在两个方面的不足：一是按照设备存在潜在的不安全因素计划维修时间，不能确保完全排除隐患；二是虽然设备状态良好，但已到检修时间，存在很大的盲目性，造成人力、物力的浪费，检修效果也不好。

20世纪60年代，状态维修理论应运而生，最初应用于航空航天系统，后来成功移植应用于核电站和发电厂的设备维修。

状态维修是指根据先进的状态监测和诊断技术提供的设备状态信息，判断设备的异常，预知设备的故障，在故障发生前进行检修的方式。只要设备运行参数在规定的状态限界值以内，就一律不检修。当运行参数超出规定的状态限界值时，按照规定工艺进行检修，使其恢复到规定的状态值内后再继续运行。设备达到有效使用寿命期，则予以更换。状态维修在确保设备安全运行的前提下，充分发挥其质量的内在潜力，利用其本身的可靠性，充分发挥其使用价值，做到不失修、不提前修、不欠修，把检修工作量减少到最低限度。

实行状态维修必须大力采用新技术、新设备、新材料和新工艺，提高设备的可靠性和使用寿命，并且要实现检测方法现代化，制订合理的监测周期，准确掌握运行参数的动态，使设备始终处于受控状态。要确定设备的安全运行状态值及其限界值，并要逐步确定各设备和零部件的工作寿命。状态维修的管理方式为限值管理和寿命管理，它是设备逐步实现维修现代化管理体制的基础，也是当前城市轨道交通电客车维修努力的方向。

（4）可靠性维修阶段。

以可靠性为中心的维修理论是在传统的计划预防维修和状态维修理论的基础上发展起来的。在维修实践中人们发现，并不是维修越勤、修理范围越大就越能减少故障，技术装备的可靠性是由设计制造决定的，有效的维修只能保持其固有可靠性。对于复杂技术装备，多数只有早期故障期和偶然故障期，而没有耗损故障期，也就是说复杂装备的可靠性与时间无关。因此，定期计划维修对于许多故障是无效的。

国际上，以可靠性为中心的维修这一系统工程方法，目前主要运用在航空航天系统。它的基本目标是以最少的资源消耗保持航空器的可靠性和安全性。为达到这一目的，需要应用逻辑决断的方法确定航空器及设备预防性维修需求，并力求使方案达到最优。其基本做法是：对航空器各个系统进行功能与故障分析，明确系统故障后果；用规范化的逻辑决断程序，确定各故障后果的预防性对策，以最小的维修停机损失和最小的维修资源消耗为目标，优化航空器路及各系统的维修策略。

可见，以可靠性为中心的维修项目具有很强的针对性，避免了"多维修、多保养、多多益善"和"故障后再维修"的传统维修思想的影响。城市轨道交通电客车维修可借鉴、吸收这方面的先进理念和经验，逐步探索出适用于城轨电客车维修的可靠性维修方法。

2. 电客车维修类别

我国城市轨道交通电客车的检修制度基本沿用的是国内铁路电客车检修的经验，现行颁布实施的《地铁设计规范》中的许多概念仍没有脱离干线铁路的框框。在现行城轨电客车段和停车场的设计和规划中，城轨电客车绝大部分仍采用日常维护和定期检修相结合的检修制度，即预防性计划维修制度。

（1）日常维护（日检、周检、月检等）。

日检、周检的检修作业范围主要是对受电弓、空调机组、走行部、牵引电机、控制装置、各种电气装置、空气制动装置、车钩缓冲装置、车门、车体、贯通道、车灯、蓄电池组、乘客服务界面等部件进行外观检查，对危及行车安全的故障进行重点修理。

月检的检修作业范围主要是对受电弓、空调机组、走行部、牵引电机、控制装置、各种电气装置、空气制动装置、车钩缓冲装置、车门、车体、贯通道、车灯、蓄电池组、乘客服务界面等部件的技术状态和作用进行检查及必要的性能试验，对危及行车安全的故障进行重点修理。

（2）定修（半年检、年检）。

定修的检修作业范围主要是卸下蓄电池组等部件，对其技术状态和作用进行检查和修理，并进行必要的试验；对计量仪表进行校验；对转向架、轮对、牵引电机进行检查和修理，静调和试车，达到定修标准。

（3）专项修。

因电客车某主要系统部件运行公里数或运行时间无法与整车维修匹配的，对该系统/部件在某一时段集中进行检查、修理和试验，以确保电客车符合运营工况的检修，称为专项修。

（4）均衡修。

基于状态修研究的均衡修，即状态修与均衡修相结合的检修制度，既克服了定期修资源浪费、成本高的问题，又解决了状态修监控技术要求高、难以开展的问题。

均衡修是利用列车运行停运天窗时间，将电客车检修内容分散在几个时段和几个不同场合进行，使检修工作分散而均匀。均衡修适用于运用维修。采用"均衡维修"既能保证列车运行可靠性、提高列车投运率，又能降低电客车维修成本。均衡修具有两大特点：一是在电客车设计研制和生产阶段应明确影响运行的关键性部件和关键性功能，从而对运行维护提出合理建议，加强电客车维护保养中的针对性，避免不必要的预防性检修作业，降低维护成本；二是均匀分配维修工作量，实行分散式修理和均衡维护，将电客车检修停留时间控制在停运时段，从而缩短电客车停修时间，提高出车率，减小检修设施规模，充分发挥设备能力，降低运营成本。

（5）全效修。

从地铁电客车维修的角度上来说，全效修是一种应用相当广泛，自身体系相对比较成熟的维修工作模式。在全效修的维修工作模式作用之下，指在定义城轨电客车年度总维修量维持恒定状态的情况下，将原本意义上计划检修所涉及到的作业内容进行划分，形成多个维修工作流程。在全效修的维修工作模式下，传统意义上的集中式检修得到了分散处理，形成了以月度或其他标准划分的分散式检修，在这种检修模式下，能够有效利用城轨电客车运营高峰回库的窗口时间，通过对时间等各方资源的综合应用，圆满完成维修作业。通过实施全效修维修模式的方式，还能够使城轨电客车所对应的整个维修工作体系更加全方位与高效率。

全效修的维修模式下，将检修对象自城轨电客车转换为城轨电客车相关的设备、零部件。同时，在检修时间方面，不需要城轨电客车单独进行集中停运检修，而是充分利用在城轨电客车运营高峰回库下的窗口时间，实现了检修工作时段以及检修场合的分散处理，检查后需要进行更换或维修的零部件可以通过互换修的工作模式加以解决，使有关城轨电客车的维修工作能够同时兼顾分散性与均衡的特点。

（6）架修。

电客车运行公里数或运行时间达到各线规定值时，对电客车重要部件进行分解、清洗、检查、探伤、修理，并对电客车进行全面检测、调试及试验，恢复电客车综合性能，达到规程要求和质量验收标准的检修，称为架修。

（7）大修。

电客车在运行公里数或运行时间达到各线规定值时，对电客车进行全面的分解、清洗、检查、探伤和整修的综合修理，并对电客车进行全面检测、调试及试验，以恢复电客车原设计标准，或在原技术等级范围内局部改善，达到规程要求和质量验收标准的检修，称为大修。

（8）全寿命修。

根据电客车全寿命运用周期，在运行公里数或运行时间达到半寿命规定值时，对电客车进行完全解体、车体结构焊缝和所有受力部件无损检测，对整车所有系统进行行全面的清洗、检查和综合修理，并对电客车关键技术升级改造，进行全面检测、调试及试验，以确保电客车满足全寿命周期使用要求的检修，称为全寿命修。目前城市轨道交通电客车设计寿命一般为 30 年，通过适当的半寿命修有助于延长电客车使用寿命。

3. 智能运维及其他新技术的应用

随着信息技术、人工智能和机器人技术等的发展，轨道电客车维修开始向智能化方向发展，智能运维是目前大家争相研究的一种先进的维修模式，它通过采用智能传感器、物联网、大数据分析、人工智能和云计算等新型信息技术，构建支撑城市轨道电客车运、检、修一体化的城市轨道交通智能运维服务平台，确保城市轨道电客车安全运营和乘客安全出行，助力地铁电客车从计划修向状态修的转变，最终实现数字化、规范化、网络化、高效化的城市轨道电客车运维服务模式。同时，通过构建城轨智能运维服务平台，可以提高电客车运维服务效率、降低运维服务成本，对地铁运营公司精细化运营和运维服务起到推进和提升的作用。

地铁智能运维系统总体建设思路是通过整合电客车实时运行状态数据、故障数据、关键子系统监测数据，实现以电客车为中心的大数据挖掘和建模，构建电客车全方位的健康管理，提供列车车载数据的实时/离线数据传输、解析和处理；提供列车运行状态监控和事件监控；通过构建关键部件的数据模型，实现电客车健康管理、故障诊断预测以及辅助维修决策的能力，最终助力地铁电客车实现检修运维的全寿命周期管理。西安地铁 2 号线电客车智能运维平台如图 1-15 所示，西安地铁 14 号线电客车智能运维系统如图 1-16 所示。

近几年国内相关企业在轨道电客车智能运维方面做了大量的技术研究工作，总结起来主要体现在三个方面：电客车智能化管理系统、电客车运维执行系统和轨旁综合检测系统。

（1）电客车智能化管理系统。

电客车智能化管理系统主要由车载设备及地面专家系统两部分组成，列车将搜集的数据通过车地传输通道传输到地面相应设备，实现列车与地面之间的车地无线数传，并将列车信息发送至指定地面管理服务器，并由电客车故障信息管理服务器完成故障、电客车状态信息的分类、统计和分析评估。

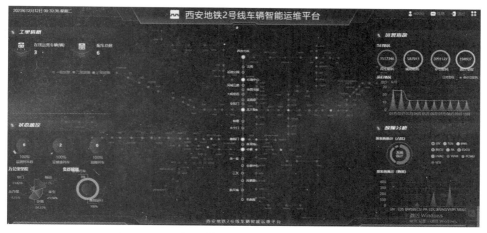

图 1-15　西安地铁 2 号线电客车智能运维平台

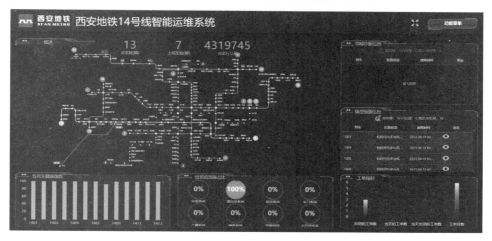

图 1-16　西安地铁 14 号线电客车智能运维系统

（2）电客车运维执行系统。

电客车智能诊断和地面智能检测可以很好地完成电客车故障诊断和检测，包含地面专家系统和车地无线通信系统，该系统对电客车实时数据进行接收显示、存储、分析、统计和预警，为检修应急工作提供指导。它将对行车关键系统（包括车门、走行部在线监测、牵引、制动、PIS、空调、蓄电池管理、关键继电器等）的运行数据、故障数据及状态信息进行搜集处理和故障自检预警，主要通过车地无线传输系统等渠道，将这些数据远程实时传输到线网控制中心和电客车段 DCC 的终端设备上。在电客车段 DCC 处设置终端地面专家系统，通过对接收的数据进行大屏显示、存储、分析、统计和预警，为检修及运营应急管理工作提供指导。

电客车智能化管理系统网络由车载无线路由器、地面服务器和地面交换机等组网设备组成，通过车地无线传输系统等渠道，实现电客车与地面之间的无线数据通信，从而有效地管理、监控列车设备运行状态。

但在确认故障后的维修目前还是需要人工来完成，因此需要一个高效的生产系统来管理，可实现电客车状态智能管理、运营日计划智能排布、人员设备实时定位以及施工工单智能冲突检测等，旨在规范和优化生产组织过程，全方位保障人员生产作业安全的前提下，压缩生产组织流程步骤，实现生产组织过程智能化、无纸化，以达到节约时间，提高生产效率。

（3）轨旁综合检测系统。

轨旁360外观检测技术趋于成熟，目前已经开始安装应用，主要在电客车途经线路上，通过图像采集及图像自动识别的方式，实现对地铁电客车顶部可视部件、侧部车体车窗可视部件、侧部走行部吊挂箱体可视部件、底部可视部件全车360度图像自动检测功能，系统能对全车360度关键部件缺失、变形、异物等异常情况实现自动预警，能有效替代电客车检修人员的工作。同时在此基础上它通过在轨旁固定安装机器视觉、声学、激光、红外等传感装置，电客车通过时，可自动采集电客车外观、车轮尺寸和内部损伤、走行部温度、轴承内部损伤等日常维保所需检测的信息。

在检修库内配置检修机器人系统，可弥补轨旁检测系统检测盲区，实现电客车外观全范围检测，智能检修机器人系统主要包括智能巡检机器人系统与智能巡检系统平台。系统可对停靠在地沟上的地铁电客车进行车侧、车底的全自动巡检，可对选定项点部件进行无漏检状态检测；系统平台回应快速，现场巡检状态可迅速显示更新。智能巡检管理信息系统平台，具备基于工作流任务下发功能，使用人员账号权限管理功能，自动生成报表功能，支持不同平台终端一键操作功能，每个工作节点起始时间完结时间监督统计功能，超时预警功能，智能自动决策功能，可扩展仓储管理功能，可根据检测不同分配不同任务，可以根据数据统计及分析，自动管理决策能力。

轨旁综合检测+机器人的系统可覆盖接近100%的人工电客车外观巡检作业内容，极大提高检修效率。

地铁电客车的维修模式正经历着由基础传统的周期性保养维修向智能化、数据化的维修管理转型。智能运维模式已经围绕数据采集、数据模型分析、机器人技术应用等方面展开研究和试用，未来地铁电客车维修模式将会在现在智能运维模式上结合人工智能、5G网络、大数据、智能机器人技术发展，会越来越智能、越来越高效，带动整个城市轨道交通行业的快速发展和提升。

1.3.2 西安轨道交通电客车维修、管理模式简介

1. 西安地铁电客车维修模式

西安地铁在以往对既有线及国内同行业地铁的修程修制调研基础上，结合现有修程现状提出了"D（四日检）+B（公共检）+U（均衡修）+S（专项修）"的全新修程模式，并正式实施。

2. 西安地铁电客车维修管理系统

随着电客车使用年限增长，电客车自身发生故障日益增多，通过观察电客车运行规律，发现很多隐性故障无法通过报警条件实现预防，必须对电客车各系统的故障数据和发生间隔时间进行分析。因此，西安地铁开发了一套电客车故障管理分析系统软件，以便能够及时发现电客车各系统的隐性故障趋势，提高电客车故障管理和分析的准确性，降低人工分析强度，从而确定各系统故障，采用适宜的维修方式。

如图 1-17 所示，该系统依托西安地铁电客车管理信息系统的故障模块，对地铁电客车各子系统的故障数据进行样本采集；运用统计学理论和城市轨道交通试运营基本条件运营指标计算方法，对地铁电客车故障率进行建模分析。地铁电客车故障管理分析系统在西安地铁各运营线路应用以来，取得良好效果，为地铁电客车的运营和预防性检修提供可靠的参考依据，为运营电客车各系统故障率、晚点率、下线率、正线影响及可靠性评估提供科学的分析基础。

图 1-17 西安地铁电客车维修管理系统

系统应用分为班组、车间和部门 3 级。班组级用户每日通过客户端程序，将各级修程及正线反馈的故障信息录入至服务器进行保存。车间管理、技术人员、检修调度及部门级用户通过故障管理信息系统客户端，将相应的请求发送至数据库服务器，读取查询各类故障信息。西安地铁电客车故障管理系统架构如图 1-18 所示。

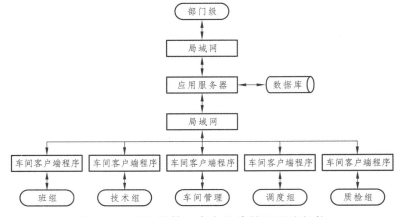

图 1-18　西安地铁电客车故障管理系统架构

（1）系统功能设计。

地铁电客车故障管理分析系统分为客户端与服务端 2 个层面，客户端通过窗体与操作人员进行交互，进行原始数据录入、数据修改，按照用户指定的时间段、系统等条件进行相关查询，并可直接进行数据分析和统计等操作。

客户端功能结构如图 1-19 所示，其主要完成日常检修基础数据的录入，另可添加现场故障照片、相关分析报告等文档作为附件上传归档，相应的高级权限是可对录入数据进行修订、审核，还可按照不同的要素进行统计等。

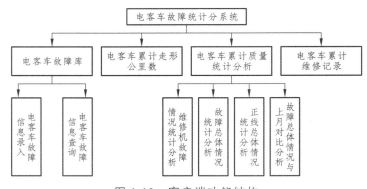

图 1-19　客户端功能结构

（2）电客车故障库。

图 1-20 为西安地铁电客车故障信息维护系统，该系统的设计与历史故障的查询，对各条信息应录入列车号、车厢号、发生时间、发现人、发现人所属班组、所属系统以及处理方式、处理人等信息，同时可以选择添加该故障的图片或分析文档。在查询历史故障时，可以实现单条件或多条件查询所需要的具体故障信息记录，并且可以下载相关的文档和照片，同时支持故障信息关键字查询。

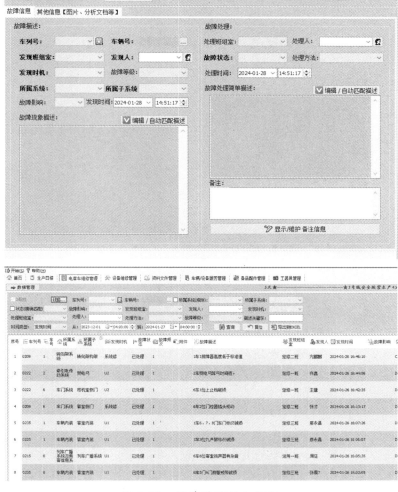

图 1-20　故障功能录入界面

（3）电客车质量统计。

① 维修故障统计分析。

在维修故障情况统计分析中，可根据指定的时间段，统计某个具体的车组在指定时间段内所进行的修程及修程次数，对各个系统所发生故障的件数进行统计分析；通过分析，在故障的发现件数、类型以及故障系统分布状态和修程之间找到一些规律，为下一步修程的设置、优化提供一定的数据依据。故障可按照各子系统的分析结果，以表或图的方式显示。系统分析表如图 1-21 所示。

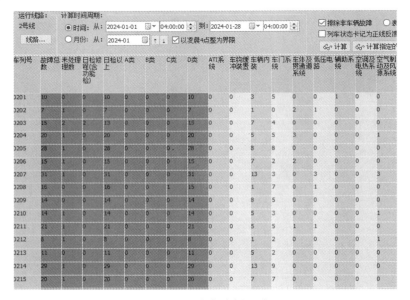

图 1-21　系统分析图表

② 故障分类统计分析。

按照维修、行调反馈、正线驻站、场区反馈等发现者不同来分析所有列车不同的故障率，按照系统划分所发生的故障分布情况。根据此统计结果，可以对某系统发生故障的频次进行直观显示，而后有针对性地在检修过程中对该系统进行预防性的重点检查，以减少故障的发生概率。

③ 正线运营故障率分析。

对正线电客车运营情况进行统计分析，运用列车退出正线故障率、列车系统故障率的计算方法，结合走行公里数，根据规定的时间段来统计每组电客车列车运营故障率（次/万列千米），分析得出电客车各系统在统计周期内每组列车故障发生的趋势。

④ 故障月度对比分析。

故障管理系统按照用户的需求，自动生成月度各子系统故障对比情况，可直观地通过视窗看出月度之间故障发生的规律和同一系统故障的发展趋势，有针对性地对故障率较高的系统制订防范措施。图 1-22 为月度子系统分析。

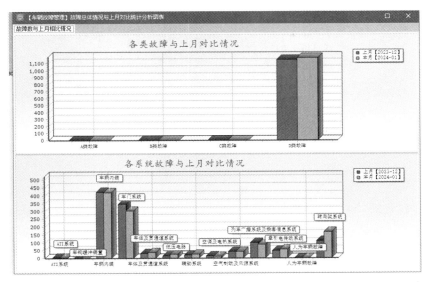

图 1-22　月度子系统分析

1.3.3　小　结

西安地铁自故障管理系统在各线路安装使用以来，极大地提高了故障管理工作效率和对电客车各系统故障的分析能力，为地铁电客车预防性检修与各子系统可靠性评估提供了科学的依据。

2

设备全寿命管理

2.1　设备全寿命管理的意义及目的

　　轨道交通行业运营单位的运营设备是指直接为地铁运营提供服务且具有清晰可量化业务功能的设备设施，包括电客车、轨道、供电、通信、信号、机电、综合监控等专业设备及相关的维修支援设备设施。传统的设备管理是指设备服役期的运行维修管理，其出发点是设备的可靠性是保障设备稳定可靠运行而进行的维修管理，设备资产的运动形态，包括设备的安装、使用、维修直至拆换，体现设备的运动状态。随着国民对轨道交通行业的要求不断提高，我国部分轨道交通运营企业着手开展设备全寿命周期管理实践，旨在通过提高资产管理水平，提升企业竞争力。所谓设备的全寿命周期管理是一种相对成熟的管理方法，全寿命周期管理侧重管理不同阶段的统筹协调，通过实现不同环节的协同效应达到最优的管理目标。

　　它涵盖了资产管理和设备管理双重概念，因此称设备资产全寿命周期管理更为合适，它包括资产和设备管理的全过程，从采购、运行、检修、技改到报废等一系列过程，也包括设备的运行维护管理，是一种兼顾可靠性与经济性的管理方式。

　　研究设备全寿命管理兼顾可靠性与经济性，一是能追溯设备资产全寿命周期的价值变动记录，分析企业生产运营中的关键成本环节，结合设备经济性，分析设备资产价值，为优化后续投入提供翔实的数据；二是通过服役期设备故障及维修记录，辅助检修策略的制订，挖掘设备潜力，使其服役期得到最大限度的延长；三是通过维修费用及故障统计分析　及时作出设备资产更换决策；四是削减资产管理中的盲区，保证设备资产使用全过程可控、在控、能控，规范配件库管理及设备资产报废管理。

2.2　轨道交通电客车全寿命管理的必要性及可行性

　　城市轨道交通已经成为现代城市交通体系的重要组成部分，并且正在逐步融入我国的各个大中城市。根据行业相关数据统计，截至 2019 年底，国内共有 40 多个城市开通城市轨道交通线路 208 条，运营线路总长度 6 736.2 km。城市轨道交通电客车需要定期进行维护保养，而维护质量与运行安全息息相关，同时电客车维修的成本随着运行时间的推移，也持续攀升。根据业内分析，电客车购置成本占电客车全寿命周期成本的 50% 左右，进行城市轨道交通电客车选型时应充分考虑电客车的全寿命周期。电客车的寿命管理主要是指设备在使用期间的运行维修管理，其出发点是从设备可靠性的角度出发，具有为保障设备稳定可靠运行的维修管理的相关内涵，包括设备资产的物质运动形态，即设备的安装、使用、维修直至拆换，体现出的是设备的物质运动状态。现阶段地铁电客车的设计寿命普遍在 30 年，电客车在使用过程中需要进行定期维护，年检以下的修程部件更换率较低，产生的成本也较低。在架修、大修（厂修）等的维修周期中，大量的必换件及故障件的更换，导致维修成本较高，按照列车 30 年的寿命期进行计算，在寿命期内需要进行三次架修，两次大修，总计成本基本与电客车的采购成本相当。因此，研究电客车部件的全寿命管理，对于运行成本的控制及安全性意义极为重要。

电客车的全寿命管理是为了能将电客车自设计生产至架修周期内的所有环节进行综合管理，建立健全机制，以提高电客车的可靠性和经济性。首先为了使地铁列车的设计符合安全评价设计质量，需要业主（轨道集团运营单位，后面统称业主）、设计单位和施工方之间建立良好的信任关系和沟通渠道，业主能简单明确地提出需求，设计单位凭借技术优势尽量满足业主需求，施工方能按图施工，根据设计图对检修基地、电客车进行还原。其次是监理人员在列车生产期间的监造阶段，监理首先需获得业主授权，并在电客车供货商处取得许可，其次需要在前往岗位前开展正式培训，培训的内容包括该线路所设计专业知识、监造内容、方法以及流程。前往岗位后需要对地铁关键设备与工序旁站监理，对主要部件和零件进行抽检，与主机厂建立高效和谐的沟通机制，监造人员在监造过程中对设计不合理、不符合实际需求的情况进行记录并反馈设计联络人员，这是提高后续设计联络准确性的关键，设计图纸可以指导监造人员开展工作，监造人员通过收集、反馈信息为设计审核人员提供后续思路。电客车到场后的普查、调试是检验设计、监造成果的重要阶段，电客车部件螺栓的规格型号、材质，列车部件的布局、结构，电路、气路设计等都可以在普查、调试过程中得到验证，参与普查、调试的人员收集该过程中不合理、不符合实际需求的典型问题并将其反馈至监造人员，以此达到积累经验，为后续新开线监造人员提供思路的目的，而收集问题是向上反馈的一方面，另一方面需对收集到的问题开展典型故障讨论会，提出并解决问题形成闭环。普查调试完成后运用检修阶段在完成日检、均衡修、年检修程的同时，需收集不同影响的典型问题，涉及整改的典型问题需形成整改报告并完成整改，形成材料上报监造人员，建造人员收集相关问题，针对相关问题展开研究，后续新线开通可避免此类问题发生。

关于设计联络一方面，可以有效地利用现有资源来建设地铁设计联络互提资料的体系，最大程度地保证建设项目的顺利进行。业主可以在项目建设之初提供初级资料，包括勘测报告、观测站报告，行车计划、地面基础信息、地质调查数据和安全管理等。这些资料可以作为设计者制订合理的设计方案的参考依据，有助于提高施工质量和施工进度，以及加快项目完成的进程。业务方还可以根据设计变化及时调整施工技术另一方面，企业还可以采取一些实际步骤，确保地铁设计联络互提资料的高效实施。首先，必须建立健全的管理制度，统一资料的标准，明确联络流程，落实联络责任，以确保相关资料信息的完整性；其次，必须采取有效措施加强资料互提管理，健全文件技术档案，加强技术交流和研讨；第三，必须建立科学合理的信息系统，加强资料信息数据库管理和维护，确保资料、文件及时更新。此外，业主处还可以定期进行有效的监督检查，督促设计者及施工方做到实事求是，仔细核对技术资料的真实性，避免出现资料出入和失真。通过以上具体措施，可以实现地铁设计联络互提资料的有效实施，保证地铁设计工程质量。

2.3　轨道交通电客车全寿命管理的基本思路

电客车寿命管理主要是指设备在使用期间的运行维修管理，其出发点是从设备可靠性的角度出发，具有为保障设备稳定可靠运行的维修管理的相关内涵，包括设备资产的物质运动形态，即设备的安装、使用、维修直至拆换，体现出的是设备的物质运动状态。电客车全寿命管理的思路一是从电客车全寿命意义进行叙述，二是投运前初步设计、招标设计、施工图设计、运行条件，电客车方面包括线路、供电、车型与编组形式、载客量、列车重量、行车间隔、停站时间运行条件，三是数据积累为前期设计联络、电客车制造与后期架大修提供参考，对于设计联络和前期制造，根据日常维修时积累的故障数据和日常使用习惯提供参考，优化设计，三是以日常维修时积累的一些数据要为架大修提供维修依据，根据检修规模、涉及成本较小的修程产生的大规模数据为规模较大的架大修提供维修依据。

目前西安地铁正在运营的线路共计 10 条，涉及到的电客车车型更是种类繁多，其中已经开展架大修工作的线路有 4 条。各运营线路均设有检修分部，负责完成电客车日常的日检（隔日检、四日检）、均衡修（均衡修 B+U）、专项修、年检等修程作业，同时在渭河电客车段设有大修分部，重点负责电客车的架修及大修工作。各分部对于自己修程内生产安排及管理均能有条不紊地开展，但是涉及到跨部门的相关工作时，或多或少会出现漏洞，极易出现修程上的缺失。本章节重点将对电客车全寿命管理中的相关环节进行描述讲解。

1. 电客车的全寿命的意义

随着城市地铁运营里程逐年增加，运营成本是地铁行业发展需要面临的重要问题，电客车作为运营的基础，其维护需要投入更多的资源，越来越多的城市面临地铁电客车综合使用寿命评估。而电客车全寿命管理通过梳理电客车关键部件状态分析过程，总结了关键部件的选取、评估方法等，为电客车制订维修、更新或延寿提供一定依据。电客车购置成本占电客车全寿命周期成本的 50% 左右，进行城市轨道交通电客车选型时应充分考虑电客车的全寿命周期。现阶段地铁电客车的设计寿命普遍在 30 年，电客车在使用过程中需要进行定期维护，年检以下的修程部件更换率较低，产生的成本也较低。在架修、大修（厂修）等的维修周期中，大量的必换件及故障件的更换，导致维修成本较高，按照列车 30 年的寿命期进行计算，在寿命期内需要进行三次架修，两次大修，总计成本基本与电客车的采购成本相当。因此，研究电客车部件的全寿命管理，对于运行成本的控制及安全性意义极为重要。电客车各系统如转向架、牵引系统、制动系统等属于可修复系统，在电客车使用寿命中将经历多次检修，但是如果这些产品故障率较高，维修性差，将直接影响电客车的运用可靠性和经济性。可靠性降低将带来大量的故障率、故障隐患等，甚至危及运营安全，因此选取的原则从可靠性、安全性（风险评估）及经济性三个角度出发。对于地铁电客车来说，各系统均为模块化设计，部件可以通过维修和更换来延长其使用寿命，电客车的综合使用寿命可以包括一个或多个大修间隔期。因此使用寿命的确定方法，同样也适用于总寿命和大修间隔期的确定。全寿命管理涵盖了电客车从生产制造、组装到运用检修再到架大修阶段的一系列研究，其最根本的管理初衷是通过研究各个阶段电客车的运行状态、故障维修、成本预算等方面对电客车进行总体的把握，能有效地对电客车各系统部件故障情况和技术寿命进行全寿命管理，能够有效地进行地铁电客车综合使用寿命评估，为电客车制订维修、更新或延寿提供一定依据。

西安地铁正在使用运行的电客车均为 B 型车，按照最高时速设计分为 80 km/h 和 100 km/h 两种，电客车的子系统分类基本一致，但是各子系统均采用不同的生产厂家进行设计制造，各线路电客车从细节上来说差异巨大，即便是同一线路中，前期制造电客车与后期制造电客车也存在很大差异。

为保障电客车的正常运营，提升运营效率，确保运营安全，从电客车设计、制造、普查、调试到后续的各级修程维护，每一个环节均是保障电客车在寿命周期内能够以更好的状态进行运行，提升正线服务质量。但是以目前的情况来说，各个环节内部均能够按照现有的形式进行，环节和环节之间的链接，却是全寿命管理中的问题关键。

以目前的管理模式来说，电客车全寿命管理各环节均是独立的，环节和环节之间缺乏链接，如果涉及人员或者设备变动，后续环节无法获取前期环节所商讨的内容，很容易导致后续工作的被动，出现重复工作的情况，浪费成本、资源，加之各线路车型、部件复杂，极易出现环节链接的缺失和漏洞。因此全寿命管理并非电客车全寿命周期中各个工作环节需要去做什么，而是在完成本环节内相关工作的前提下，如何与其他环节做好链接，前期提出的问题后期能解决，后续发现的问题能反馈给前期，真正在全寿命管理中做到全闭环管理。

2. 投运前的相关工作要为运营期间的运维考虑

列车投运前准备包括工程可行性研究、初步设计、电客车选型、电客车制式选择、电客车编组选择、电客车供电方式选择、电客车构造速度研究、电客车制造、普查调试等方面。工程可行性研究及电客车制式、选型的重点在于确定线路客流预测与线网规划，根据预测的客流强度及想达到的线网运力分摊情况对电客车制式、编组、定员、自重、轴重、供电形式进行考虑，其中预测客流、线网运力分摊较大的应首先考虑提高列车构造速度，以电客车较快的旅行速度提高定额电客车数量的运力，其次在综合选定构造速度的情况下考虑车型和编组模式，若选用构造速度 80 km/h 电客车前提下，运力仍存在余量，改变现有列车编组模式选用四节编组模式列车。

电客车投运前的相关工作主要包含电客车的电客车招采、设计联络、新车制造监造、普查调试及型式实验等工作，同样还包含辅助场段建设、设备安装调试等辅助性工作，重点保证电客车投入运营前，电客车完成各项测试，运行平稳，场段内建设完善，各设备运行正常，服务一线生产。

1）电客车招采及设计联络

这项工作是电客车全寿命管理的起点，是为后续所有工作定一下一个基本准则。电客车招采的重点在于编辑用户需求，第一需要熟知国家、行业等各项规定及标准，制造电客车过程中的设计、工艺、成本等环节需严格相关规定和标准，必要时需强制执行相关标准；第二不能违反设备运行的基本法则，禁止出现刻意修改设备性能，提出一些违反物理基本法则条款的相关情况；第三则是需要结合前期运营出现的高发问题，需要对其或者类似情况进行规避。

重点是第三条相关信息，对于在前期运营中出现的普遍性、高发性等问题，需要严格从相关技术参数限制性能不良的设备上车安装。对于这一点，一方面在编制用户需求时，不能违反招投标中相关规定，出现产品的品牌等明确指明的信息，另一方面需要做好设备问题的收集，不能单纯收集问题，更需要了解问题的症结，找到问题的根源。因此在规避问题方面，更需要编制者熟知电客车运作性能，从性能参数指标上避开不良设备及制造商，为后续相关工作做好基础。

在设计联络阶段，电客车制造商基本确定，此时则需要将各项参数具象化，需要在设计联络会议中提出具体的需求。在此阶段，参会人员需要在成本方面、功能方面、运行平稳方面等提出自己的建议，最终汇总意见，统一成相关决议。

设计联络中会针对电客车设计、制造等提出相关说明，有些说明内容会在制造阶段中进行修改，具有短期效应，而有些说明内容则会一直延续至后续维保维护，具有长期效应。因此每次设计联络中的相关内容必须以正式会议纪要的形式进行留存，方便后续维护工作中有据可循，或者前期参会人员需参与后续的相关工作，方便将各项会议结论进行传达。

2）新车制造监造

这项工作属于电客车制造期间，由电客车运营方提供人员现场生产质量、工作进度进行监督，及时发现问题，并督促其在生产现场进行完善。此项工作在以往的新线建设中其实重视度较低，安排人员的技能较低，缺乏电客车生产制造相关经验和知识，更多以学习交流的目的为主，并且执行力较低，很多问题无法在生产制造阶段得到解决，将问题遗留至后续的普查阶段，自然对电客车全寿命管理形成不利的因素。

电客车制造中首列电客车尤为重要，前期设计联络及设计的方案是否能够正确实施，是否满足现场需要将充分暴露出来，建造过程中应对发现问题进行分类，至少应分为典型问题、设计问题、常规问题三类，将现场发现的典型质量问题向设计方反馈并整改，整改完成后再次进行随机检查以验证效果。首列车制造设计问题最为凸显，监造人员站从设备维护保养的角度对电客车设计中不便于日常维保、可能造成人员作业效率低下、涉及安全隐患的问题进行单独讨论并要求主机厂出具设计验证报告并作说明修改。而由于前期问题的发现者与后期维保人员可能存在信息误差，可能造成前期问题跟踪未彻底落实，这也是电客车全寿命管理的意义，并不单一地讨论和研究电客车某一阶段的设备问题，而是要总体管理和总结，从这一点分析前期监造发现的常规问题、典型问题、设计问题应进行收录并反馈至普查调试环节，由普查调试人员重点关注此类问题，而普查调试过程中需对前期问题后续发展进行收录并同时反馈至下一环，即运维环节和前期监造人员，由运维人员对此类问题进行继续跟踪记录并持续反馈，监造方面收集普查调试结果并对放行问题进行总结归纳，依次完成投运前相关工作的闭环。

新车监造工作，需要从设备的设计、工艺、生产流程、制造、员工技能等方面进行全面考核，监造人员必须对以上信息要有总体把握，才能寻找问题及漏洞，方便在设备制造初期进行整改。同样需要对发现的问题进行记录，并且将现场整改情况进行复查、确认及记录，方便后续工作的开展。在开展相关整改会议时，同样需要整理好相关资料，涉及到整改、修改设计等相关内容，更需要保留好双方签字记录，为后续工作提供依据。

3）普查调试及型式实验

在完成电客车设计制造后，列车将运输至电客车段进行正式上线前的最后环节，普查调试及型式实验。首先是接车工作，接车工作进行前需要重点考虑以下几点，一是接车地点是否具备接车条件，安全措施是否到位，人员是否充足，如不具备，则需要提前准备以满足相关条件；二是在异地进行接车作业，需考虑在完成接车工作后，是否就在本地继续进行普查调试工作，还是需要进行转线后才能进行下一步工作；三是转线期间，电客车是否凭借自身动力进行转线工作，如需借用工程电客车进行转线工作。

电客车接入电客车段后，便正式开始新车的普查调试工作。新车普查调试工作是对电客车的首次全面性检查工作，此项工作一是需要全面，在尽可能全面的范围内对整列电客车的各个系统设备进行逐一排查，重点对涉及行车安全、运营服务等相关设备设施进行检查，确保设备良好的运行状态；二是需要迅速，单列车的普查调试工作不宜周期过长，需要综合考虑检修人员数量、试运行周期、电客车停放股道等各种因素，在尽可能全面的检查范围下，以最短的周期完成相关工作；三是需要跟进，重点跟进问题处置进度，这个涉及两个问题范围，分别是电客车建设阶段遗留问题和普查调试发现问题，尤其是建设期的遗留问题，需要建设期建造人员将相关情况梳理、汇总至后续普查人员，重点将问题整改后的理想状态向普查人员描述，普查调试人员则需要积极跟进问题处置情况，不能一味地追赶工作进度，而忽略跟进问题处置情况。

普查调试期间还需配合其他各个专业进行相关调试工作，如配合完成信号系统调试工作，在此期间，并非配合人员无其他工作进行，而是需要在调试期间持续跟进电客车运行状态，涉及到接口问题时，提前收集相关资料和证据，最终确认故障原因，及时进行处理。

在普查调试期间，还需要穿插进行型式实验工作。此项工作是对电客车总体性能的验证，一般选取 1～3 列车，对牵引、制动、受流、车门、空调等进行逐项验证，确保电客车后续的运行安全及平稳。一般来说使用部门人员为主要配合人员，辅助完成各项实验工作，尤其涉及动车测试，需要提前配合完成试车线、正线的施工申请。

型式实验期间，需要重点对电客车各项参数进行核对，是否满足相关标准，完成相关工作后需收集好型式实验报告，其中的相关测试参数将为后续工作的开展提供依据。

在完成普查调试及型式实验后，电客车将进行试运行阶段，在此阶段将长时间模拟正式运营状态进行电客车正线测试，甚至进行全天、载客运行，期间需调试人员以正式运营的状态跟进电客车运行状态，需要按照维保要求开展各级修程，对报出的故障进行分析、处置，对发生的问题提出应急处置措施。在试运行阶段，需要对发现的普遍性的问题及时进行整改，同时需要认真统计各个部件运行故障率及备件使用率，方便在正式运营后进行修程调整及物资采购。

最后则是安全评估，安全评估就是将普查调试期间的相关资料进行整理，同时将型式实验中涉及电客车运行安全、服务质量等关键状态进行再次验证，确保电客车在投入运营前是绝对安全可靠的，同时还需对提出的检修策略，即各级检修修程进行评估，确认修程能完全覆盖电客车日常维保，不过修，不失修。

4）辅助性工作

辅助性工作中重点涉及辅助场段建设、设备安装调试等辅助性工作，这是电客车投入运营前仍需重点考虑的事项，是后续在场段内开展日常维护工作的基础，如果在场段建设期间无法做好问题把控，将问题遗留至后续工作中，对于后续相关工作的开展会产生极为不利的影响。

首先是场段建设，场段建设的主体为建设单位，作为使用单位更有责任对房建、风、水、电、网络等现场施工情况进行核实和检查，重点对整个维修基地或者库区的建筑牢靠性，库区内是否存在漏水、漏风，库区内部风、水、电是否安装到位，库区内宽带网络及移动网络是否通信良好等进行检查，确保人员在作业期间不受其他因素影响。

目前新建线路中，将逐步开始引进智能化设备，而这就涉及到特殊设备的使用环境，如服务器、路由器、蓝牙信标等，这些设备进场前尤其需要提前开展相关环境监测工作，以及设备运行环境的检查及核对，确保设备进场后能如期开展相关调试工作。

其次是设备调试，设备调试重点是服务现场生产的相关设备，如三层平台、洗车机、空压机、架车机等，使用部门需积极配合调试部门完成设备的安装、调试、实验、验收等工作。对于设备，需要尽量多使用，多发现设备问题，发现问题需要积极跟进处理，尽量将设备问题在调试阶段处理完成。

3. 日常维修时积累的一些数据要为架大修提供维修依据

1）日常维修策略的制订

在完成新车普查调试工作后，电客车也就正式开始投入运营，同时日常的检修、维修工作也就正式开展了。日常维修主要是根据电客车设备维护检查周期，依次开展的各级修程。一般来说，大部分电客车设备维护周期均是按照日、周（双周）、月（三月）、年（半年）等为周期进行检查维护，少数部分则是按照电客车运行公里数进行。各个地铁检修单位在制订日常维修策略时首先考虑的就是设备维护周期，以设备维护周期为基准，再结合人员数量、现场环境、设备使用率和故障率等因素，去制订适用于现场生产的检修修程。

目前最基础的日常维修策略是按照设备维修周期，实行计划修。此种检修策略主要是将设备维护周期进行归类，然后分别安排到日检、周检、月检、年检等各级修程中，从而制订出具体的维修策略。这种维修策略严格按照设备维护周期进行，不存在设备失修的情况，但是检修周期频繁，在运营电客车数增多的情况，要求配比更多的检修人员，同时会使用到大量的物资，甚至出现过修现象，造成物资浪费。

因此为了优化人员配比及物资使用，在计划修的基础上建立了专项修，也就是目前使用的均衡修，将设备维修周期进一步细分，按照工作任务量对各级修程内容重新归类，在确保不失修的情况下，减少修程次数。同时运营经验的增多，可以对电客车各系统设备运行状态进行深入评估，可逐步减少对使用率低的设备的检查维护，增加对故障率高的设备的维护，进一步优化人员配比及物资使用。

在目前新建设线路中，智能化设备的使用将逐步增多。智能化设备的投入使用，可协助检修人员进行设备检查、寿命计算、物资配比、状态分析等工作，促使计划修逐步向状态修转变，同时修程次数也可优化减少。智能化设备辅助人员进行设备检查，如动态监测设备、360设备，可在电客车回库之前获取电客车状态，检修人员可通过相关数据去检修电客车，减少现场作业次数。通过智能化系统进行寿命和维护周期的计算，如列检系统和电客车智能运维系统，检修人员无须去对设备维护周期进行归类，可按照系统提示进行维护，加之系统针对具体维修环境制订具体的物资配比，也对现场物资使用进行进一步优化。

总体来说，日常维护阶段主要是结合设备维护周期，确保电客车各设备不失修，不过修，对电客车运行故障进行处理，从而保证电客车每日的运行状态。

2）为架大修提供的依据

在日常维护期间，除去正常检修维护外，重点还有故障维护，主要是对运行期间和检修期间发现的设备故障进行分析处理，对故障率较高的设备进行集中整治，提前预防，而故障维护的相关内容则是日常维护期间为架大修提供的维修依据。日常故障维护内容主要包含系统设备故障率、故障分析维修内容、集中整治内容、设备寿命二次评估等，为架大修设备维修策略、物资采购等的制订及优化提供进一步的依据。

设备故障率是评估电客车系统设备运行平稳度的一个重要指标，可测评设备的使用状态及寿命，可评价专业厂家提供的检修意见是否准确，同样可为后续设备采购和招标提供依据。一般来说，架修和大修周期主要以设备厂家提供的指导意见进行更换和维护，如果在日常维护期间，电客车某个系统设备故障率较高，且设备维修数量快接近架修或大修期间更换的数量时，厂家提供的依据已无参考价值，此时该设备的使用寿命需重新进行计算，是否需要在架修、大修来临之前进行全面更换，或者说在架修、大修期间进行更新改造，都需要设备故障率为基础数据进行参考。设备故障低，运行状态非常平稳，同样可重新评估该设备的更换周期及寿命，是否可将其使用寿命延长，取消或修改其在大修期间的维修内容，此时设备故障率也是一种重要参考。

故障分析内容是电客车设备故障处理全过程的记录，其中包含了设备故障原理分析、故障排查思路、具体处理措施及后续处置措施，其内容的详尽与否决定着在架大修期间遇到同类问题，是否能做出积极有效的处置措施。例如，某 B 型 100 km/h 型电客车在日常维护期间出现一系簧断裂的现象，检修分部对故障进行了处理，并形成了分析报告。如果在报告中详细描述了故障原理分析、排查思路、处理结果及后续整改措施，则架大修期间对一系列维护提出指导性意见；若将此故障定性为偶发故障，在架大修期间只需重点对故障部位进行检查即可，如果定性为产品批次问题，且在前期进行了全面或部分整改，在架大修期间，则需要对所有故障部位进行再次检查，或者对其重新进行维修。

集中整治内容是指在日常维护期间，对发现的典型的、批量性的问题进行集中整改或整治，其主要针对故障率较高或者多次整改无效等相关情况，检修部门将集中整治内容进行梳理，尤其涉及设备型号变化的情况，更是需要将其告知大修部门，确保其在设备采购、维修策略、委外方案等方面不出现重复或者错误。例如，在日常维护期间，某电器设备故障率高发，经评估确认为该型号设备无法满足现有运行环境，需进行升级改造才能保证电客车正常运行，如果在架大修期间，未将相关信息告知架大修部门，导致更换的设备仍是旧型号，只会进一步导致电客车重新运行期间再次出现类似问题，徒增新的麻烦。

通过上述几点的评估、分析等，其实已经对电客车各系统设备的使用周期及寿命已经有了新的认识和判断，这就是设备寿命的二次评估。二次评估中包含各设备使用、维护周期和寿命，各设备厂家提供检修依据的可靠度，以及各设备厂家制造工艺水准及设备设计的可靠度。如果设备故障率低，运行状态良好，说明该设备满足其各项运行标准，甚至可适当延长其使用寿命。但是设备故障率高，运行状态一般或者很差，则说明该设备的选型或者设计无法满足现有环境，需要对其进行升级或者整改。设备寿命二次评估，除去可以指导架大修制订维修策略外，同样可以向新车设计、制造提供意见，规避不良设计，优化设备状态，提升运行质量。

4. 架大修时发现的典型问题指导日常维护的重点

1）架大修维修策略的制订

电客车在进行架大修修程时，同样按照设备维护周期对电客车各系统部件进行分类，再根据分类结果依次开展各项维护工作。其中按照物资采购类别，可将架大修维护内容分为更新维修、故障维修及周转性维修等，按照设备维护难易程度及人员维修资质等，可分为自主维修和委外维修。

更新维修就是将寿命到限、磨耗到限等无法继续正常使用的设备，进行整体或者部分更新，以确保其能正常运行至下一个维修周期。电客车运行到架大修期间，各系统设备使用寿命也即将到限，需要对其进行更新，更新维修内容也是占据整个架大修修程内容的绝大部分。

故障维修则是针对达到使用周期的设备，主要对其进行检查、测试，从而去评估其运行状态，对故障部分进行处理。一般在架大修期间，针对此类设备，除去通过目视对其进行外观性的检查外，更多的是进行探伤、功能测试、校验等有效的检验手段去测试和评估设备状态，及时发现故障并进行处理，确保设备上车后的运行状态。

周转性维护主要是针对维护周期较长，工序复杂等情况的电客车设备，为提升总体架大修效率，单独采购此类设备，并且在开展架大修前，对此类设备整体进行更换，更换下来的设备则随着架大修过程中同时开展维修，并准备进行下一个修程的更换工作。在整个架大修期间，涉及到整体部件维修的系统设备有几百种，但是定义为周转性维护的设备总共不超过二十种，其中一是考量的是总体生产效率，不能因为单个部件的维护过程，导致总体生产进度滞后，二是考量总体经济效益，所有维护的部件均能按照周转维护的方式进行，但是全部单独采购周转件，只会出现资金和设备使用率的浪费，因此准确地定义和使用周转件，才能真正提升架大修效率。

由于大部分地铁维保单位不具备零部件的生产制造能力，目前架大修修程中，基本都是采购相关部件和设备，对使用到限和故障的部件进行更换维修，因此大部分自主维修内容主要以部件更换为主，再加上探伤、试验等测试内容。架大修中自主维修内容难度相对较低，对人员的资质要求也相对较低，而针对故障设备或者使用到限设备的再次维修及生产内容，一般不进行。

而受到维修环境、工艺工序、人员资质、生产资质等因素的制约，有很多设备很难继续开展自主维修，这就涉及到委外维修。委外维修一般将难以维护的设备委托给专业设备厂家对其进行维护，确保架大修工作的正常开展。一般来说，在架大修期间，既有的维修环境无法满足专业设备的维修条件时，便可考虑进行委外维修，同时还需考虑经济效益，如果某个系统设备采用更换必换件的维护方式成本远远大于其委外维修成本时，也可考虑进行委外维修。

2）指导日常维护

架大修修程是整个电客车全寿命维护期间进行深度维护的修程内容，一方面对使用周期到限的部件进行检查和维修，确保下一个周期的正常使用；另一方面则是对日常维护的弥补，重点将日常维护期间无法深入检查的项目进行检查和确认。而架大修期间检查发现的典型问题，将会对日常维护提出指导性意见。架大修中涉及的典型问题，主要有以下几种类型。

单个设备的控制类故障。此类故障主要为单个系统设备的电气控制系统出现故障，进而导致设备故障。一般在日常维护期间，受运营压力影响，对于此类故障主要以整体更换部件进行处理，从而缩短处理时间。但是在架大修期间，可针对具体故障原因进行处理，比如单个防滑阀故障，主要为整列车进行防滑测试时，单个防滑阀不正常开启或者关断，在架大修期间，可将故障阀件单独进行测试，确定其是因控制元件出现故障所致，故只需更换控制元件即可。

通信类故障。在日常维护期间，针对通信类故障主要排查设备通信接口、设备本身、通信线缆接头及接线这几个方面，一般默认通信线缆本身是正常的，不会出现其他异常。但是随着电客车使用年限的增长，部分线缆的通信质量也会随之下降，如果再次出现通信类故障时，很有可能故障点在线缆本身。随着架大修的深入进行，对线缆质量的评估，以及相关故障的处理，也是日常维护所难以涉及的。

机械类故障。机械类故障主要涉及两个方面，一是难以评估的故障，主要是在日常维护中发现机械类设备出现疑似裂纹故障，且无法准确判断时，可通过探伤等检测手段进一步辅助进行判断。二是受工艺、现场环境、备件等方面制约，无法处理的故障，例如电客车转向架出现大型部件损坏，以日常维护的条件无法进行处理，需要对电客车进行架车，将整个转向架进行更换，此种处理方案也只能在架大修的条件进行处理。

2.4 电客车全寿命管理经济性分析

电客车全寿命维护期间，为满足电客车的正常运行，需要采购电客车所需物资，或者采取委外维修工作，此时就会产生经济活动，即提报预算和产生成本。为保证电客车正常运行，以及为乘客提供优质的服务设施，进行高质量且超标准的维护方式是一种合格的维护方式，但是不是最正确的方式。需要在电客车维护标准、修程修制安排及维护成本中寻求"平衡点"，在满足日常维护的基础，做到最大化的成本节约，才是较为正确的维护方式。

1）电客车新车调试期间

电客车新车调试期间，大部分生产维修物资由专业厂家提供，故实际生产所需物资较少，仅为部分消耗性材料。但是消耗性材料，需按照调试计划制订、物资消耗情况等进行制订，需要保证现场调试期间各项工作顺利开展，同时还要保证物资不能出现浪费，应用尽用，按需使用。按照此原则进行物资提报，可基本做到按需提报，最大程度地使用物资，物资采购成本也降至最低。

2）电客车日常维护

电客车完成新车调试，进入正式运行时，就进入质保期。在质保期内，同样大部分维修物资由售后厂家提供,因此也只需采购部分消耗性材料即可。

但是出质保期之后，电客车日常维护就由日常维护部门进行自主性维护，因此日常维护所需的各项物资就需自主进行采购使用，其中就涉及定额消耗及故障消耗。定额消耗较为容易确定，主要为日常维护期间使用到限，按照维护要求定期消耗的物资，按照厂家提供的维护资料，可详细计算出日常维护物资中所有需要的物资项目、数量等。故障维护较为难以估量，实际中发生的故障很难做到提前预测，但是在故障发生后，不能出现无件可用，因此在运行初期，基本以确保电客车正常运行为基础，全系统进行物资采购，到后期可对各个系统进行评估及计算，优先考虑高发故障，优化故障件采购范围。

3）电客车架大修

电客车架大修期间，需要对电客车各系统部件进行深度维护，物资采购方面同样涉及必换件及故障件。必换件为修程中周期更换的部件，同样以厂家维护标准为基础进行制订，同时可参考同行业维护标准以及往期维护经验，但是进行长期架大修工作后，或者完整地进行一批次电客车架修或大修工作后，可对必换件进行重新评估，可将部分非关键部件，或是实际使用次数或者时长并未达到标准的部件，适当进行使用周期延长，可进一步减少必换件更换范围。其实在电客车架大修期间，多数部件均为正常拆卸及安装，因此需要更换大量的紧固件，在电客车初期维护期间，优先选用原厂供货，可确保供货质量及售后服务，但是随着维修的深入，此类部件可进行通用采购，该类部件均是按照国家相关标准生产制造，只需要求制造商严格执行国家标准，即可获取生产所需物资，也可进一步减少采购成本。

故障件则为架大修生产中发现故障所需部件，此类部件仍需进行预测，一方面来自日常维护，由检修部门提供日常故障数据，或者在日常维护期间无法处理的故障情况，另一方面则是根据设备运行情况进行估算，此种相对较难，很容易出现故障件采购了但是未进行使用，或者出现故障了无法进行维修，因此架大修物资采购一般分为 2～3 批次进行，第一批次为必换件及少量故障件采购，第二、三批次则是对实际生产中发现的异常情况进行补充采购。

还有一种物资，为周转件，主要是为了提升现场生产效率，提前采购的整套系统备件。周转件的确定，需要考虑两个方面，一是现场生产效率，架大修一般为将各部件拆卸下车后进行维护，然后再装上车，如果部件拆卸后，将一批已经维护好的新部件装车，在装车的过程中同时进行部件维修，则将很大提升生产效率。二是周转件选取范围，如果将每一种拆卸下车的部件都采购一批周转件，则在实际生产期间，将极大提升生产效率。但是全部进行采购，会增加采购成本，同时部分维修部件维护周期短，满足正常生产周期，故此类部件不需要进行周转件采购，进一步减少成本。

3

电客车初步设计阶段的全寿命管理

3.1 电客车采购前期主要工作分析

电客车作为轨道交通工程中投资最大的机电设备，是直接服务乘客的关键设备。而电客车采购前期工作，主要分为工程可行性设计、初步设计和招投标 3 个部分。

1. 工程可行性设计

对于电客车采购项目，没有单独的立项报告，项目立项的相关内容只作为整体工程可行性报告的一部分，在工程可行性报告主要编制原则和技术标准一章中对电客车制式、编组、定员、自重、轴重、供电形式共计 6 项内容进行明确，根据线路长度、车站间距、客流预测及行车组织方案确定电客车选型方案。电客车选型共包含 7 个方面内容，分别是选型原则、选型方案集分析、电客车使用条件、主要技术参数、电客车限界、电客车主要系统及部件、国产化及附图。

2. 初步设计

城市轨道交通工程的可行性研究报告经相关政府部门审批后，便完成了项目立项工作，可以开展具体工程的设计，包括初步设计、招标设计、施工图设计。对于电客车采购项目来说，此时的初步设计是为电客车招标提供相关的工程条件和基本需求，同时是为其他相关系统、土建工程的设计工作提供依据。为了便于电客车采购招投标工作的开展，在初步设计中，电客车专业应提供本工程的基本要求，包括工程概况、国产化率及使用寿命、气候条件及使用环境、限界要求等。应提供本工程的电客车运行条件，包括线路、供电、车型与编组形式、载客量、列车重量、行车间隔、停站时间等，还应提出本工程对电客车结构尺寸的要求、对列车牵引制动性能的基本要求、对电客车主要子系统的基本技术条件；提出电客车与通信、信号、供电、广播、站台门、轨道、隧道通风、电客车基地等相关专业接口设计要求。

3. 招投标

按照国家发改委相关规定，电客车采购项目一般进行两次招标，分为牵引系统招标和整车招标两部分。通常情况下，牵引项目早于电客车项目开标，牵引评标完成，确定第一中标候选人后，招标人把第一中标候选人的投标文件提供给电客车潜在投标人，潜在投标人在投标时要结合牵引项目投标文件，提供完整的电客车投标方案。招标完成后，国内厂家中标的设备由招标代理组织招标方和中标方进行合同澄清，国外厂家中标的设备由招标代理组织招标方或其外贸代理机构与国外中标方进行合同澄清。合同澄清后中标人与招标人达成一致，形成合同文本，可进行合同签订。在整体实施过程中，还应注意合理安排各项工作次序，尽量缩短工作周期，加快实施进度，为后续电客车设计联络和量产预留足够时间。

3.2 工程可行性设计电客车选型模板

1. 电客车选型原则

电客车必须符合运营条件，运输能力满足各设计年度高峰小时最大客流量和行车密度的要求。电客车必须适应本工程线路条件，并尽可能减少对周围环境的影响。电客车应保证运行安全可靠、检修方便、造型美观、乘坐舒适；电客车的技术性能既要高起点，符合国内外发展趋势，又要求技术成熟、经济实用，符合国情。应充分考虑整个线网电客车选型的统筹规划，实现线网资源的最大共享和利用。车体材料、空调及电气设备等应满足该城市地区的地理人文环境和自然气候环境。电客车应符合国家发改委对城市轨道交通电客车的国产化要求，整车国产化率不小于 75%，电气牵引系统国产化率不小于 50% 的要求，引进产品应具备向国产化过渡的可能性。电客车设计寿命不小于 30 年，力求全寿命周期成本最低。

2. 电客车选型方案与分析

1）客流分析

线路运营初期和远期的线路长度、客运量、高峰单向断面客流等情况，以及线路所需要具备的载客能力，均影响电客车的选型。一般预计客流强度较小时，优先选择载客能力适中的 B 型车，其节能、成本较低的特点符合当下趋势，而当客流强度提升后，一般采用增加电客车上线运行数量、增加开行对数的形式，提高载客运行能力，客流分析对线路电客车选型至关重要。

2）电客车选型分析。

① 型式选择。根据客流特点、线路特点，是对列车制式的选择和选型依据。

② 编组选择。根据客流预测结果、舒适度标准、运输能力、列车高峰开行对数，从运能匹配的角度判断采用的编组形式。

③ 最高运行速度选择。综合考虑旅行时间、线路条件、站间距的影响因素，保证轨道交通相对于其他交通方式的竞争力。

④ 动拖比分析。选择电客车合适的动拖比，既能实现良好的牵引制动等动力性能，又能保证电客车合适的制造成本和购置费用。

3）电客车使用条件

① 环境条件。描述海拔高度、环境温度、相对湿度、平均年降雨量、风向及风速。

② 线路条件。轨距、最小平面曲线半径、道岔、最大坡度、轨道最大超高等指标。

③ 供电方式。供电方式、供电电压、电压波动范围、接触网型式及高度。

4）电客车主要技术参数

① 电客车型式及列车编组。

② 电客车主要尺寸。长度、高度、宽度、客室净高、转向架轴距、转向架中心距、轮对内侧距。

③ 载客量、轴重等指标。

④ 列车牵引和制动性能。最高运行速度、构造速度、列车在定员和超员载荷牵引性能、制动性能、冲击极限。

⑤ 列车故障运行能力。列车在超员载荷和丧失 1/4 动力的情况下，应能维持运行到终点。列车在超员载荷和丧失 1/2 动力的情况下，应具有在正线最大坡道上起动和运行到最近车站的能力。

⑥ 列车救援能力。一列空载列车应具有在正线线路的最大坡道上牵引另一列超员载荷的无动力列车运行到下一车站的能力。一列空载列车应具有在正线最大坡道上牵引另一列空载的无动力列车运行到电客车基地。

⑦ 紧急疏散与报警系统。端门疏散、侧门疏散、报警系统。

⑧ 列车噪声。客室内、司机室内和车外噪声。

⑨ 列车运行平稳性及脱轨系数。列车运行平稳性指标不应大于 2.5，运行 150 000 km 后不应大于 2.75。电客车的脱轨系数应小于 0.8，轮重减载率应不大于 0.6。

⑩ 防火及安全要求。和乘客接触的部件应符合防火规范，司机室和客室内均应配备灭火器。

⑪ 防水要求。满足防雨水、冰雪要求，电气设备，其外壳的水密性应符合规范要求。

⑫ 防霉及防虫。电气设备的绝缘材料必须经防霉处理，并有防虫咬的防护措施。

⑬ 机械设备应具有合理的防腐蚀的措施。

5）电客车限界

限界符合设计规范和限界标准。

6）电客车主要系统及部件

① 车体及内装。车体材料选用不锈钢或铝合金车体。两端的电客车撞击能量吸收区、端部疏散门、整体密闭式车窗、中空安全玻璃；客室内装包括座椅纵向布置、立柱扶手、吊环、贯通道、轮椅专用位置等；司机室包括司机操作台、操作按钮、间壁门、座椅；客室包括车门、布置、数量、型式、机械隔离、紧急解锁、故障指示。

② 转向架。一系悬挂金属橡胶弹簧、金属圆弹簧、减振器；二系悬挂空气弹簧；轮盘、踏面制动；构架寿命、轴温检测。

③ 制动系统。车控、架控方式，电制动、空气制动、制动功能；空压机组供风能力。

④ 电力牵引系统。变频变压调速；空重车自动调整/防空转防滑行控制和防冲动控制；绝缘、过电流保护装置、故障切除及显示、LCU、继电器控制。

⑤ 辅助系统。辅助组成；蓄电池性能。

⑥ 列车控制技术。总线控制、冗余设计、事件记录。

⑦ 乘客信息系统。双向通话、乘客广播、自动报站、紧急对讲、动态地图。

⑧ 故障诊断。自诊断、信息存储、故障显示。

⑨ 空调与通风。顶置式空调、集中控制、制冷能力、供风量、采暖、废排、紧急通风。

⑩ 列车照明。客室照明、前照灯、防护灯、尾灯的亮度、数量及布置要求。

⑪ 安全措施。紧急停车、警告提醒装置。

7）国产化

电客车和牵引辅助系统国产化指标要求。

3.3　电客车制式和编组选择

1. 电客车制式的选择

目前，从国内地铁运营的情况来看，国内城市地铁基本都在 A、B 两种车型之间进行选择，在 6 辆编组条件下，两种车型基本参数比较如表 3-1 所示。从表中看出，A 型车的宽度、长度和载客量都大于 B 型车，A 型车由于电客车宽度加大，将使隧道土建工程量增加，不同电客车本身的运量就不相同，这就导致当电客车编组和列车发车频率达到极限时，运能就会受到车型的限制。由于电客车外轮廓和电客车运行时电客车及其他相关设备所形成的包络线，故城市轨道交通电客车存在电客车限界和建筑限界。城市轨道交通不同电客车的尺寸不同，限界也因此不同。需重点考虑该种制式的运能与远期客运需求匹配程度，当客流量预测较大时，应选用 A 型车。从建设成本来看，A 型车成本要高于 B 型车。

表 3-1　电客车制式

制　式	长度	宽度	定员	高峰小时单向断面客流量	特点
A 型	22 m	3 m	310 人	5.58 万人次/小时	高运量
B 型	19 m	2.8 m	250 人	4.38 万人次/小时	大运量

资源共享因素由于城市轨道交通电客车的停放、检修以及不同线路之间运用电客车灵活调度配置，若系统制式保持一致，有利于资源共享，提高整个系统效率和利用率，节约资源。在工程实践过程中，具体选择哪种车型往往缺乏经济、合理的判断依据，若选择较大运量车型，则往往造成运量剩余、资源浪费；而如果选择较小运量车型，则乘客舒适度有所降低、可持续发展能力短缺。

2. 电客车编组形式选择

目前列车的编组形式主要是：A 型车 6 辆编组动拖比为 2：1（4M2T），8 辆编组动拖比一般为 3:1（6M2T）或 5:3（5M3T）；B 型车 6 辆编组动拖比一般为 1：1（3M3T）或 2:1（4M2T）。编组形式的选择除了与客流量有关之外，与列车牵引制动能力、故障救援能力也有一定关系。动拖比越大，列车加速性能越好，旅行速度越高、电制动能力越强，故障运行能力和救援能力越优采购及维修成本越高。6 辆编组列车两种动拖比配置比较如表 3-2 所示。

通过上述的比较可知，编组形式的选择与客流量、线路条件、电客车动力性能以及经济性等都有关系。编组形式的选择可以与电客车选型综合考虑，根据客流量选择编组数量。在满足客流量的前提下，针对具体项目选择合适的动拖比。对于 6 编组的 4M2T 和 3M3T 来说，很显然 4M2T 多了一个动车，因此其在黏着利用、加速性能、电制动能力、故障运行和救援能力等方面要优于 3M3T。同样的，8 编组的 6M2T 在这些方面也优于 5M3T。除此之外，选择编组形式时应考虑电客车采购及运营成本。一般来说，4M2T 会高于 3M3T，因此，在选择编组形式时，如果该项目对电客车动力性能要求不高时，可以将经济性作为主要因素。

表 3-2　电客车供电方式

供电方式	安装位置	速度	接触网造价	紧急疏散影响	变电所数量	耐磨寿命
接触轨	钢轨侧面	80～100 km/h	230 万元/km	有	多	长
受电弓	顶部	80～120 km/h	120～150 万元/km	无	少	短

3. 电客车供电形式的选择

目前，从国内地铁供电方式来看，主要有 DC 1 500 V 架空接触网受电弓方式和 DC 750 V 接触轨受流方式两种。以下是 DC 750 V 接触轨和 DC 1 500 V 接触轨受电方式简单比较。

通过对比可知，DC 1 500 V 架空接触网受流方式和 DC 750 V 接触轨受流方式各有其特点。DC 1 500 V 架空接触网安装列车上部，DC 750 V 接触轨安装在列车底部侧面。相同条件下 DC 750 V 接触轨全线设牵引变电所的数量是 DC 1 500 V 架空接触网的 2 倍，进而增加了变电所的投资。运营维护不同。DC 1 500 V 架空接触网受电方式接触网磨耗多、寿命短，维修成本一般会高于接触轨。从城市景观角度，架空接触网授电方式会影响城市景观，接触轨影响较小。对于接触轨授电方式来说，DC 1 500 V 全线设牵引所数量是 DC 750 V 的一半，进而可以减少直接工程投资。对于安全防护来说，DC 1 500 V 已经属于高压范畴，对维修人员的人身安全影响较大，因此对其防护安全性要求高、更加严格。

4. 电客车最高行车速度的选择

以地铁电客车最高行车速度为 80 km/h、100 km/h、120 km/h 三种方案进行比选。以国内某城市地铁电客车为例进行分析，该城市电客车 V_{max}=80 km/h 时，$V_{旅}$=36.80 km/h；V_{max}=100 km/h 时，$V_{旅}$=57.50 km/h；V_{max}=120 km/h 时，$V_{旅}$=67.60 km/h；可见在其他条件一定的情况下，最高车速越高，一般旅行速度就越高。

当列车最高速度越高时，一般旅行速度越高，电客车周转时间就越小，高峰小时运用电客车数越小，电客车所需总量也越小，进而电客车购置费用相对也少。当列车最高速度由 80 km/h 提高至 120 km/h 时，电客车总数递减，电客车段库房面积和检修停车装备也随之减少。当列车行车速度提高后，信号安全保护区段长度将随速度的提高而增大，需要的安全停车距离加长，对信号系统会产生一定的影响。

除上述从经济性方面考虑之外，列车行车最高车速的选择还与旅行时间、站间距密切相关。地铁主要为城市中心城区以及中心城与新城之间提供公共交通服务，为缩短旅行时间，需要提高电客车的运行速度。我国大城市市域范围基本在中心城区 70 km 半径范围内，大多数新城至中心城区的直线距离小于50 km，总出行时间可控制在 1 h 以内，旅行时间不宜超过 35～40 min。可以以此选择列车形式，确定旅行速度和最高运营速度。列车最高运行速度也与平均站间距相关，一般站间距短，速度最高值低；站间距长，速度目标值就高。

3.4 电客车主要部件的选型

电客车应技术成熟、安全可靠、外形美观、便于维护使用、节约能源并且经济实用等性能。线路条件具有地下、地面以及高架线路区段等不同工况，由地下向地面、由地面向高架的过渡段，坡度大，要求电客车具有较强的负载爬坡能力。电客车的动力性能、噪声和振动等指标应满足牵引、环保要求，尽可能减少对周围环境的影响。要求电客车应能适应各种环境。电客车及其编组应能满足高峰小时运量的要求，并能做到近、远期结合。根据地铁电客车国产化的要求，要努力降低电客车造价，在引进关键技术设备的同时逐步提高国产化率。电客车关键部件及参数包括：车体材质、电客车控制系统、空调系统等的设计应能满足所在线路的自然条件。

1. 车体的选型

从经济性和安全性考虑，选择不锈钢车体；但对于南方某些潮湿多雨的城市，从气密性考虑选择铝合金车体。不仅影响车体的刚度和强度，关乎电客车运营安全性和乘客舒适性，而且影响电客车采购费和运营维修费的高低，关系到电客车运营经济性，同时也关系到载客能力和能耗大小。由于普通钢车体材料所具有的强度低、质量大、能耗高、腐蚀重、维修量大、使用寿命短的缺点，尽管其造价较低，但综合性能较差，因此不再将其作为比选对象，而将比较的重点集中在不锈钢和铝合金这两种材料上。

1）重量对比

铝合金的密度为 2.71 g/cm^3，仅是不锈钢密度 7.85 g/cm^3 的三分之一，从理论上讲铝合金更能使车体轻量化。但是，铝合金的抗拉强度不如不锈钢，铝合金的抗拉强度为 $274 \sim 352 \ N/mm^2$，而不锈钢的抗拉强度为 $520 \sim 685 \ N/mm^2$，采用超低碳（$C < 0.03\%$）SUS 系列的轻量化不锈钢的抗拉强度可达到 $960 \sim 1200 \ N/mm^2$，是铝合金的 $2 \sim 5$ 倍。而且，铝合金弹性模量小，其弹性模量为 $0.71 \times 105 \ N/mm^2$，是不锈钢（$2.06 \times 105 \ N/mm^2$）的三分之一。因此，为保证地铁电客车有足够的承载强度和刚度，铝合金电客车必须采用大型中空型材及其组合件。由于不锈钢的强度和刚度高于铝合金，不锈钢车体可采用板梁组合整体承载全焊结构，车体的梁柱板厚为 $0.8 \sim 3 \ mm$，车体外板厚为 $0.4 \sim 1.2 \ mm$。在相同的强度下，断面可以做得小，使用板材更薄，能有效地减轻车体自重，达到实现车体轻量化的目的。

为充分保证地铁电客车不锈钢和铝合金车体的强度和刚度，根据国内外地铁电客车车体采用不锈钢和铝合金的实践经验，地铁电客车耐候钢车体自重约 $9 \sim 10 \ t$，不锈钢车体自重约 $6 \sim 7 \ t$，铝合金车体自重约 $4 \sim 5 \ t$。如果以耐候钢车体自重为基准，则不锈钢车体可减轻自重 30% 左右，铝合金车体可减轻自重 50% 左右。因此，铝合金车体轻量化效果比不锈钢车体更明显些。

2）耐腐蚀性对比

不锈钢和铝合金车体都具有较好的耐腐蚀性，但不锈钢车体比铝合金车体更优越，铝合金车体不能像不锈钢车体那样达到不用涂漆的程度。由于不锈钢含有的铬大于 12%，使铁的电极电位由 $-0.56 \ V$ 突升至 $+0.2 \ V$，使原电池腐蚀不易发生，这就显著提高了不锈钢车体的耐腐蚀性，在制造过程中不用进行防腐保护，完工后也不需涂漆；为提高电客车装饰性，可用彩色胶膜装修。而铝合金车体的耐腐蚀性是由于在空气中铝合金表面形成一层致密的 Al_2O_3 保护膜而具有很好的防腐蚀能力。但铝合金车体在长期运用中，特别是在潮湿的环境下，遇到空气介质中的阴离子，就会产生局部原电池，发生点蚀、面蚀和变色，影响了车体强度和美观，所以大部分铝合金车体都要涂漆。因此，不锈钢车体比铝合金车体更优越。

3）工艺对比

铝合金具有良好的塑性，所以现在普遍采用现代铝挤压成型技术，车体采用大型中空型材组焊结构。车体可以是利用自动焊机连续焊接的整体焊接结构；也可以是采用特殊螺栓连接方式组合成铝合金车体的模块化结构。简化了铝合金车体制造工艺，实现自动化生产和工艺性好。不锈钢车体的制造工艺较复杂，车体外皮采用搭接方式，不能采用连续焊，只能点焊，工艺要求高；特别是不锈钢成形困难，有些部位如枕梁、牵引梁和前端造型等，不得不采用钢材或玻璃钢制造；车体外表面不能用火调平，冷弯件和冷压件的制造精度较高。由于两者制造工艺的不同，使其车体在气密性和外观上产生差异。铝合金车体采用整体全焊接结构，具有优越的气密性能，有利于提高电客车的最高运行速度，车体外表平整；不锈钢车体外皮必须采用点焊，造成板材和型材间的连接会有一定空隙，密封性较差，外表面也总有点焊痕迹，影响美观。因此从制造工艺、气密和外观来看，铝合金车体优于不锈钢车体。

从轻量化方面来看，铝合金车体优于不锈钢车体。从安全性方面来看，为减少人员的伤亡和火灾事故的损失，应选用不锈钢车体，不宜采用铝合金车体。从气密性方面来看，铝合金车体优于不锈钢车体。在南方城市潮湿多雨条件下，为满足气密性和使用寿命要求，建议采用整体焊接铝合金车体；而在北方城市干燥少雨条件下，宜采用不锈钢车体。从耐腐蚀性方面来看，不锈钢车体比铝合金车体更优越。

2. 空调的选型

空调系统是地铁电客车的重要组成部分之一，承担着调节客室内空气温湿度、增强客室内空气流动、提高地铁电客车乘坐舒适性的作用。空调系统的选型直接影响到地铁运营的社会效益及经济效益。

1）机组形式

从国内市场来看，电客车空调系统以定频空调为主，少数城市采用变频空调。变频空调只是增加了变频器，变频器能使压缩机的转速无级连续可调，其转速是根据室内空调负荷而成比例变化的。在初始运行阶段，变频空调处于高频工作状态，压缩机以最大转速运转，使室温迅速地降低；当室温接近到设定值时，控制程序控制压缩机转速降低，制冷量减少，以平衡室内的热负荷。变频空调确实在节能方面有很大的优势，但由于其控制系统和变频系统较为复杂，对元器件可靠性要求较高，因此在相对恶劣的运行环境下，其全寿命周期、可靠性的研究有待深化研究。

2）电客车热负荷组成及制冷量确定

除了选择合适的空调机组之外，空调制冷量的计算和确定也非常重要。制冷量与电客车热负荷直接相关，因此分析并计算电客车热负荷可以得到大概需要的制冷量。电客车热负荷主要由，车体隔热壁的传热量其与车内外温差、车体传热面积和车体隔热壁的传热系数 K 值（静置状态时，一般取 2.4 W/K；运行时，随着车速而变化）有关。进入车内的太阳辐射热。其与太阳辐射强度、太阳照射的车体面积以及车体表面的传热系数有关。对于有较多透明结构的地铁车体和高架线路，在夏季高温季节时，此负荷是造成空调系统热负荷的主要原因。车内乘客的散热量。其与乘客人数有关，每天上下班高峰期乘客热负荷最大,其他时间乘客的热负荷与高峰期相比则大大降低。车内机电设备的散热量。车内的主要散热设备有照明设备、蒸发风机以及少数电气设备,基本上是固定热量。新风热负荷。其与车外温度及湿度有关。在夏季,由于新风的焓值高于车内空气的焓值,其焓值差与新风空气质量的乘积即为新风负荷。车外温度及湿度越高,新风量越大,新风热负荷就越大。乘客上下车时,开门散热量。由于高架线路车站里没有空调装置,因此在夏季高温季节,乘客上下车时,热负荷会短时间内增加。但地下线路热负荷就会小很多。一般对于地铁电客车而言,在车内负荷中,车内机电设备的散热量是相对固定的,可认为是个定值。车内乘客的散热量是随乘客人数的变化而不断变化的,通过车体隔热壁的传热、进入车内的太阳辐射热、新风热负荷及开关门的热交换都与外气环境参数直接相关。因此,车内热负荷并不是稳定不变的,而是不断变化的,进而直接对制冷量的需求产生影响。一般 B 型车制冷量为 29 kW/台,A 型车制冷量为 40 kW/台。

3）司机室空气调节方案选择

目前,司机室一般通过设置增压器和风道从客室引风对司机室空气进行调节。增压器结构简单而且质量轻,内部只有通风机、电加热器和简单的控制系统。但是由于它借助客室的风道,通过增压风机吸风到司机室,因此空气阻力大;同时,为了给电器元件降温,回风口设计在电器柜下部,回风阻力偏大,造成司机室空气流通不畅,制冷效果差。除此之外,在正常运营时,司机一般对司机室和客室温度统一控制,而司机与乘客体感温度差异又较大,经常出现司机感觉温度低而乘客却感觉高的情况,因此运营单位经常收到乘客投诉。独立式司机室空调机组应运而生。它具有控制系统独立、制冷、制热效果好等优点,但造价偏高,且空调机组和控制板需要单独设置,造成司机室空间更加紧张。

由上述分析可知,虽然变频空调系统在节能和舒适性方面优于定频空调系统。但由于其控制系统和变频系统较为复杂,对元器件可靠性要求较高,这部分研究还有待深化。

3. 制动的选型

制动控制单元。制动控制单元是保证制动系统功能的基础和核心部件,目前一般采用直通模拟式空电联合制动系统。根据控制方式的不同,可分为车控和架控。车控制动系统是以每辆车为单位设置制动控制单元,车控式制动系统每辆车有一套制动控制单元,相比较架控式,部件数量比较少,部件故障对系统可靠性的影响较小。但是一旦一辆或多辆车的制动系统发生故障,则会损失该车的制动力，制动距离和时间也会延长，此时列车需要限速、回库返修，这对运营可靠性和安全性影响较大。架控制动系统则以每个转向架为单位设置制动控制单元。架控式制动系统的列车则可以通过增加其他控制单元的制动力来满足总制动力需求，对制动距离的影响较小。

1）底架管路布置

车控式制动系统的控制设备主要集中在车底架中部，制动管路由车中间向两端布置，在转向架附近管路较少，管路布置较为简单，设备可以合理布置；而架控式的主要控制设备均布置在转向架附近，制动管路较多，布置较为复杂，会出现转向架空间紧张，不便于调整的问题。地铁列车牵引系统采用车控时，制动系统采用车控和架控均可；牵引系统采用架控时，制动系统最好采用架控。

2）维护与修理

车控式制动系统的制动控制单元及其单独插件板可以单独更换，维护方便且维护成本较低，而且车控式设备部件数量少，这样可以节约备件的采购成本。而架控式制动系统由于采用标准化和模块化生产，很多小元件都集成在制动控制单元内部，减少了电客车制造厂的工作量，模块接口更换也比较方便，降低接口的复杂性。

3）电制动能力

电制动包括再生制动和电阻制动。在列车运行的同一供电区段内，如果有邻车作牵引运行，则列车可实施再生制动即反馈型制动；否则实施电阻制动即能耗型制动。车载电阻制动吸收方式当列车实施电制动时，若同一供电区段无邻车运行或其运行在牵引工况外的其他工况时，则这部分电能将会导致电网电压升高。当达到电客车电阻制动斩波器所设定的电压值时，列车由再生制动转为电阻制动，能量由车载电阻器吸收。车载电阻器有自然冷却和强制风冷两种方式。也有在地面设置电制动能量吸收装置，其也可分为反馈型和能耗型。与车载电阻制动吸收方式相比，减少车下设备、减轻轴重的作用，缺点是控制难度大，土建成本高。

4.牵引系统的选型

牵引系统也有车控和架控。一台牵引逆变器给整辆车不同转向架4台牵引电机供电为车控；给同一转向架2台牵引电机供电为架控；给一个动轴上1台牵引电机供电为轴控。目前，电客车牵引系统主要选择车控和架控。电客车故障运行能力及冗余性牵引系统采用车控方式，即每辆动车布置1台逆变器。采用架控方式，逆变器主要有两种配置方式：一种是1个大的逆变器箱中集成2个小的逆变器控制模块,每个模块控制1台转向架上的2台电机，该种型式集成度高，质量相对较轻；另一种是每辆车上设置 2 台独立的牵引逆变器箱，分别对每台转向架上的电机进行控制。相比较而言，车控方式部件少，故障点少于架控，因部件故障导致整车故障的概率低于架控。但是，当 1 台牵引逆变器故障时，该节车失去全部动力，遇到故障情况时，难以完成运营需求；而对于架控列车，该节故障车还保留一半动力，虽然牵引能力减小，但是故障能力高于车控方式。车下设备布置及质量。对于车控来说，设备少，质量小，车下空间充足，可以合理布置设备。而架控方式，设备相对增多，尺寸大，质量大，布置设备需要充分考虑。

架控式牵引+车控式制动。牵引系统为架控时，如果制动为车控，则会在 1 个转向架电制动力失效施加空气制动时，为避免制动力叠加过大造成车轮抱死，某些情况下需切除故障车另 1 台转向架的电制动力，造成电制动力的浪费并增加机械制动的磨耗，因此该种配置方式目前较少采用。架控或车控式牵引+架控式制动牵引系统采用车控或架控模式，制动系统采用架控，则不会出现由于逆变器故障而导致某台转向架上制动力叠加的情况出现，电控制动匹配性能好。车控式牵引+车控式制动。牵引系统采用车控模式，制动系统采用车控，单节车逆变器故障则需由空气制动该车全部的制动力，因此该种情况不会出现制动力叠加的情况。

地铁列车牵引系统采用车控时，制动系统采用车控和架控均可；牵引系统采用架控时，制动系统最好采用架控。运营维护及经济性。两种控制方式电客车采购和运营维护的差别主要体现在牵引逆变器、制动电阻及高速断路器等设备上。设备多，进而采购费用会随之增加，维护工作量也会增加。

5. 辅助供电系统的选型

1）辅助逆变装置

地铁列车辅助逆变器输出的交流供电一般采取单元式集中供电，单元式集中供电就是将列车划分为两个单元，每个单元中各设置一台辅助逆变器（SIV），每台 SIV 通过本单元的 AC 380 V 列车线给本单元的交流负载供电。交叉式集中供电同样每列车设置两台辅助逆变器（SIV），但不同的是，每台辅助逆变器通过贯通整列车的 AC 380 V 列车线给每辆车的一半交流负载供电。当有一台辅助逆变器发生故障时，单元式需要先将故障的逆变器切断，然后通过扩展供电装置与故障单元的 AC 380 V 列车线相连给全车的交流负载供电；而交叉式则只需将故障逆变器输出接触器切断，不必采取任何转换措施。由于它们工作原理的不同，因此各自有其优缺点。一般来说，单元式供电只需要一路 AC 380 V 列车线，大截面的电力电缆用量少，列车质量较轻，成本较低。故障状态下，客室全部照明和所有设备通风机都可以正常工作，舒适度较好；而交叉式供电则要设双路 AC 380 V 列车线和两套电客车间跨接电缆的接插件，进而增加列车重量和采购成本，而且舒适度较差。但是，在控制方面，交叉式优于单元式。单元式供电总体上优于交叉式供电，建议选择单元式。但对于 3M2T 编组的列车只能使用交叉式集中供电模式。

2）蓄电池

地铁电客车使用的蓄电池主要有碱性—镉镍蓄电池和酸性—密封胶体铅酸蓄电池。碱性和酸性两种蓄电池性能对比如表 3-3 所示。

表 3-3　蓄电池选型

项目	镉镍碱性蓄电池	铅酸蓄电池
环保性	镉有致癌性，不密封，充电过程中有碱雾气体溢出	密封，无渗漏
维护性	每年检查液面，不足时添加	不用加液
寿命	12～15 年	8～10 年
成本	初次采购成本高，寿命长，不可回收，寿命周期内成本高	初次采购成本低，寿命短，可回收，寿命周期内成本低
充放电能力	可以深度放电 100%，循环次数多	可以深度放电 80%，循环次数少

综上所述，酸、碱蓄电池各有优缺点。镉镍碱性蓄电池充放电特性平稳、耐过充放能力强、应用温度范围广、使用寿命长。在这些方面优于酸性密封胶体铅酸蓄电池。根据国家相关产业政策及行业发展规划中的环保要求，镉镍电池不符合产业环保政策，属于限制类产品；而铅酸电池符合产业、环保政策，属于鼓励类产品。而且铅酸电池满足危害性小、可回收或置换的要求，符合绿色、循环、节能、低碳的发展趋势。除此之外，它的一次性采购成本及全寿命周期成本较低，在经济性方面也优于镉镍碱性蓄电池。

6．转向架的选型

1）安全性要求

城轨转向架设计除满足规定的脱轨系数、轮重减载率、轮轴横向力、倾覆系数的要求外，还必须考虑转向架各零部件必须满足强度设计要求，并达到技术规格书设定的设计寿命。在最恶劣的条件下转向架的设计能保证运营的稳定性。

2）平稳性要求

一般均以测量车体指定部位的振动加速度及其计算值作为评定平稳性的指标。UIC-513R《铁路电客车内旅客振动舒适性评价准则》可以提供可用的参考。该标准对振动的测量位置、测量方法、分析和评价方法以及数据处理方法都作了规定。规定测量车体地板和座椅座面及靠背上的振动加速度并以舒适度指数来评价电客车的平稳性。

3）互换性要求

地铁列车动力转向架和非动力转向架在设计中除尽可能地用标准件外，还应满足以下几方面的互换性要求。在同一型地铁列车中所有动力转向架彼此应能互换，所有非动力转向架也能彼此互换。动力转向架与非动力转向架尽可能采用相同的结构，相同功能的所有构架可以互换具有相同功能的所有轮对可以互换。

4）噪声要求

地铁交通的噪声来源有多种，主要包括轮轨接触噪声、车载设备噪声、电客车振动引发的二次噪声等。根据 ISO3095 标准的规定，当地铁列车在自由声场内以稳定速度 60 km/h 运行时，在距轨道中心 7.5 m 处测量的等效噪声不得超过 82 dB。当列车在自由声场内静止时，在距轨道中心 7.5 m 处连续 5 s 测量的等效噪声不超过 69 dB。ISO3381 标准规定，当列车以 80 km/h 的速度运行，而客室和司机室的车窗关闭，所有辅助设备处于正常运转状态时，客室中心处噪声不得超过 73 dB，司机室中心处噪声不得超过 75dB。列车静止而所有机组运行时，车内中心处的噪声不得超过 68 dB，开关门时，在距门和离地板高 1.6 m 处的噪声不得超过 75 dB。

5）转向架的结构

城轨转向架构架一般都采用无端梁 H 形构架结构，由两根侧梁和两根横梁组成，两根横梁之间有两根小的纵梁。侧梁一般采用焊接箱型结构，也有铸造箱型结构的侧梁在应用。横梁的结构有两种类型，即采用焊接箱型结构的横梁和采用无缝钢管的横梁。采用焊接箱型结构的横梁与侧梁一般采用对接焊接，而采用无缝钢管的横梁与侧梁采用穿透式焊接。为了提高构架的总体刚度和强度，同时为设置各种安装座的需要，在两根横梁之间设置两根小纵梁。转向架构架是转向架其他零部件的载体，在其上设置了各种安装座包括减振器的安装座、驱动装置的吊挂座、牵引座等，因此除保证构架本体具有足够的强度和刚度外，各种安装座也必须具有足够的强度和刚度。

6）轮对

转向架的轮对一般采用整体车轮和实心车轴。动力转向架的车轴与非动力转向架的车轴有所区别，即动力转向架的车轴上有传动齿轮箱的安装座。根据我国《城市快速轨道交通工程项目建设标准》的规定，A、B型城轨电客车转向架的车轮直径 840 mm（新轮）/770 mm（磨耗到限）。根据城轨交通的特点，车轮的最大不圆度不应大于 0.5 mm，同一轮对的车轮直径差不应大于 0.5 mm。由于城市铁路动车组运营在城市内，因此对城轨电客车运营产生的噪声有较高的要求。而轮轨接触噪声是城轨电客车运营噪声的主要来源。如何有效地降低轮轨接触噪声是降噪研究的主要方向之一。目前通过车轮的结构设计来降低轮轨接触噪声已在世界上多个国家得到了应用。当今城轨转向架使用的车轮结构主要有 3 种类型，即整体辗钢车轮、弹性车轮、设有吸声材料的车轮。由于弹性车轮使用的橡胶存在可靠性问题，而吸声车轮所使用的吸声原理在国内也没有取得突破，因此到目前国内城轨电客车转向架所使用的车轮基本上为整体辗钢车轮。

7）轴箱与一系悬挂

轴箱因采用的一系悬挂方式不一样而有较大区别，轴箱的主体是轴箱体。为了减轻簧下质量，目前也有采用铝合金结构的轴箱体，轴箱轴承大多采用圆柱滚子轴承，当然也有采用圆锥滚子轴承的。轴箱定位和一系悬挂方式有多种，目前广泛应用在城轨转向架上的有 3 种类型，即采用人字形橡胶堆的轴箱定位和一系悬挂方式，采用圆锥形橡胶堆的轴箱定位和一系悬挂方式，采用转臂式轴箱定位和一系悬挂采用钢弹簧+橡胶垫+垂向减振器的方式。采用人字型橡胶堆和圆锥形橡胶堆的轴向定位与一系悬挂方式具有结构简单，橡胶堆可有效吸收高频振动的优点，但是由于一系悬挂的刚度完全由橡胶堆提供，而橡胶堆的特性具有非常强的非线性，而且随着使用时间的增加，橡胶也不断地在老化。其特性有较大的变化，这样就影响到一系悬挂性能的稳定性因此这两种悬挂方式的好坏。关键在于所使用橡胶的性能好坏。轴箱定位采用转臂式定位，一系悬挂采用钢弹簧+橡胶垫+垂向减振器的方式。其悬挂的垂向和横向刚度与垂向阻尼主要由钢弹簧和减振器提供钢弹簧两端的橡胶垫。主要用于吸收高频振动，这有利于保持一系悬挂特性的稳定性。

8）二系悬挂

老一代的电客车转向架大多采用带摇枕装置的二系悬挂。随着技术的进步，现在新设计的城轨转向架均采用无摇枕的结构型式。二系悬挂一般都由空气弹簧及其辅助元件横向液压减振器、横向缓冲装置即横向止挡、抗侧滚扭杆等组成。转向架一般不设有抗蛇行减振器。由于电客车的质量在空车与重车之间变化较大，因此空气弹簧装置必须有良好的高度调节装置以保持随着旅客数量的变化而电客车地板面基本保持不变,空气弹簧下设有叠层橡胶，当电客车通过曲线时叠层橡胶随着空气弹簧产生横向变形从而承担一部分横向变形载荷同时当空气弹簧失效时叠层橡胶提供二系悬挂刚度以缓和垂向振动。为了提高车体的平稳性，需设置二系垂向减振装置一般有两种方法，即在二系悬挂中设置垂向液压减振器或在空气弹簧中设置节流阀提供二系悬挂的垂向阻尼。二系悬挂空气弹簧受城市轨道限界的约束，其横向间距一般较铁路电客车小得多，导致二系悬挂的抗侧刚度不大。在突加的离心力或风力作用下，车体相对转向架会产生很大的侧倾，为了减小这种情况下体的侧倾城轨转向架设有抗侧滚扭杆，抗侧滚扭杆成水平横向布置只有当车体产生侧滚运动时抗侧滚扭杆才会发生扭转而不会影响二系悬挂的垂向和横向刚度。

9）牵引装置

在国内外地铁电客车所使用的牵引装置大致可分为 3 种，即牵引销式、Z 形双拉杆式和单拉杆式。牵引销式牵引装置由牵引销、橡胶堆和牵引销座等组成，该牵引装置利用橡胶堆的变形适应车体与转向架的相对位移。Z 形双拉杆式牵引装置由牵引销、拉杆、转臂等组成，车体与转向架的相对位移由拉杆的转动来满足，拉杆两端有橡胶节点，从而使拉杆可以相对拉杆座转动。牵引销与转臂之间设有复合橡胶弹簧，可缓冲车体与转向架之间的冲动，单拉杆式牵引装置相对要简单得多，它由一根拉杆与转向架构架和车体底架上的牵引座连接，拉杆两端设有橡胶节点，使拉杆可相对牵引座转动，同时缓冲车体与构架之间的冲动。牵引装置的选取主要考虑以下几方面的因素：能有效地传递纵向力即牵引力和制动力，能适应车体与转向架构架之间的相对运动，具有一定的弹性，可缓和车体与构架之间的纵向振动，结构尽可能简单，可方便车体与转向架的解体与连接。

10）基础制动装置

电客车对制动系统有较高的要求，主要表现在电客车必须具有较高的制动减速度。常用制动减速度为 1.0 m/s^2，而紧急制动减速度为 $1.1 \sim 1.2 \text{ m/s}^2$。电客车必须能达到定点停车，因此要求制动系统具有非常可靠的制动性能，其制动距离误差不得超过 1 m。电客车转向架的轴距一般比较小，基础制动装置的安装空间有限，因此要求基础制动装置要具有较小的尺寸。城轨电客车运营的线路坡度正线一般达到了 35‰。而辅助线路更达到了 40‰，因此要求基础制动装置具有足够的停车制动能力。电客车制动系统一般包括再生制动、电阻制动与空气制动。制动优先级以再生制动为最高，电阻制动次之，最后是空气制动。目前电客车使用的基础制动装置有两类，一类是踏面制动器，另一类是盘形制动器。目前大多地铁电客车使用踏面制动器，同时踏面制动器又分单元踏面制动器和杠杆式踏面制动器，由于基础制动装置的安装空间有限，因此大多选用单元踏面制动器。基础制动的闸瓦选用必须考虑尽可能少的环境污染，因此常选用高磨合成闸瓦，不含石棉等对人体有害的化学成分。

11）驱动装置

电客车动力转向架的驱动装置由牵引电动机、联轴节和传动齿轮箱组成，牵引电机采用架悬悬挂方式，传动齿轮箱的一端抱轴，另一端吊挂在构架上，牵引电机输出轴与传动齿轮箱小齿轮轴通过联轴节连接。动力转向架的每根轴由一台交流异步牵引电机驱动，牵引电机与构架的连接一般采用刚性连接，但也有采用弹性连接的方式此时的连接刚度一般都比较大，传动齿轮箱的箱体一般采用上下剖分式，为了降低齿轮箱的质量，齿轮箱箱体可采用高强度铸造铝合金联轴节一般采用浮动式、摆角鼓形齿式联轴节。

3.5 电客车维修基地设计

电客车维修基地是城市快速轨道交通系统中不可缺少的组成部分，是保证线路正常运营的必备设施。电客车维修基地主要由车辆段（或停车场）、综合维修中心、物资总库、培训中心和必要的生活设施组成。其中车辆段（或停车场）为所属线路配属列车的运用、整备和检修基地；综合维修中心承担所属线路各项机电、工务和建筑设施的日常保养和定期小修；物资总库承担所属线路各种材料、备件、劳保物资保管和发放；培训中心是员工技术培训的基地。

车辆段（或停车场）主要包括运用库、检修库/联合车库、综合楼、物资总库、汽车库、污水处理站、门卫、垃圾房、杂品库、公安派出所等生产、办公房屋。电客车维修基地线路配置包括出入段线、卸料线、存车线、工程车停放线、吹扫线、静调线、定修线、临修线、洗车线、镟轮线、停车列检线、周月检线、试车线、牵出线以及远期停车列检线等。

1. 电客车运用整备设施

车辆段（或停车场）应按照电客车数量和检修作业范围配备停车列检库、月检库、洗车库和蓄电池间，并根据生产需要配备办公、生活房屋。停车列检库可以和月检库合建成运用库，也可以单独设置或者与周月检库合建。运用库设计总列位数量应按照本线路配属列车数，根据列车编组、检修扣修时间和周期计算确定。当库形为尽端式时，每条列检线应按照两列位布置，月检线应按照1列位布置。库形为贯通式时，每条列检线不大于2列位，月检线可按照 1 列位布置。

运用库各库线应根据电客车受电方式设置接触网或者接触轨，地面接触轨应加装安全防护罩，运用库的架空接触网列位之间和库前均应设置隔离开关或者分段器，库门口应设置送电信号显示或者音响。列检列位应设置检车坑，坑内应有排水设施、安全照明和动力插座。月检库的线路要设置车顶和车门作业平台，平台两侧设置安全防护设施。兼做两线作业的车顶作业平台中间应设置隔离栅栏。电客车段应设置洗车设施，包括洗车机、洗车线和生产房屋。洗车机宜采用通过式，满足车侧和端部清洗要求。洗车线宜布置在入段线运用库库前咽喉区前部，受地形限制时可按照尽端式布置。

运用库应根据列车日常运用维修和列检、月检作业的需要，配备电客车检修清扫工具存放、备件储存和工作人员更衣休息等生产、办公、生活房屋，上述房屋宜设置于运用库的辅跨或者临近地点。车辆段（或停车场）内宜设置乘务员公寓，其规模根据早晚运行列车乘务员人数确定。以综合楼办公、生活用房区域电客车基地将生产区和办公生活区分开布置，保证车流和人流互不干扰，远离作业车间，极大减少了噪声对办公和住宿的影响，更方便地铁电客车进场吊装及人员出入。

2. 地铁电客车检修设施

车辆段（或停车场）布置应满足电客车基地的功能要求，统筹规划。生产房屋应以运用和检修库为核心，各辅助房屋应分别布置在相关车库的临近地点。空压机间、变配电所、给水所和锅炉房应设置在负荷中心附近。存放易燃品的房间应单独设置。

车辆段（或停车场）应设置周月检库、临修库和静调库以及响应的辅助生产房屋，周月检和临修列位应设置检查地坑，坑深度为 1.2～1.5 m，并有排水设施，库内股道两侧应根据架车需要设有架车基础。静调库应有静调电源柜及限界检测装置，线路应为零轨。架修库规模应根据年度架大修检修作业量和作业时间确定，厂房布置应满足架大修工艺流程。临修库、架修库均应设置电动桥式起重机，临修库和架大修库应根据作业要求设置架车设备。架大修段除了上述定修段各种生产房屋外，尚应增设架修库、转向架等部件检修间，并根据需要设置油漆库。承担架修任务的车辆段应增设车体检修和车体组装的厂房。车辆段（或停车场）应设置不落轮镟库。

车辆段（或停车场）应配备调车机车和车库，调车机车台数应满足段内调车作业需要，应配备一台备用机车。调车机车牵引能力应满足牵引远期一列车在空载状态下通过全线最大坡度地段的要求。调车机车库的规模按照机车台数确定，库内宜有一个台位的检查坑和必要的检修设施。车辆段（或停车场）应设置试车线，线路满足试验速度要求，试车线应在适当位置设置检查坑。

3. 地铁综合检修设施

1）总体规范

车辆段（或停车场）列车出入频繁，为保证列车出入安全、可靠迅速，车辆段（或停车场）出入线应按双线、双向运行设计，并应避免切割正线；困难条件下，规模小于或小于 12 列位的停车场出入线可按单线设计。电客车基地内应有汽车运输及消防道路，并应有不少于两个与外界道路相连通的出入口。车辆段（或停车场）生产、辅助生产及生活、辅助生活设施力求合建，充分整合房屋设施。车辆段（或停车场）所产生的废气、废液、废渣和噪声等应进行综合治理，符合国家和西安市地方现行的治理、排放标准，各专业的设计应执行有关规范、规定和城市规划要求。

2）基地内道路设计

车辆段（或停车场）内道路呈环形布置，尽端式道路设圆形回转车场。路面采用沥青混凝土路面，路边设路缘石，以利于维修养护及美化场区，并应设置道路标志及标识。

3）排水系统

车辆段（或停车场）路基排水应组织排入城市排水管网，有轨道区域在股道间及场区合理位置设盖板明沟解决地表排水，无轨道区域结合道路设计解决地表排水。跨股道、道路采用排水槽、铸铁管连接，有轨道区域地表水经排水沟汇集后汇入道路雨水系统统一排出场外。

4）基地内接触网。

停车列检库、静调库和试车线的接触网，宜由牵引变电所直接馈电，每条库线的接触网应设置手动隔离开关。牵引供电系统应根据作业和安全要求实行分区供电。

5）物资总库

基地应设有物资总库，不同性质的材料和设备分库存放。其中存放易燃品的仓库宜单独设置。物资总库应配备材料装卸的起重设备、叉车、搬运车等运输电客车，物资总库应考虑对外运输条件，应有道路连接段内主要道路。

4

电客车招标、合同谈判及设计联络阶段的
全寿命管理

4.1　用户需求书的编制及审核

1．用户需求书编制

2013 年中国交通运输协会城市轨道交通专业委员会组织编写了《城市轨道交通电动客车（A 型）用户需求书（范本）》与《城市轨道交通电动客车（B 型）用户需求书（范本）》。主要内容包括：电气牵引和制动系统、辅助电源系统、列车控制及监控系统、制动和风源系统、列车广播设备和乘客信息显示系统、车用空调机组及其控制装置的技术要求、车体及内装设备、转向架、电客车联挂、相关各专业对电客车系统接口要求、系统保证、监造、试验及验收、设计联络、技术文件及图纸；培训及售后服务、项目管理、质量保证、双方往来人员的规定、试验设备及维修专用工具等。范本内容遵循技术先进性、合理性、可操作性、经济性的原则，充分参照了相关国家标准和国际标准，获得了国家发改委产业协调司的批准。相关单位可以参考这些范本，结合项目实际情况和需求编制相应的用户需求书。

2．用户需求书审核

电客车用户需求书是保证电客车性能、质量和进行产品检验、验收的重要技术文件和依据。一般由对应的电客车系统设计院完成用户需求书初稿的编制，用户需求书中首先要确定主要技术参数，随后按电客车系统的各组成部分制订详细的技术规格，需求书应做到无倾向性特殊性条款及参数，不能为某厂家或品牌量身定做，应根据城市的不同情况设计出最适用的需求书，不可生搬硬套。系统设计院完成编制后，设计总体院对用户需求书进行审核、修改。地铁公司收到总体院审核后的用户需求书，由相关专业技术人员进行审核，或聘请专家进行合理性、可行性论证。

3．用户需求书内容

1）通用技术条件

不同城市对城轨电客车的需求存在较大的差异，但城轨电客车的技术条件应尽量保持一致。《城市轨道交通 B 型电动客车用户需求书（范本）》中的通用性技术条件适用于我国不同城市的需求。

① 车体寿命。电客车在没有使用前只有设计寿命，《地铁电客车通用技术条件》（GB/T 7928—2003）中对车体的寿命要求为设计寿命，因此，用户

需求书按车体设计寿命 30 年进行要求。

② 轮重。为了防止两侧轮重差过大引起电客车运行事故，因此，对轮重增加要求，即在一侧的 1 排车轮上测得轮重与 2 排车轮上测得轮重的平均值差异不大于 4%。

③ 列车在洗车运行模式下，速度偏差不能超过 1 km/h。

④ 牵引电机的超速应进行 2 级保护，报警和封锁牵引，增加电磁干扰的考核标准为《铁路应用-电磁兼容性》（EN 50121—2006）或相应标准等级的要求。

⑤ 列车总线控制系统所使用的控制及应用软件应达到《铁路应用-通信、信号和处理系统-铁路控制与保护系统软件》（EN 50128—2001）标准的要求。

⑥ 客室水平扶手杆和立柱均采用不锈钢管。

⑦ 1∶1 司机室及 2/3 客室长度的实体模型不再做强制要求。

2）规范化编制中的可选项

① 平均旅行速度、平均加速度和平均减速度。

B 型车用户需求书（范本）以 6 辆编组为例，不考虑 4 辆编组、8 辆编组等其他形式，列车编组有 3 动 3 拖、4 动 2 拖 2 种方式。平均旅行速度、平均加速度和平均减速度是 3 个非常重要的技术条件，需求书中的技术条件综合参考了既有线路的城轨电客车性能及各项指标，各城市招标采购时可以根据不同情况进行相应调整。

列车平均旅行速度。由于 4 动 2 拖的编组方式比 3 动 3 拖的编组列车多 1 辆动车，故 4 动 2 拖时，列车的旅行速度可适当提高要求，汇编中，对 3 动 3 拖列车平均旅行速度定为 ≥ 35 km/h，4 动 2 拖列车平均旅行速度定为 ≥ 38 km/h。

列车平均加速度。与列车平均旅行速度同理，4 动 2 拖时列车平均旅行速度可适当提高要求。在额定载员情况下，在平直干燥轨道上，车轮半磨耗状态，额定电压 DC 750 V 或 DC 1 500 V 时，3 动 3 拖列车从 0 加速到 40 km/h 的平均加速度 ≥ 0.83 m/s^2，从 0 加速到 80 km/h 的平均加速度 ≥ 0.5 m/s^2；4 动 2 拖时列车从 0 加速到 40 km/h 的平均加速度 ≥ 0.9 m/s^2，从 0 加速到 80 km/h 的平均加速度 ≥ 0.6 m/s^2。

列车平均减速度。由于平均减速度与列车安全运行有着直接关系，故在平均减速度方面对 3 动 3 拖和 4 动 2 拖的要求相同。在额定载员情况下，在平直干燥轨道上，车轮半磨耗状态，列车在最高运行速度 80 km/h 或 100 km/h 时，从给制动指令到停车时，平均减速度为：最大常用制动时平均减速度 ≥ 1.0 m/s^2，紧急制动时平均减速度 ≥ 1.2 m/s^2。

② VVVF 逆变器噪声等级。

强迫风冷和自然冷却 2 种情况下的 VVVF 逆变器噪声存在较大差异，强迫风冷比自然冷却增加了风机结构，强迫风冷时的噪声比自然冷却时的噪声要高。依据《铁路应用-电磁兼容性》（IEC 61287—2005），强迫风冷时，要求逆变器的噪声等级控制在等级 B，即 LPA < 75 dB；自然风冷时，要求逆变器的噪声等级控制在等级 C，即 LPA < 70 dB。这 2 种 VVVF 逆变器冷却方式均在项目中采用过，汇编时将这 2 种 VVVF 逆变器冷却方式作为可选项，地铁公司可以选择使用。

③ 车钩类型。

车钩类型主要包括：全自动车钩、半自动车钩与半永久牵引杆。列车的配置方式主要有 2 种：列车两端采用全自动车钩，动力单元间采用半自动车钩；列车两端采用半自动车钩，动力单元间采用半永久牵引杆。目前，这 2 种车钩配置方式均在项目中采用过，汇编时将这 2 种车钩配置方式作为可选项，地铁公司可以选择使用。

④ 电热器、空调。

由于南、北方气候差异较大，南、北方城轨电客车在电热器、空调方面的需求也存在较大差异。南方城市气温较高，城轨电客车不需要电热器取暖，选择单冷式空调便可以满足要求。北方城市气温较低，可以选择单冷式空调，取暖依靠电热器，也可以选择冷暖式空调，不设有电热器。

⑤ 钥匙开关。

不同城市对钥匙开关功能方面的需求存在较大差异，例如，钥匙开关在 on 位或 off 位时可以进行的操作，以及部分功能不受 off 限制等方面，不同城市的要求均不相同。因此，范本中仅给出钥匙开关功能的要求，并注明仅供参考。

⑥ 车体材料。

车体材料可以采用高强度不锈钢或铝合金。不锈钢车体结构采用板梁组合整体承载全焊结构，使用板材更薄，须采用大量薄板轧压成补强型材与外板点焊连接形成空腔，借以提高外板的刚度、强度。铝合金车体结构采用板梁、大型开口型材和大型中空闭口型材及其组合形式，板梁式铝合金车体在结构形式上类似于耐候钢车体，但为了提高断面系数，防止板材由于剪力产生失稳现象，因此加大板厚；开口型材将板、梁合成一体，简化了车体制造工艺，提高了质量，但成本也相应增加；大型中空型材采用的结构是大型桁架式中空型材组焊式。目前，这 2 种车体材料均在项目中采用过，汇编时将这 2 种材料种类作为可选项，地铁公司可以选择使用。

⑦ 客室车门。

客室门可以采用双扇电控电动内藏门、外挂门或塞拉门。双扇电控电动内藏门在开关车门时，门叶在电客车端墙的外墙板与内饰板之间的夹层内移动，传动系统设于车厢内侧车门的顶部，装有导轮的门叶可在导轨上移动。外挂门与内藏门的主要区别在于门叶和悬挂机构始终位于侧墙的外侧，车门传动机构原理与内藏门完全相同。塞拉门是车门在开启状态时，门叶贴靠在侧墙的外侧，车门在关闭状态时门叶外表面与车体外墙成一平面。目前，这3种车门形式均在项目中采用过，汇编时将这3种车门形式作为可选项，地铁公司可以选择使用。

⑧ 基础制动形式。

基础制动形式可以采用踏面制动或盘式制动。单侧踏面制动是闸瓦直接与车轮摩擦产生制动力，由于B型车的车下空间较小，目前采用单侧踏面制动的形式较多，但是闸瓦与车轮摩擦会减少车轮的使用寿命。盘形制动是在车轴上安装一个轮盘专门用于制动，由于车下空间的限制，采用该种形式的电客车较少。目前，这2种基础制动形式均在项目中采用过，汇编时将这2种制动形式作为可选项，地铁公司可以选择使用。

⑨ 受电形式。

列车受电方式可以通过三轨或高架接触网受流。三轨受流是从底部导电轨受流，可分为上部受流、下部受流和侧部受流3种形式。受电弓从接触网受流，形状为倒三角形，弓可以升降。目前，这2种受电形式均在项目中采用过，汇编时将这2种受电形式作为可选项，地铁公司可以选择使用。

⑩ 列车总线形式。

列车总线形式可以采用绞线式列车总线（WTB）或多功能电客车总线（MVB）。WTB总线主要用于列车间的通信，其传输速率为1 Mbit/s，可以实现过程数据和消息数据的传输，其最大特点就是具有列车初运行功能。MVB是一种主要用于对有互操作性和互换性要求的互联设备之间的串行数据通信总线。目前，这2种列车总线形式均在项目中采用过，汇编时将这2种列车总线形式作为可选项，地铁公司可以选择使用。

4.2　招　标

机电设备招标，是指采购机电设备，事先公布竞争条件，依照规定择优选定合格制造供应商的活动。《机电产品国际招标投标实施办法》规定，以政府投资为主的公益性、政策性项目需采购的机电设备，应委托有资格的招标代理进行招标。原则上所有政府采购的机电设备都必须采用招标方式确定供货商，除下列情况可不招标：

（1）采购的机电设备只能从唯一制造商获得的；

（2）采购的机电设备需方可自产的；

（3）采购的活动涉及国家安全和秘密的；

（4）法律、法规另有规定的。

1. 电客车采购招标管理

电客车作为地铁工程的重要机电设备，必须通过招投标确定供货商。目前，国内的电客车采购项目招标主要有两种模式，一种是牵引系统和电客车系统分开招标，另一种是电客车包含牵引系统作为整体招标。作为地铁公司应根据客观情况确定招标模式，若内部组织清晰、专业技术配备充足，可考虑牵引系统和电客车分开招标，保留充足的选择余地，筛选性价比更优的牵引供货厂家；若内部无相关管理经验储备或专业技术配备不足，可考虑牵引系统和电客车整体招标，避免因管理经验匮乏造成项目管控捉襟见肘。

以牵引系统和整车系统分开招标为例，一般牵引系统招标范围为牵引与电制动系统、辅助供电系统，整车系统招标范围是所有电客车系统。通常情况下，牵引系统先于整车系统开标，牵引系统招标完成，确定第一中标候选人后，招标人把该候选人的投标文件提供给整车投标人，整车投标人在投标时结合牵引系统投标方案，提供完整的电客车投标方案。一般来说，整车系统开标需在牵引系统投标完成后至少1个月进行，以便整车系统投标人进行充足的投标方案准备工作。

2. 电客车采购项目招标文件制作

在电客车用户需求书的基础上，通过与招标代理协调，形成电客车招标文件技术部分，由招标代理根据国家的相关政策法规编制完成商务部分。招标文件内容包括投标邀请、投标人须知、合同条款（包括合同协议书、通用合同条款、专用合同条款）、用户需求书、投标文件格式（包括商务部分和技术部分）等。

（1）投标邀请是指招标人向潜在投标人发出的投标邀请，邀请潜在投标人进行投标。

（2）投标人须知一般分为通用须知和专用须知。通用须知一般为国家规定的通用范本，而专用须知是根据项目的特点并结合投标人须知条款编制。

（3）合同条款一般包括合同协议书、通用合同条款、专用合同条款。合同协议书主要包括阐明合同金额、合同主要内容及相关的签字盖章内容。通用合同条款一般是从国家规定的通用合同条款范本而来，而专用合同条款是招标人根据自身的情况制订的合同条款，是通用合同条款的一个补充。

地铁公司应对国内同类型电客车招标情况进行分析；了解与招标要求相同的电客车情况，包括招标要求、中标情况、中标价格等；了解与招标要求相同的电客车的技术要求；了解国内近期招标的电客车情况，包括评标办法等是否有新的改变或动向。根据所了解情况，确定电客车招标标的，一般电客车招标标的包含列车、随车附件、专用工具（含测试工具）、备品备件等。然后根据标的要求，编制电客车招标主要内容。最后，细化招标项目的各项主要要求，完善招标文件。

招标文件在整个招标过程中起着至关重要的作用。地铁公司应本着公平互利的原则，使招标文件严密、周到、细致、内容正确。承担招标文件审核的评审专家应由三名以上单数组成。评审专家在审核招标文件时，主要审核技术、商务条款是否存在歧视性内容或不合理的条件及招标文件编制内容是否构成三个以上潜在投标人参加竞争。审核后，招标代理机构负责报送主管部门备案。

3. 电客车采购项目招投标组织

1）发布招标公告

招标代理机构在收到备案复函后，应在国家指定的媒体及招标网上发布招标公告。按照邀请招标的方式，应当向三个以上具备承担项目能力的组织或法人发出投标邀请书。招标公告期即招标文件的发售期，自公告之日起至投标截止日止，不得少于 20 天，牵引系统的公告期一般为 45 天，整车项目的公告期一般为 60 天左右，具体时间可以根据情况适当延长。

2）招标文件澄清

招标人对已发出的招标文件进行必要的澄清或修改的，应当在招标文件要求提交投标文件截止时间至少 15 日前，以书面形式通知所有招标文件收受人，澄清或修改的内容为招标文件的组成部分。

3）开标

开标工作一般由招标代理机构组织进行，代理机构应在开标时制作开标记录，并在开标后 2 日内通过招标网备案。

评标委员会由招标人和招标机构依法组建。评标委员会的专家人员按照国家有关法规和管理条例确定。其中外聘专家按照国家相关法规和管理条例、并结合项目的特点从电客车专家库中随机抽取，招标人代表由招标人委派。评标委员会组成人数为 7 人及以上单数，其中外聘专家不少于三分之二。评标委员会评审一般采用清标和评标两阶段评审方法。

招标代理机构在投标邀请中规定的日期、时间和地点组织公开开标，参加开标的投标人法人代表或其授权代表应签到以证明其出席。开标时，查验投标文件密封情况，招标代理机构当众宣读投标人名称、修改和撤回投标的通知（如有）、投标人的投标报价，以及招标代理机构认为合适的其他内容。在开标时因不符合规定而没有启封和读出的投标文件，在评标时将不予考虑。撤回的投标文件将原封退回给投标人。

① 清标。

清标是在评标委员会评标之前审查投标文件是否完整、总体编排是否有序、文件签署是否合格、投标人是否提交了投标保证金、有无计算上的错误等。算术错误一般按以下方法更正：若单价计算的结果与总价不一致，以单价为准修改总价；若用文字表示的数值与用数字表示的数值不一致，以文字表示的数值为准。如果投标人不接受对其错误的更正，其投标将被拒绝。清标属于评标工作的初始部分，为评标专家提供服务，减轻专家的工作强度，使专家能更快地对投标文件进行实质性比较，进而使地铁公司选择合格的承包商。清标内容大致分为商务部分和技术部分。

商务部分：审查投标文件资格证明文件是否齐全，是否满足招标文件的要求；审查投标保证金额和有效期；审查交货期是否满足招标文件要求；审查国产化率指标是否满足招标文件要求；审查报价的完整性；审查同一份投标文件中，投标人是否对同一招标货物报有两个或多个报价；审查投标文件中是否存在招标人不能接受的条件。

技术部分：审查电客车构造尺寸是否满足工程项目电客车限界的要求；审查列车最高运行速度、构造速度、平均加速度、平均减速度、列车故障及救援能力是否满足招标文件的要求；审查电客车主要技术参数（列车长度、电客车宽度、电客车高度等）、电客车选型、列车编组是否满足招标文件的要求；审查电客车与牵引制动系统的配合情况（主要指接口衔接）是否符合招标文件的要求；审查辅助系统容量是否满足招标文件的要求；审查车体内的装饰装修是否符合标准要求；审查客室侧门、司机室侧门、司机室后端门的基本参数是否符合要求；审查转向架是否有运用业绩、设计参数是否符合招标文件要求；审查客室和司机室空调方案是否符合招标文件要求，制冷剂是否属于环保型、是否有便携式测试设备和维修软件；审查客室内正常照明灯、紧急照明灯的布置方案是否科学合理，电客车外部照明（前照灯、防护灯、车门指示灯）布置是否符合要求；审查电磁兼容、项目管理、对监造的响应是否符合招标文件的要求；审查受电弓、蓄电池、空调机组、车钩和缓冲器、转向架、一系悬挂、二系悬挂（空气弹簧）、侧门、贯通道、照明、乘客信息显示系统、司机控制器等重要部件分包商基本情况。

② 评标。

评标前，评标委员会成员和有关的工作人员应掌握《中华人民共和国招标投标法》及相关法律法规的要求，必须掌握具体项目招标文件的有关要求和规定。相关人员还应了解国家关于城市轨道交通项目设备采购政策的要求。

评标委员会依据招标文件、招标文件的补遗文件、投标文件及其投标人对评标委员会询标的澄清文件以及评标办法进行工作。通过资格审查、符合性审查、技术和商务评审、国产化评审、价格评审、综合评分等过程，向招标人提出书面评标报告，按投标人的综合评标得分向招标人推荐 1～3 名中标候选人，并对推荐的中标候选人排序，综合评标得分最高的投标人为第一中标候选人，次高者为第二中标候选人，依此类推。招标人根据评标委员会的推荐意见和招标文件的相关规定确定中标人。

4）发布中标通知书

在投标有效期期满之前，招标代理机构用书面或传真向中标人发出经招标人确认的中标通知书。

4.3　合同谈判

1. 合同谈判的目的

对合同条款的修正与确认，由于投标方案和招标文件的要求，有一定的优化、差距或者偏离，通过谈判在各项具体问题上达成共识、求得一致，以更好地履行合同。

合同谈判一般分为技术和商务两部分。技术谈判是双方要对标的产品的技术性能和要求等方面问题作出完整的描述，最终形成技术规格书；商务谈判涉及合同商务条款和价格，以上两部分谈判一般分开进行，然后在商务合同中进行汇总，形成最终由双方签认的合同文本。

2. 牵引合同谈判的重点

（1）牵引逆变器：冷却系统冷却形式（强迫风冷还是自然风冷）、噪声控制（应符合 IEC 61287 或 GB/T 25122.1 中关于噪声等级的规定）。

（2）牵引电机：牵引电机额定技术参数，主要是输出功率的确定、牵引电机控制（矢量控制还是直接转矩控制）、冷却方式、超速和超温保护方案。

（3）辅助逆变器：逆变器容量的确定、逆变器供电形式（集中供电还是分散供电）、冷却方式、噪声等级控制。

（4）制动电阻：冷却方式（强迫风冷还是自然风冷）、过热保护方案。

（5）高速断路器：额定技术参数。

（6）司机控制器：布置方式及指令信号（是否有紧急制动位）。

（7）DC 110 V/DC 24 V 电源变换器：容量确定。

（8）运行模式：牵引系统是否设置坡道启动控制和高加速开关、特殊运行模式的速度值确定。

（9）牵引系统交付时间：首列牵引系统及批量牵引系统部件交付时间。

3. 电客车合同谈判的重点

（1）架车点：基本参数确认；载客重量及列车重量确认。

（2）车体：车体材料的确定（不锈钢或铝合金）及车体其他连接部分材料的选择。

（3）车钩：车端是否选择全自动车钩。

（4）受电弓：与供电系统接口相关技术参数确认。

（5）转向架：构架结构及材料、轴箱轴承型式（双列圆柱还是圆锥滚子）、接地装置位置（齿轮箱还是轴箱）、联轴节型式。

（6）制动系统：基础制动形式确定（踏面制动还是盘形制动）、紧急制动响应时间确定。

（7）空调系统：空调机组型式（冷暖还是单冷、定频还是变频）、空调机组噪声等级控制、司机室空调系统确认（设置独立空调机组还是与客室共用）。

（8）客室内装：内装材料选择、客室地板型式结构及地板布材料选择。

（9）客室内照明：日常照明及紧急照明形式选择。

（10）司机室：司机室车门形式选择、司机操纵台布置形式。

（11）列车前照灯：光源选择。

（12）蓄电池：容量和负载计算确定。

（13）列车控制及诊断系统：列车控制方式、故障记录方案。

（14）列车广播及乘客信息系统：客室动态地图显示装置选择（LCD 或 LED）。

（15）列车交付时间：首列车及批量列车交付时间。

4.4　设计联络

1．设计联络会

1）设计联络会的定义

设计联络会主要是为了让主机厂与地铁公司充分交流，以达到满足合同要求的电客车性能。设计联络会议与电客车设计过程是相互穿插同步推进的，一般电客车设计从时间先后次序上分为初步设计、技术设计、工作图设计三个阶段；三个设计阶段成果输出对应的就是第一、第二、第三次设计联络会。电客车设计从列车结构划分上分为上体设计和转向架设计。而这两个主要模块又划分为很多个子系统，上体设计一般包括：总体设计、车体设计、车钩设计、贯通道设计、内装设计、照明设计、车门设计、空调设计、制动系统设计、牵引系统设计、辅助系统设计、网络系统设计、乘客信息系统设计、列车控制系统设计以及电气机械设计；转向架设计又可分为接口方案设计、构架设计、轮轴设计、强度计算等。除此之外，还包括整车的RAMS（可靠性、可用性、可维护性及安全性）和EMC（电磁兼容）设计贯穿设计阶段始终。

2）设计联络会的结果

① 第一次设计联络会。

第一次设计联络会与电客车初步设计阶段相对应，会议的宗旨是主机厂与地铁公司就电客车的电气、机械各部件、各系统的性能与功能要求进行讨论和澄清，主要内容包括：

电客车的总体设计布置、重量分配、牵引和制动系统、转向架、空调与通风、内装饰、试验等的初步设计方案。

② 第二次设计联络会。

第二次设计联络会与电客车技术设计阶段相对应，会议主要宗旨是地铁公司对主机厂的电客车总体设计、各子系统、部件和相关技术接口的设计进行讨论和明确，必要时进行新技术考察。在会议期间，地铁公司和主机厂应讨论和修改设计手册的内容，设计手册的任何变动应在会议期间提出，并经双方一致同意，会议之后更新设计手册。主要内容包括：

A 总目录；

B 总图、部件装配图、零件图；

C 系统布置图、部件布置图；

D 部件的尺寸和安装图；

E 元件布置图（印刷电路板）；

F 明细表；

G 汇总表；

H 车内造型、美工设计；

I 司机室布置（包括司机台的设计）；

J 电客车外部设计（尤其要确定采用的颜色及司机室前端造型）；

K 车体及内装设计说明和相应的遵循标准；

L 转向架（包括基础制动）设计说明和相应的遵循标准；

M 牵引及电制动设备设计说明和相应的遵循标准；

N 主、辅控制电路设计说明和相应的遵循标准；

O 列车控制及诊断系统设计说明和相应的遵循标准；

P 空调系统设计说明和相应的遵循标准；

Q 制动系统设计说明和相应的遵循标准；

R 风源设备设计说明和相应的遵循标准；

S 贯通道设计说明和相应的遵循标准；

T 车钩与缓冲器设计说明和相应的遵循标准；

U 车门及 设计说明和相应的遵循标准；

V 外部照明设计说明和相应的遵循标准；

W 内部照明设计说明和相应的遵循标准；

X 乘客信息系统设计说明和相应的遵循标准。

③ 第三次设计联络会。

第三次设计联络会与电客车工作图设计阶段相对应，会议主要宗旨是对前两次设计联络会上针对各系统方案提出的一些须改进和未定的技术问题，经深化设计后，提交讨论、明确，并对接口问题进行讨论，设计手册的任何变动应在会议期间提出，并经双方一致同意，会议之后应更新设计手册。主要内容包括：

A 电客车技术方案；

B 牵引系统技术方案；

C 电气原理图方案；

D 主要部件详细设计方案；

E 电客车脱轨系数计算；

F 车体应力计算；

G 列车运行仿真计算；

H 辅助电路负载和蓄电池容量计算；

I 压缩空气消耗量计算；

G 短路电路计算；

KVVVF 逆变器；

L 辅助逆变器；

M 牵引电机；

N 牵引计算；

O 制动计算；

P 车体强度计算；

Q 转向架计算；

R 空调计算；

S 车钩缓冲器；

T 动态包络线；

U 重量分配计算；

V 二系悬挂计算；

W 一系悬挂计算；

X 轮对压装计算；

Y 牵引制动过程中轴重再分配计算；

Z 载客量计算；

A1 冲击计算。

3）设计联络会的组织

一般情况下一个项目会在合同中约定三次设计联络会，会议的召开时间和地点也会在合同中明确，召开会议之前主机厂需要提前一到两周向地铁公司提交会议资料。当遇到一些增购车项目等与之前项目列车无重大变更的项目，由于涉及到的新设计很少甚至没有，往往也会略去其中的一到两次设计联络会议，具体的安排可以结合合同要求，由主机厂和地铁公司项目经理沟通后确定。

在三次设计联络会议的过程当中，需要注意把握好历次会议的进度，不能使会议陷入死循环，使得买卖双方的人员均消耗计划外的工作时间。当会议过程当中出现争议问题，主机厂设计经理与地铁公司代表反复讨论却难以定论的事项，与会各方宜将问题暂时搁置，进行下一个议题，以确保会议进程。搁置下来的开口项问题一般主要分为两类，一类是需要较大费用才能解决的，另一类是目前的技术方案不能满足需求，需要做较大技术方案调整的，这类问题宜留到会议的最后一天，主机厂与地铁公司双方管理层成员参会，做出决策达成一致。

2. 电客车与其他专业接口的确定

地铁电客车与信号系统、通信系统、轨道系统、供电系统、机电系统、电客车段工艺设备等均存在接口，其贯穿于电客车设计、供货、安装、测试、联调直至运营的全过程，各系统接口主要考虑机械、电气、功能、电磁兼容等四个方面，相关接口管理工作为系统最终功能实现提供强有力的保障。

电客车与其他专业接口的确定以接口会议的形式进行明确，一般贯穿于三次设计联络会议期间，随着电客车设计的不断深入，与相关专业接口逐渐明晰，最终完成电客车与相关专业之间的接口设计，形成接口设计规范书。

1）电客车与信号系统的接口

车载信号设备由信号系统供应商提供，由电客车供货商负责完成安装，并与电客车其他系统组成一个有机的整体，主要设备包括但不限于天线、测速传感器、信号显示屏、多普勒雷达或加速度计。电客车系统与信号系统之间的接口是影响后续系统联调进度的关键因素，更是影响列车自动控制功能实现、保证列车安全、可靠、准点、舒适运营的决定性因素。

功能接口包括在自动驾驶模式或超速防护人工驾驶模式下，列车自动控制系统车载设备控制列车运行或完成折返作业；车门安全开关功能。机械接口包括信号车载设备的安全位置、安装条件的确认。电气接口包括电源及信号设备功耗、控制逻辑输出、电气连接、设备接地、牵引/制动特性、列车参数、系统响应时间、列车网络系统通信协议等内容的确认。电磁兼容包括电磁干扰指标的确认和验证。

为了在项目执行阶段避免因解决接口问题而增加费用，应该在后招标、后确定的合同确定之前将接口问题谈好，形成详细的接口技术规格。由于不同的供货商有不同的设计理念和配套产品，当出现矛盾时为了维护自身的利益，都不愿修改设计和产品。如果没有合同条款的约定，势必在推诿中延误项目的执行。

2）电客车与通信系统的接口

车载无线通信系统设备由通信系统供应商提供，由电客车供货商负责完成安装，并与电客车其他系统组成一个有机的整体，主要设备包括车载视频监控系统、车载专用无线通信设备、车载火灾报警设备等。

功能接口包括车载视频监控系统用于实现对车厢实时情况的监视；车载专用无线通信设备实现列车驾驶员之间及与地面调度之间无线通信功能；车载火灾报警设备用于对列车任何部位的火灾情况进行报警。机械接口包括通信车载设备的安全位置、安装条件的确认。电气接口包括电源及通信设备功耗、控制逻辑输出、电气连接、设备接地、系统响应时间、列车网络系统通信协议等内容的确认。电磁兼容包括电磁干扰指标的确认和验证。

3）电客车与其他专业的接口

电客车与其他系统技术接口的实现，主要在于相关重要参数在设计阶段的相互确认。

① 电客车与供电系统的接口。

供电专业向电客车专业提供牵引变电所的馈出保护特性、接触网悬挂组成及主要技术参数、接触网的电阻值、正线接触网绝缘分段的长度及位置、刚性接触网、柔性接触网及刚性接触网过渡段的设计安排、对电客车受电弓的要求、电客车段（停车场）咽喉区、停车列检库、联合检修库、试车线、洗车库接触网绝缘分段的长度及位置、接触网接触导线的外形尺寸和机电特性等。电客车专业向供电专业提供电客车编组形式、电客车电气主回路连接方式及工作模式、电客车主断路器保护特性、电客车及辅助设备功率、列车（电机）牵引力特性曲线、列车基本阻力特性曲线、列车（电机）供电特性曲线、列车制动特性曲线、列车（电机）再生电流特性曲线、列车输入电流曲线、列车（电机）效率曲线、列车功率因数曲线、列车单位阻力公式、列车载客量、电客车的重量、制动电阻设置及重量、列车在制动状态下的制动能量曲线、列车受电弓的设置位置、静态抬升力参数、弓头质量、滑板材质、工作高度及宽度范围、弓头及整体外形尺寸、机电特性等。

② 电客车与轨道专业的接口。

轨道专业向电客车专业提供线路条件、钢轨重量及选型、道岔类型及号码、最小平面曲线半径、最小竖曲线半径、缓和曲线长度及顺坡率、最大坡度、轨道润滑方式、车挡方案、曲线的限速情况、曲线轨道加宽量、轨底坡、轨道扭曲度等。电客车专业向轨道专业提供电客车编组形式、电客车的自重和载客重量、电客车轴重、两转向架中心距、电客车长度、转向架固定轴距、车轮形式、材质和硬度、车轮轮径、车轮内侧距、轮缘润滑方式、电客车最高运行速度等。

③ 电客车与机电专业的接口。

电客车专业向机电专业提供列车客室车门和司机室车门布置相关数据、列车长度、列车宽度、开关门的行程时间、车门间距、门的净开度（宽度和高度）、司机室侧门开门形式、客室车门相关乘务员钥匙开关的位置。

④ 电客车与电客车段工艺设备的接口。

电客车与电客车段工艺设备的接口，包括不落轮镟床、列车清洗机、车间电源、固定式架车机等，电客车专业向相关工艺设备提供其所需要的列车编组方式、动拖车的长度、车体最大宽度、车体最大长度、轴重、车体地板面高度、车体表面对洗涤剂的要求、辅助供电系统容量、车体顶升点布局等需要的技术参数。

3. 美工方案报批

轨道交通电客车的美工方案一般包括电客车外观方案、客室内装方案和司机室方案三大部分，美工方案的确认，尤其是客室内装方案和司机室内装方案的确认对于车上内装系统的设计影响极大，一般情况下设计可以分为初步设计、技术设计、工作图设计三个阶段，内装系统技术设计阶段的输出就需要有美工方案的确认，否则工作图设计阶段的输出：面罩、挡风玻璃、客室座椅支架、客室座椅、地板布、灯具、侧窗玻璃采购技术规范都无法完成，无法开展部件采购以及下一步出图工作。

因此，美工方案的报批工作相当重要，一般在第二次设计联络会前后就会向地铁公司进行详细美工方案的报批，但是鉴于美工方案的重要性，这个报批过程往往是不断修改完善的过程，要不断地修正色带方案、扶手方案、车内布局方案等，在这个过程当中，电客车项目经理要携设计经理以及美工方案设计师不断与地铁公司沟通汇报，不断听取意见进行整改完善，要不厌其烦地修改，直至地铁公司最终签字确认美工方案。方案确认后，设计部门根据确定的美工方案进一步开展后续设计工作。

4. 二级供货商的选择

轨道交通电客车项目涉及的部件种类多数量大，绝大多数部件分供商主机厂会在设计联络期间，随着设计方案的逐渐明确完成确定。一般长线件是指牵引、制动、空调、受电弓、车钩、贯通道、蓄电池、车门、列车广播及旅客信息显示系统、轴承、车体型材部件及其他主机厂认为需要关注的重要部件。

地铁公司需对主要部件分供商的选择进行监控，确保分供商的选择满足合同要求，在这个阶段，避免关键部件拟确定的供应商与合同规定不符，或者同一项目同一部件出现两家及以上供应商的情况。如果在生产过程当中地铁公司代表再发现装车产品不符合合同相关规定，那时再暴露出来需要重新采购，对整车项目进度的影响是巨大的；同一项目同一部件出现两家及以上供应商将对后续电客车调试、维保备件储备、维修成本造成较大的不利影响。

4.5　设计审查

1．设计审查会的定义

电客车设计联络完成后，其总体技术方案基本完成，为确保整车系统满足技术规格书，组织召开设计审查会，对电客车设计提出评审意见。通过设计审查，修改设计中的不合理之处，完善电客车设计，从而保证电客车设计质量。

2．设计审查会的结果

审计审查会需要讨论及落实电客车试验、调试、预验收、最终验收这一系列程序；商讨双方认为后续可能会涉及到的问题，如售后服务、质量保障、电客车的后续维修等，关闭以前设计联络会悬而未决的开口项问题。主要内容包括：

（1）三次联络会纪要开口项问题。

（2）总体电客车总图、电客车限界计算报告、电客车与线路接口资料、电客车平断面图、电客车重量及均衡计算说明、项目标准体系、系统保证计划、电磁兼容设计措施及方案。

（3）牵引系统技术方案及主电路图、系统各设备电路原理、系统各设备二维及三维图纸及安装图、接口文件、供货范围清单。

（4）车体设计方案、车体总图及部件图、司机室及下部三维图、车体材料、车体关键焊缝分布、车体钢结构侧墙/端墙平面度保证方案、车体几何曲线通过、车体强度有限元分析报告、车底防火方案、车顶安全吊座设置位置说明。

（5）内装美工设计方案、客室内装总图、客室顶板、侧墙板、端墙及司机室后端墙安装方案、客室及司机室设备布置方案及安装图、地板结构及地板布置方案、地板结构防火方案及耐火试验报告、内装材料清单、电客车隔音隔热措施及安装方案、客室及司机室风道结构及安装方案。

（6）车钩及缓冲装置。车钩及缓冲装置设计方案及安装图纸、车钩纵向动力学计算报告、坡道救援时车钩纵向动力学计算报告。提供钩缓装置垂直支撑及缓冲器橡胶件寿命说明、车钩曲线连挂计算报告、车钩碰撞计算报告、车上/车下设备。

（7）车下设备重量及重心计算。车下设备布置：包括高压电器箱、牵引逆变器箱、辅助电源箱、制动电阻箱、蓄电池箱、风源系统、车端连接器等、车下线槽布置安装图。

（8）客室侧窗设计方案及安装图纸、客室侧门内外紧急装置布置方案、贯通道设计方案及安装图纸、前照灯及前窗玻璃安装方案。

（9）车门。客室侧门方案说明及安装图纸、司机室侧门方案、紧急疏散门方案（如有）及安装图、客室车门控制方案、司机室后端门控制方案。

（10）转向架。转向架总体方案、转向架设计总图及各系统装配图、齿轮箱传动装置及联轴节详细方案、转向架动力学性能计算报告。

（11）制动系统。制动系统总体方案、空压机组技术方案及安装图纸、制动力分配方案、制动系统耗气量、风缸容积、空压机工作率计算、制动距离、坡道停车制动能力计算报告、救援工况下制动能力分析、风缸模块安装。

（12）电气。整车电气原理图、各系统电气原理图。

（13）空调系统。空调系统配置及技术方案、客室及司机室采暖方案、客室及司机室空调控制方案、空调废排装置方案及安装、空调系统排水方案、空调机组安装图、客室及司机室风道方案及安装图、客室制冷负荷及采暖负荷计算、空调系统节能及舒适性方案。

（14）电气设备。辅助电源系统容量计算、司机室电气柜及 ATC 柜、客室电气柜及空调柜安装图、司机室操纵台安装图、避雷设施安装图、高压电缆安装图、客室及司机室线槽安装图、客室照明控制方案及安装、蓄电池技术方案、蓄电池容量计算、蓄电池控制方案、受电弓技术方案及安装图、受电弓控制方案、列车控制及诊断系统技术方案、TCMS 显示屏技术方案。

3. 设计审查会的组织

设计联络会与审查会是主机厂项目团队与地铁公司进行面对面交流的重要机会，主机厂项目经理宜引导团队将需要地铁公司确认的技术方案以及重要事宜及时呈现，获得认可或者改进建议，这种面对面的会议效率最高，成果也最好。在设计联络会与审查会议的过程当中，整车的设计方案逐渐明确，除了与地铁公司沟通确认外，主机厂设计团队还应组织内部评审，不论是机械图纸还是电气原理图，都要进行自审、会审和终审，完善最终的设计方案，把由设计图纸对项目进度的影响降到最低。

设计审查有时甚至可以延续到第一列样车制成试验完毕，通过第一列样车的制造、试验，直观地发现设计中的缺陷，最后修改、完善设计方案，提高电客车的生产质量及技术性能。地铁电客车设计的质量直接影响到电客车的运营安全与维修成本，因此一定要把好设计关，科学论证、仔细审查，力求实现地铁电客车的安全性高、可靠性强、可利用性高和低成本的"三高一低"的目标。

4.6　首件检验

1.　首件检验的定义

部件首件检验的主要内容包括检查部件的生产是否符合图纸要求、功能是否符合合同要求、型式试验是否满足试验大纲和合同要求、质量是否存在缺陷、质量管控是否符合工艺文件要求等。地铁公司使用维护单位对产品的操作性和维护性进行重点检验。

2.　首件检验的结果

首件检验结果分为通过、有条件通过、未通过三种情况。对于通过的，部件供货商可以根据整车供货商的生产需要或合同约定供货装车。对于有条件通过的，部件供货商根据要求进行整改，使用维护部门、监理单位（如有）、整车供应商对整改情况进行核实，直到满足要求为止。对于未通过的，一般地铁公司要求整车供应商加强部件供货商的监督管理；在部件供货商整改完毕、整车供货商检查合格后，重新提出部件首件检验申请。

3.　首件检验的组织

一般情况下，主合同会要求电客车主要部件的首件产品需要通过首件检查，首件检查会邀请地铁公司代表参加，为了确保首件检查进度可控，一般在首件检查开始前两个月，整车供货商会向地铁公司提交首检计划和首检技术文件（包括但不限于整车供货商对主要部件的技术要求、与分包商签订的技术规格及图纸、试验程序及试验报告等），排出的首检计划应保证地铁公司能够参加对各个部件的首次检查，只有首检结果通过的产品才可以装车使用。

地铁公司应充分利用部件首检环节，对电客车及牵引系统及其二级设备的供货商进行深入考察，全面了解和掌握合同中设备的质量和技术状态，重点考察车体、转向架、牵引变流器、辅助变流器等电器设备的生产情况；二级设备供货商的牵引电机、制动系统、空调、受电弓、齿轮箱、车钩等生产和试验情况；供货商的生产管理及质保体系等。通过设备首检形成的考察意见将作为验证和提升设计方案的有效参考依据。

4.7　创新点

1. 电客车设备招标的提前启动

城市轨道交通电客车（含牵引系统）系统采购项目，从招标所需的技术资料准备齐全开始，同时启动至两个项目的中标通知书全部发出至少需要 4 个月的时间。从供货周期来讲，地铁电客车从合同谈判、设计联络到满足整条线路的开通运营至少需要 24 个月的时间；电客车牵引系统的供货时间为第一辆样车提供给地铁公司前 6 个月交付电客车厂，以便电客车厂将牵引系统安装调试完成。综上所述，城市轨道交通电客车（含牵引系统）采购招标项目必须先行启动，且应该在预计开通时间前 30 个月左右开始组织招标工作，才能满足线路开通的要求。

根据以往招标经验，对于已具备成熟城市轨道招标经验的地铁公司而言，合同谈判及设计联络环节相对容易，花费的时间较短，招标设备的投产较快，能够满足线路开通需求；但对于刚刚承建轨道交通的地铁公司而言，合同谈判经验及设计联络经验匮乏，往往要花费大量的人力、精力在双方的谈判上，延迟设备的投产时间，以致延迟供货时间影响开通运营。因此各地铁公司需要结合线路实际情况及当地政策要求，提前启动电客车（含牵引系统）设备招标，由于线路开通节点往往较为明确，根据倒排计划，越早启动电客车设备招标，越有利于项目执行。

2. 备品备件清单的制订

电客车与牵引系统备件清单的选择和确定，建议在用户需求书阶段慎重考虑，结合以往项目的运用经验及部件故障情况进行备件项目和数量提报。

（1）试验设备根据列车、部件检修的真实需求进行提报，避免各级修程中使用不到的试验设备供货至现场，或者已有试验设备重复供货，最终试验设备呆滞造成浪费，且增加各级管理成本。

（2）由于用户需求书编制阶段二级供货商尚未确定，因此建议部件名称及型号的提报尽量具备通用性，避免清单中具体备件与现车使用不一致，供货至现场无法使用和消耗。

（3）考虑到项目执行周期的确定性以及备件原始寿命和存放期限、保养需求，架大修期间才能用到的转向架、空调等大部件不建议纳入备品备件考虑，轨道交通项目签约到列车供货完成一般不少于 2 年，整车质保期 2 年，以往备品备件供货在质保期内完成，整体转向架及大部件往往在日常检修中使用率极低，大部件供货到检修现场一方面加大了地铁公司物资管理成本，另一方面架修周转使用前大部件需要经过检测，增加维修成本。

（4）闸瓦、碳滑板等磨耗件根据维修数量预测可以适当多报，空调系统新风和回风滤网滤棉、齿轮箱油、空压机油品等消耗品根据维修周转需要及用量预测适量提报。

3. 运维人员的提前介入

地铁公司在电客车采购筹备期，尤其是该城市非首条运营线路，不宜将建设和运营分开，运营人员应尽早介入电客车筹备工作，在一些技术问题上积极沟通、精诚合作、服务大局，避免双方因工作重心不同出现分歧或者互相牵制等不利情况。此外，运营人员参加设备安装调试和电客车综合联调，有利于保证电客车和设备采购质量全面达标，有利于电客车运营人员业务技能的迅速提高。

另外运维人员的提前介入，能够将既有线路的运维经验提前分享，在新项目用户需求书编制审核以及设计联络阶段从维保的角度提出意见建议，避免同类问题在新造电客车上再次发生。

4. 电客车设计一致性的考虑

针对在同一条线路上运行的增购电客车采购项目，建议在用户需求书编制及设计联络审查阶段，始终贯彻子部件互换性、人机操作界面一致性要求。

考虑到电客车维保备件储备的成本控制，与同条线路既有车子部件的互换性需求，如碳滑板、空调滤网、广播控制盒、制动阀等子系统部件，尽量与既有车保持一致，减少场段需要同时储备双份备件的部件类型，进一步降低物资储备数量和管理难度，节约运维成本。

考虑到司机的驾驶操作习惯，与同条线路既有车的一致性需求，如司机控制器钥匙、司控台上按钮、旋钮的位置布局、司机控制台上网络系统 TCMS 显示屏上相关的信息显示和操作界面，尽量与既有车保持一致，避免同条线路不同列车人机交互界面不一致而带来的安全隐患。

5. 部件维修策略与主流规程一致性的考虑

中华人民共和国国家标准《地铁设计规范》（GB 50157—2013）27.2.3 中规定电客车日常维修和周期应根据电客车技术条件、电客车的质量和既有电客车基地的检修经验制订。新建地铁工程的电客车检修修程和检修周期应符合表 4-1 的规定。

表 4-1   电客车检修修程和周期

类别	检修规程	日常维修和定期检修周期指标		检修时间/d
		走行里程/万 km	时间间隔	
定期检修	大修	120	10 年	35
	架修	60	5 年	20
	定修	15	1.25 年	7
日常维修	三月检	3	3 月	2
	双周检	0.5	0.5 月	0.5
	列检	—	每天或两天	—

注：
1 表中检修时间按部件互换修确定；
2 设计中检修周期，应采用年走行公里指标；
3 可行性研究报告阶段可采用时间间隔指标

中华人民共和国交通运输行业标准《城市轨道交通运营设备维修与更新技术规范 第 2 部分：电客车》（JT T 1218.2—2018）5.1.3 中提到电客车修程与维修间隔宜符合表 4-2 的规定。

表 4-2   电客车修程与维修间隔对照表

检修规程	维修间隔
列检	≤15 天
月检	≤3 个月
定修	≤2 年
架修	80 万公里或 5 年
大修	160 万公里或 10 年

交运规〔2019〕8 号《城市轨道交通设施设备运行维护管理办法》第三章第十二条规定，电客车维护应符合表 4.3 的要求。

表 4-3　电客车设备维护规程

检修规程	走行里程/万 km	时间间隔
列检	—	≤15 天
月检	—	≤3 个月
架修	80	≤5 年
大修	160	≤10 年
整车寿命	480	≤30 年

　　用户需求书编制、设计联络审查阶段需要将电客车投入运营后的维保考虑进去，目前主流用户需求书都会要求主机厂提供电客车检修规程和检修周期方案，按照《地铁设计规范》（GB 50157—2013）以及交通运输部 2019 年 8 号文《城市轨道交通设施设备运行维护管理办法》，一般包括列检、月检、架修、大修等修程，但是各子系统提供的维修手册往往不考虑整车的检修周期，这样就会造成部件检修更换与整车检修周期不匹配的问题，实际执行过程当中就存在部件维修空档期造成安全隐患，或者部件超修增加维修成本的情况。例如，西安地铁首条线路 2 号线制动系统维保手册建议分别开展 40 万、80 万、120 万、160 万千米维修，40 万千米维修内容主要包括常用电磁阀、紧急电磁阀、空气压缩机活塞环、油环、部分继电器的更换，这些维修项目无法与现有的年检、架修项目匹配执行，只能采用专项修的形式单独扣车组织开展，这对于现场的生产组织以及列车上线率都会造成一定的影响，在西安地铁后续的线路当中，通过用户需求书以及设计联络阶段的探讨，规避了相同情况的再次发生。

　　因此建议在用户需求书编制和设计联络审查阶段建议对部件的维修周期予以关注，提前明确，部件维修或者更换周期尽量与整车检修周期匹配，符合当下全社会降本增效的方针政策。

5

电客车的制造、监造及试验阶段的
全寿命管理

5.1　电客车的制造

地铁电客车是一种复杂的交通工具，需要经过多个阶段的设计和制造才能完成。在设计阶段，工程师们会进行大量的研究和计算，以确保列车的性能、安全性和舒适性都达到最佳状态。这包括确定列车的尺寸、形状、重量、结构强度、空气动力学性能、机械性能、电气性能等方面的参数。

一旦完成设计，制造阶段就开始了。这个过程通常包括以下步骤：

（1）材料采购：制造列车需要各种材料，如钢铁、铝合金、塑料、橡胶等。制造商会根据设计要求采购这些材料。

（2）零部件制造：制造商会根据设计图纸制造列车的各个零部件，如车体、转向架、制动系统、电气系统等。

（3）组装：所有零部件制造完成后，开始进行组装。这个过程包括将各个零部件组装在一起，形成完整的列车。

（4）测试：组装完成后，列车需要进行一系列严格的测试，以确保其性能和安全性都达到标准。这些测试包括但不限于牵引和制动性能测试、空气动力学性能测试、噪声和振动测试等。

（5）交付：测试通过后，列车就可以交付给运营使用了。

总的来说，列车的制造是一个复杂而耗时的过程，需要多个领域的专业知识和技能。完成这个过程需要大量的资金和技术投入，因此只有具备足够资源和技术的企业才能承担。

1.　首列车试制

首列车试制是地铁电客车制造过程中的关键环节，旨在验证新设计的车型是否满足技术要求和性能指标。首列车试制阶段主要包括电客车设计的理论转化、电客车样车的制造以及相关试验的进行。首先，设计部门将根据地铁电客车的技术要求和功能需求，将设计方案转化为具体的电客车部件构造和系统布局。这一过程既要满足地铁电客车制造的标准和规范，又要充分考虑电客车的可维护性和可操作性。其次，根据设计方案制造样车，这包括车体制造、转向架制造和电客车组装等工艺环节。车体制造是将电客车结构的钢骨架和外壳进行拼焊、热处理和防腐处理等工艺操作，确保车体的强度和稳定性。转向架制造是指将电客车的转向架构件进行加工、装配和调试，保证转向架的稳定性和行车性能。电客车组装是将车体、转向架、车厢内设施和电气系统等部件进行连接和调试，形成一辆完整的地铁电客车。最后，对制造好的样车进行静态调试和动态调试，以验证电客车各系统的性能和相互协调运行的可行性。同时，还进行型式试验，通过模拟实际运行情况，检验电客车的安全性、可靠性和符合性。通过首列车试制阶段的全面验证和测试，可以为后续电客车制造和试验提供经验基础，确保地铁电客车的质量和性能达到设计要求，并进一步保证地铁运营的安全可靠性。

1）车体制造

车体制造是地铁电客车制造的核心环节之一。在车体制造过程中，首先需要进行车体零部件的加工。钣金件的切割、焊接、打磨等工艺流程是车体制造中不可或缺的环节，它们确保了车体结构的强度和稳定性。钣金件的切割过程通常采用数控切割设备，以精确地切割出所需形状的板材。随后，焊接工艺被用于将各个钣金件进行连接和组装。焊接工艺的质量关系到车体的整体强度和密封性，因此需要严格控制焊接参数，并进行焊缝的质量检测。接着，在车体制造过程中还需要进行打磨工艺，以消除焊接过程中产生的凹凸不平和焊渣等瑕疵，达到光滑的表面效果。除了钣金件的加工，车体制造还涉及到外部装饰件的安装。车窗、车门等外部装饰件的安装需要严格按照设计图纸和相关标准进行，确保其位置准确、牢固可靠。安装过程中还需要注意防止损坏车体表面和外部装饰件，避免出现划痕、变形等问题。同时，还要对安装后的外部装饰件进行质量检查，确保其质量符合要求。完成钣金件加工和外部装饰件的安装后，车体制造过程还需要进行质量检查和防腐处理。质量检查包括对车体结构、焊接接头、装饰件等进行检测，确保其符合相关标准和要求。同时，还需要进行防腐处理，以保护车体结构免受腐蚀的影响，延长其使用寿命。最后，将经过质量检查和防腐处理的车体各个部件进行组装，形成完整的车体结构。在组装过程中，需要对各个部件进行精确定位和连接，确保车体结构的一体性和稳定性。组装完成后，还需要进行整体性能测试，以验证车体结构的安全性和稳定性。只有通过了严格的测试，车体制造才能算是达到了要求，为后续的电客车监造和试验阶段做好准备。

2）转向架制造

转向架是地铁电客车重要的部件，决定着电客车的行驶稳定性和乘坐舒适性。转向架制造是地铁电客车制造过程中的关键环节之一，包括选型设计、零部件加工、装配、调试等多个步骤。在转向架制造过程中，需要严格控制零部件的尺寸精度和装配质量，以确保转向架的正常运行和长期稳定性。首先，选型设计是转向架制造的第一步。在设计过程中，需要考虑电客车的使用条件、运行速度、载荷要求等因素，以确定适合的转向架类型和规格。同时，还需要对转向架进行结构强度和刚度的计算和验证，以确保其能够承受电客车的动力冲击和负载。其次，零部件加工是转向架制造的核心环节之一。各个转向架零部件的加工工艺和质量直接影响转向架的性能和使用寿命。在加工过程中，需要严格控制零部件的尺寸精度、表面光洁度和材料硬度，以确保其满足设计要求。同时，在加工过程中还需要进行严格的质量检查和测试，以排除缺陷和保证零部件的质量。装配是转向架制造过程中的另一重要环节。在装配过程中，需要按照设计要求将各个零部件进行正确地组装和安装。同时，还需要进行装配间隙的调整和密封性的检查，以确保转向架的装配质量和稳定性。此外，还需要进行动平衡的调试，以消除转向架在高速运行中的震动和振动，提高电客车的行驶平稳性和乘坐舒适性。在转向架制造过程中，质量控制和检验是非常重要的。需要严格按照相关标准和规范，对转向架的零部件和装配过程进行检验和试验。包括对零部件的尺寸、表面质量和材料性能进行测试，对装配过程中的间隙和紧固件进行检查，以确保转向架的质量和安全性。总而言之，转向架制造是地铁电客车制造过程中极其重要的环节，决定着电客车的行驶稳定性和乘坐舒适性。在转向架制造过程中，需要严格控制零部件的尺寸精度和装配质量，进行动平衡的调试，以保证转向架的正常运行和乘客的安全舒适体验。

3）电客车组装

电客车组装是将车体、转向架、电气设备等各个部分进行组装，形成完整的地铁电客车的过程。这个过程是制造过程中的关键环节之一，它不仅要求高度的技术水平和组装精度，还需要严格的质量控制和安全保障。首先，电客车组装的核心在于将车体和转向架这两个重要部件进行精确地拼接。电气设备的组装和调试也是电客车组装阶段的重要任务。地铁电客车的电气系统包括牵引系统、辅助电源系统、控制系统等多个子系统，它们的布线、连接和接地都需要经过精心设计和细致的调试。在组装过程中，需要确保电气设备的正确安装和连接，避免出现电气故障和安全隐患。同时，还需要进行电气系统的功能测试和调试，以确保电客车的各项电气设备正常运行，以及安全性和可靠性的验证。为了保证电客车组装的质量和安全，制造商通常会采取一系列措施。首先，严格的工艺标准和操作规程是必不可少的。组装人员需要按照标准操作程序进行作业，遵循组装图纸和技术要求，保证每个步骤和环节都符合要求。其次，制造商还会对组装过程进行全程监控和质量把关。通过现代化的监测设备和检测手段，及时发现和纠正可能存在的问题，确保每辆电客车都符合要求。此外，合理的生产布局和组装工艺的优化也是提高组装效率和质量的重要手段。总之，电客车组装是地铁电客车制造过程中不可或缺的环节。只有经过精密的组装和调试，确保每个部件的无缝衔接和正确功能运行，才能保证电客车的安全性、可靠性和高效性。制造商需要在组装阶段严格控制质量，并不断提升技术水平和工艺优化，以满足地铁运营的需求和乘客的安全期望。

4）静态调试

静态调试是地铁电客车制造过程中不可或缺的一个环节，其重要性不言而喻。它旨在验证电客车的各个系统和部件是否符合设计要求，能否正常工作。通过静态调试，可以对电客车的电气系统、通信系统、制动系统、空调系统等进行全面的功能测试和检查，以发现并解决可能存在的问题。静态调试是确保地铁电客车质量和安全的重要保障。首先，静态调试涵盖了电客车的各个重要系统。电气系统是地铁电客车的核心系统之一，它涉及到电客车的动力传输、照明、信号和控制等方面。通过对电气系统进行全面测试，可以确保各个电气元件的正常运行和互联互通。通信系统是地铁电客车与指挥中心、车站以及其他列车之间进行信息传递的关键系统。静态调试阶段需要对通信系统进行详细测试，以确保信息的准确传递和系统的稳定性。制动系统是地铁电客车的安全保障，静态调试时需要对制动系统进行严格的测试和校准，以保证制动的可靠性和精准性。此外，静态调试还包括对空调系统、排风系统、照明系统等电客车舒适性和安全性相关的系统进行检查和测试。其次，静态调试的具体过程包括功能测试和检查。功能测试是指对各个系统和部件进行操作和观察，以确保其按照设计要求正常工作。例如，在电气系统的功能测试中，需要检查各个开关、按钮和指示灯是否正常工作，各个电气元件是否按照指令运行。检查是指对各个系统和部件进行外观和内部结构的检查，以确保其没有损坏或安装错误。例如，在通信系统的检查中，需要检查通信线路的接头是否牢固，设备是否安装牢固，是否存在其他物体或杂散电磁场干扰。最后，静态调试阶段的目标是发现问题并进行调整和修复。在测试和检查过程中，可能会发现一些系统或部件存在问题，如功能异常、接触不良、故障等。这时，需要及时调整和修复，以确保电客车按照设计要求正常工作。静态调试阶段的持续改进和问题解决对于保障地铁电客车的质量和安全具有重要意义。综上所述，静态调试在地铁电客车制造过程中占据着重要的地位。通过对电客车的各个系统和部件进行全面测试和检查，可以发现问题并进行调整和修复，从而确保电客车的质量和安全性。

5）动态调试

动态调试是地铁电客车制造的关键阶段之一。在这个阶段，通过模拟实际运行条件，对电客车的牵引性能、制动性能、加速性能等进行测试和调试，确保电客车在实际运营中具备良好的性能和可靠性。动态调试过程中，需要进行各种运行试验，如起动试验、制动试验、试验加载等，以全面评估电客车的运行状况。

首先，牵引试验是动态调试的重要环节之一。在牵引试验中，电客车被启动，检查电客车的起动过程是否平稳、是否存在异常震动或噪声。同时，也对电客车的加速性能进行评估，确保电客车在启动时具备足够的爬坡能力和快速加速的能力。

其次，制动试验也是动态调试中不可或缺的一部分。在制动试验中，通过模拟各种制动工况，测试电客车的制动性能。包括紧急制动、惰行制动、制动距离、制动响应时间等多个方面的评估指标。通过制动试验，可以确保电客车在运行过程中能够安全、稳定地停下。

除了牵引试验和制动试验外，试验加载也是动态调试的重要环节之一。通过模拟电客车在多种运行条件下的加载情况，如坡度、进站慢行、急转弯等，评估电客车在各种复杂运行状态下的性能表现。试验加载的目的是验证电客车的可靠性和稳定性，在各种极端的条件下仍能正常运行。

总结而言，动态调试是地铁电客车制造过程中不可或缺的一环。通过对电客车的牵引性能、制动性能、加速性能等方面的测试和调试，可以确保电客车在实际运营中具备良好的安全性和稳定性。牵引试验、制动试验和试验加载等多个环节的综合评估，为电客车的性能和可靠性提供了重要的依据。动态调试的完成标志着电客车制造阶段即将结束，为电客车的正式投入运营做好了准备。

6）型式试验

型式试验旨在验证新型电客车设计是否符合国家和行业的相关技术标准和规定。型式试验涉及电客车的各个方面，包括车体结构、转向架、电气系统、动力系统等。通过型式试验，可以评估电客车的性能和可靠性，为电客车的批量生产提供依据。

型式试验的目标是通过多种测试手段和方法对地铁电客车进行全面的性能和可靠性检验。首先，对车体结构进行强度、刚度和稳定性等方面的测试，以确保车体在正常运营条件下具备足够的强度和稳定性。其次，对转向架进行试验，包括静载试验和动载试验，以验证转向架的结构设计是否满足运营要求。同时，还需要对电客车的电气系统进行测试，包括电机、变频器、控制系统等的功能检查和性能验证。另外，动力系统的测试也是型式试验的重要内容之一，主要是对电客车的加速度、制动性能、能耗等进行评估。

型式试验的方法和标准根据国家和行业的规定制订。一般情况下，型式试验需要在专门的试验场地或试验线路上进行。通过设定各项测试指标和限值，并在固定的测试条件下进行测试，以保证测试数据的可比性和准确性。测试过程中需要严格按照测试计划和标准操作，确保测试结果的可靠性。

型式试验的结果对于地铁电客车的批量生产具有重要意义。通过评估电客车的性能和可靠性，可以确定是否满足国家和行业的技术标准和规定。同时，型式试验还可以发现电客车设计和制造过程中存在的问题和不足，为后续工作提供改进和优化的依据。通过型式试验的验证，可以确保生产的地铁电客车在运营过程中具备良好的性能和可靠性，提高乘客的出行舒适度和安全性。

总之，型式试验是地铁电客车制造过程中不可或缺的环节，对于验证电客车设计是否符合标准和规定，评估电客车性能和可靠性，提供生产批量依据具有重要意义。通过细致的测试和评估，可以确保生产的地铁电客车具备良好的性能和可靠性。

7）批量生产

批量生产是地铁电客车制造的最后阶段，通过有效的生产组织和管理，将试制车的制造流程转化为大规模的生产流程。在批量生产过程中，需要确保每一列电客车的质量一致性和稳定性，同时优化生产效率和降低成本，以满足地铁线路的运营需求。在进行批量生产之前，需要进行试制车的验证和验证结果的分析，以确定是否满足要求进入大规模生产。在具体的批量生产过程中，需要建立良好的生产流程，包括供应链管理、物料管理、制造过程控制等。这样可以确保从原材料采购到最终成品电客车的整个制造过程的可控性和可追溯性。同时，合理的生产规划可以提高生产效率，减少生产周期，降低生产成本。在批量生产中，质量控制是至关重要的环节。需要建立完善的质量管理体系，包括从零部件到整车的质量检测和控制，确保每一列电客车的质量符合要求。此外，还需要对生产过程中出现的问题进行及时地分析和解决，以防止类似问题的再次发生。总之，批量生产是地铁电客车制造的最后一环，通过严格的管理和控制，可以保证电客车的质量和生产效率，满足地铁线路运营的需求。

5.2　电客车的监造

1. 监造的基本概念

在地铁电客车制造过程中，监造是指对电客车制造过程的全程监督和管理。它涉及到电客车的各个环节，包括设计、制造、组装、测试等。监造旨在确保电客车制造符合相关的法规、标准和规范要求，以及满足运营和安全方面的需求。监造的重要性不可忽视。首先，监造可以确保电客车制造的质量和安全性。监造人员对电客车制造的每个环节进行严格把关，确保设计和制造过程中没有疏漏和缺陷。其次，监造可以提高电客车制造的效率和准确性。监造人员通过对电客车制造过程的监督和管理，可以协调各个环节之间的工作，避免时间和资源的浪费，提高制造的效率和准确性。此外，监造还可以保证电客车制造的合规性。监造人员负责监督电客车制造符合相关的法规、标准和规范要求，确保电客车在设计和制造中不违反任何规定。最后，监造可以促进电客车制造过程的持续改进。通过对电客车制造过程的监督和反馈，监造人员可以发现问题和不足之处，并提出改进措施，以不断提高电客车制造的质量和效率。因此，监造在地铁电客车制造中起着至关重要的作用，它能够确保电客车的质量和安全性，提高制造效率和准确性，保证制造的合规性，推动持续改进。只有通过有效的监造，地铁电客车制造才能更好地满足运营和安全方面的需求，为乘客提供更加安全和舒适的出行体验。

2. 监造工作思路与目标

监造工作需要明确思路和目标，以确保监管工作的有效进行。监造工作的思路主要是以规范为基础，全面贯彻质量管理体系，并结合电客车制造的具体要求，制订有效的监督和控制措施。为了确保电客车制造的质量和安全，监造工作注重对整个制造流程的全面监督，并强调规范执行各项工艺和操作。在监造工作中，通过建立健全的质量管理体系，制订相关的质量控制文件和作业指导书，以确保各项制造工序的合格率和准确性。监造工作还注重采用先进的监测和检测设备，对关键工序和环节进行实时监测和检验，以及对关键零部件和材料的抽检和核验。监造的目标是保障电客车出厂符合相关标准和规范，以及满足运营和乘客需求，并有效应对和解决制造过程中的问题和挑战。通过制订严格的验收标准和测试方法，进行全面的电客车测试和试验，以确保电客车的安全性、可靠性和稳定性。监造工作还注重问题和挑战的解决，在发现制造过程中的问题和缺陷时，及时采取措施进行整改和改进，以避免问题进一步扩大和影响到电客车的质量。

3. 监造制度的建立

为了有效管理和监督电客车制造过程，需要建立相应的监造制度。监造制度应包括相关的标准、规范、流程和责任分工等要素，以确保监督工作的全面、规范和有效进行。制订监造制度时，需要考虑到电客车制造的特殊性和复杂性，并结合相关的法规和标准要求，确保制订的制度能够实际应用于电客车制造过程中。监造制度的建立还需要与电客车制造企业和相关部门进行沟通和协调，确保监督工作的顺利推进。

监造制度的建立是一个系统和细致的过程。首先，需要明确监造的目标和任务，确定监造的范围和要求，明确监造的标准和指标。其次，要制订监造的流程和程序，包括监造的计划、任务分工和时间安排等。监造过程中需要进行检查、验收、记录和报告等工作，要确保每个环节的质量和效果。监造制度还应明确相关人员的责任和权力，明确监造工作的组织体系和人员配置。监造制度的建立还需要进行培训和宣传，确保相关人员理解和接受监造制度，能够有效执行。最后，还需要定期对监造制度进行评估和改进，根据实际情况进行调整和优化。通过建立监造制度，可以有效管理和监督电客车制造过程，提高电客车的质量和安全水平，保障电客车的正常运营和使用，为乘客提供安全、舒适、可靠的出行环境。

4. 关键项点卡控清单的建立

关键项点卡控清单是监造工作中的重要工具，用于对电客车制造过程中的关键环节和关键步骤进行监控和控制。它是一份详细的清单，包括设计、材料、工艺、测试等方面的要点和要求，旨在确保电客车制造过程中的关键环节得到充分的关注和控制。建立关键项点卡控清单需要结合电客车的具体要求和监造工作的实际情况，经过充分的讨论和论证，以确保清单的有效性和可操作性。

关键项点卡控清单的建立过程可以分为以下几个步骤：

首先，确定清单的范围和内容。这需要对电客车制造过程中的关键环节进行全面的分析和梳理，识别出其中的关键项点。关键项点可能涉及设计审查、材料选择、加工工艺、测试标准等方面。通过与设计、生产、测试等相关部门的沟通和讨论，明确每个环节的关键项点。

其次，制订清单的格式和要求。清单可以采用表格的形式，每个环节都列出相应的要点和要求。要点和要求应该明确、具体，便于监造人员进行操作和记录。同时，还需要确定清单的更新和修订机制，确保其与实际工作的紧密结合。

然后，进行试行和完善。一旦清单制订完成，应当选择一些典型的电客车制造项目进行试行。试行过程中，需要不断总结和提炼经验，及时修订和完善清单，以提高其实用性和适应性。

最后，培训和推广应用。完成清单的建立后，应当对监造人员进行培训，使其能够熟练掌握清单的使用方法和注意事项。同时，还应加强对清单的推广应用，鼓励电客车制造单位和监造机构广泛采用清单，共同提升电客车制造过程的管理水平和质量保障能力。

通过建立关键项点卡控清单，可以有效地提升电客车制造过程中的数据化管理水平，确保关键环节的准确执行和控制。这对于提高电客车质量、降低制造成本、提升市场竞争力具有重要意义。监造人员需要充分理解和运用清单，做好数据记录和分析，及时发现和解决问题，确保电客车制造过程的质量和安全性。

5. 建造问题的闭环管理

在电客车制造过程中，可能会出现各种问题和挑战，如材料不合格、工艺失控、零部件缺陷等。为了解决这些问题，需要建立建造问题的闭环管理机制。闭环管理主要包括问题的快速反馈和定位、原因的分析和解决、行动的跟踪和验证等步骤，以保证问题得到及时解决和防范。建造问题的闭环管理需要与相关的部门和企业合作，形成协同作战的工作机制，以确保电客车制造的顺利进行。为了实现建造问题的闭环管理，首先需要建立有效的问题反馈机制。在电客车制造过程中，各个环节的工作人员都应该及时发现和反馈问题，包括制造现场的工人、监造人员和技术人员等。问题的反馈可以通过书面报告、会议讨论、工作日志等方式进行，以确保问题能够及时被上级部门和相关责任人知晓。问题的定位是建造问题闭环管理的重要环节。一旦问题被反馈，就需要通过调查和分析确定问题的具体位置和原因。定位问题需要依靠相关的技术人员和专业知识，以及现场的实际情况进行判断。定位问题的结果将直接影响到后续解决问题的方案和措施。问题的分析和解决是建造问题闭环管理的核心环节。在问题定位的基础上，需要进行深入的原因分析和解决方案的制订。原因分析可以采用鱼骨图、5W2H 分析法、故障树分析等方法，以找出问题的根本原因。解决方案的制订要考虑到问题的性质和特点，采取相应的措施和方法解决问题，如重新选择材料、调整工艺流程、修复或更换零部件等。解决问题后，还需要进行行动的跟踪和验证。这是为了确保解决方案的有效性和可行性。行动的跟踪可以通过制订行动计划和时间表，以及进行监督和检查来实施。行动的验证则是通过测试、试验和实际应用等方式，来验证解决方案的效果和结果，以确保问题得到彻底解决。建造问题的闭环管理还需要与相关部门和企业进行紧密合作，形成协同作战的工作机制。这包括与材料供应商、零部件生产厂家、技术服务机构等的合作，共同解决问题，防范风险。合作的方式可以是定期会议、信息共享、技术交流等，以加强沟通和协调，保障电客车制造过程中的质量和安全。综上所述，建造问题的闭环管理是保证电客车制造顺利进行的重要环节。通过建立问题反馈机制、问题定位、分析和解决、行动的跟踪和验证，以及与相关部门和企业的合作，可以有效地防范和解决建造过程中出现的问题和挑战，确保电客车制造的质量和安全。

5.3　电客车的普查、调试

1. 电客车的运输、接车及整备

在电客车制造完成后，首先需要对电客车进行运输、接车和整备工作。电客车的运输过程中，必须严格遵守相关的安全规定和操作流程，以确保电客车完好无损地到达目的地。在运输过程中，需要采取一系列的安全和防护措施，如使用专门的电客车运输工具，保证电客车的稳定和安全，同时在电客车运输时加装专用保护设备，避免与外界环境的物理、化学等因素产生影响和损害电客车。接车工作是电客车制造过程中的一个重要环节，主要包括电客车的接收、验收和入库等流程。接收电客车时，需要进行全面、细致的检查，确保电客车的数量和质量与订单要求完全一致。验收电客车时，要按照相关标准和规范进行，检测电客车的各项性能指标是否符合要求。入库工作是将接收并验收合格的电客车安全地存放到指定的库区，做好电客车的档案管理和防护措施。接车后，还需要对电客车进行整备工作，以确保电客车的各个部件能够正常运行。整备工作包括电客车的清洗、检查和校准等。首先，要对电客车进行彻底的清洗，去除表面的污渍和脏物，使电客车焕然一新。其次，要对电客车的各个部件进行细致的检查，包括车体、电机、悬挂系统、制动系统等，发现问题及时修复。最后，要对电客车进行校准，调整电客车的各项参数，确保其运行稳定和安全。整备工作的目的是保证电客车的正常运行和安全性，确保电客车可以顺利投入使用，并提供良好的运行性能和乘坐体验。

2. 电客车普查项目的确定

电客车普查是通过全面检查和评估电客车的各个方面，可以明确电客车的状态和性能。在进行电客车普查前，需要确定普查的项目和标准，以确保对电客车进行全面而系统的检查。普查项目涵盖了车体、车厢、车门、车窗、座椅、灯光、空调、制动系统等各个方面。对车体进行检查时，需要检查车体的整体结构是否完好，是否存在裂纹、腐蚀等问题。车厢方面的普查包括对座位、扶手、灯光等的检查，以确保舒适、安全的乘坐环境。此外，车门的开闭是否正常、车窗的完好与否等也需要进行评估。电客车的灯光系统包括车内照明和车外信号灯等方面，需要确保灯光的亮度和功能正常。空调系统的普查则需要检查空调的制冷、加热效果，以及通风系统的正常工作。最后，制动系统的评估是确保电客车行驶安全的重要环节，需要检查制动系统的灵敏度、制动距离等指标。通过对这些项目的评估，可以及时发现电客车存在的问题和隐患。一旦发现问题，相关部门可以采取相应的措施进行修复或更换，以确保电客车的正常运行和乘客的安全。因此，电客车普查的确立和项目的确定是电客车管理工作中不可或缺的一部分，具有重要的意义。只有通过全面而系统的普查，才能及时解决电客车存在的问题，提高电客车的运行效率和乘客的乘坐体验。总之，在地铁电客车制造、监造及试验阶段中，电客车普查是保证电客车质量和性能的重要环节。通过明确普查的项目和标准，可以全面了解电客车的状态和性能，及时发现和解决问题，确保电客车的正常运行和乘客的安全。因此，在电客车管理工作中，电客车普查项目的确定是必不可少的任务。

以 1 号线三期为例，新车到段后需要开展的普查项目有 55 项（见表 5-1）。涵盖了列车的各个方面，只有普查做得全面，才能确保列车运行的质量。

表 5-1　1 号线三期列车普查项目

1 号线三期列车普查项				
1. 受电弓专项普查	7. 空气弹簧高度测量	13. 车下分线箱专项普查	19. 制动系统管路塞门专项普查	25. 旋钮开关及按钮专项普查
2. 主母熔断器普查	8. 车轮数据测量	14. 电客车间连接线密封情况普查	20. 制动系统维护端口	26. 接线端子排普查
3. 电动升弓装置普查	9. 螺栓力矩校验专项普查	15. 车下接地线普查	21. 制动系统 EP2002 阀、制动箱普查	27. 电气控制柜电气元件普查
4. 受电弓脚踏泵普查	10. 车下悬挂件普查	16. 牵引电机接线普查	22. 制动电阻普查	28. 电气控制柜及防火专项普查
5. 车顶空调普查	11. 蓄电池及蓄电池在线监测设备连接螺栓力矩校验	17. 空压机控制普查	23. 司机控制器普查	29. 客室照明系统普查
6. 走行部专项检查记录表	12. 车下箱体航空插头普查	18. 空压机普查	24. 扩展供电普查	30. 电气柜智能检测系统普查

续表

1号线三期列车普查项				
31. 弓网监测功能试验	36. 司机室侧门和后端门普查	41. 广播功能普查	46. 司机室及客室内装方孔锁普查	51. 客室内饰普查
32. 蓄电池在线监测系统	37. 紧急疏散门、逃生梯普查	42. LCD广播音量测量	47. 司机室送风单元普查	52. 消防器材普查
33. 前照灯灯罩紧固状态普查	38. 客室侧门普查	43. 车钩安装普查	48. AC220V电源插座普查	53. 列车标识普查
34. 司机室设备普查	39. 车门齿带张紧力和车门夹紧力测量	44. 车钩高度及排障器高度测量	49. 司机室座椅普查	54. 客室内压条打胶密封性检查
35. 列车仪表普查	40. 电客车客室侧门手动开关门力普查统计	45. 贯通道普查	50. 客室服务设施普查	55. 电笛安装普查

3. 电客车现场的调试及试验管理

电客车调试是指对地铁电客车进行各个系统的调整和测试，以确保电客车能够正常运行。调试过程需要按照制订的试验计划进行，对电客车的各个系统进行逐项检测和调整，如动力系统、制动系统、通信系统、信号系统等。调试的目标是保证电客车在各种工况下运行稳定、性能良好，并符合相关的技术规范和标准。为了进行有效的电客车调试，需要进行现场试验管理。这包括试验前的准备工作，如制订试验计划、准备试验场地和设备、组织调试人员等。在电客车试验过程中，需要严格按照试验计划进行操作，记录和分析试验数据，及时处理发现的问题。试验数据的记录和分析是电客车调试与试验管理中的重要环节。通过记录电客车在不同工况下的性能指标、故障现象及其出现的时间和地点等信息，可以对电客车的运行情况进行全面的了解。同时，对试验数据进行分析，可以发现电客车在特定工况下存在的问题，为后续的调试工作提供依据。问题的整理和处理也是电客车调试与试验管理中必不可少的一项工作。在试验过程中，可能会出现各种各样的问题，如系统故障、设备损坏、数据异常等。及时发现和处理这些问题，对于保证电客车调试的顺利进行非常重要。需要建立问题跟踪和反馈系统，及时通知相关责任人，采取措施解决问题。通过合理安排试验计划，进行准确记录和分析试验数据，及时处理问题，可以确保地铁电客车的正常运行，并提高其性能和可靠性。

4. 典型问题的跟进及闭环管理

在电客车调试和试验过程中，可能会出现一些典型问题，如设备故障、性能不达标等。针对这些问题，需要及时跟进并采取相应的措施进行解决。首先，对问题进行分析定位，通过查找设备故障的原因、对性能不达标的原因进行排查，以便准确确定问题的根源。然后，制订解决方案，根据问题的性质和原因，提出具体的解决措施。这可能涉及设备的维修或更换，性能参数的调整或优化等。在解决方案确定后，需要进行实施和验证。对于设备故障，可以进行维修或更换操作，并进行检测和测试，确保设备的正常运行；对于性能不达标的问题，可以进行性能调整或优化，并进行再次测试，验证问题是否得到解决。通过闭环管理，可以确保问题的及时解决和经验的总结。每一个问题都可以作为经验教训，对类似问题的预防和处理提供指导。同时，对解决方案的效果进行评估，如果问题得到了解决，闭环管理可以确保问题不再复发。而如果问题未能得到解决，可以重新进行分析定位，提出新的解决方案，形成闭环迭代的过程，直至问题得到解决。通过典型问题的跟进和闭环管理，可以不断提高电客车的质量和性能，确保电客车在运营过程中的稳定性和可靠性。

5.4 电客车的验收

1. 电客车的出厂验收

电客车的出厂验收是确保电客车在制造过程中符合设计要求，并达到质量标准。出厂验收包括对电客车外观、内部装饰、设备安装、电气系统、机械系统、制动系统等各项关键部分进行全面检查和测试。验收的目的是确保每辆车的质量符合标准，并保证电客车在正式投入运营前达到可靠、安全、稳定的状态。在出厂验收中，需要对电客车的各项性能进行检测和验证，例如电客车的牵引性能、制动性能、车门运行性能等。同时，出厂验收还包括对电客车的各个系统和部件进行功能性测试，以确保其正常工作和协调配合。出厂验收过程中，要对电客车进行严格的检查和试验，确保电客车的各项技术指标和性能符合标准要求。同时，还要进行系统性的故障排查和解决，保证电客车的可靠性和稳定性。出厂验收还包括对电客车的安全性能进行评估，确保电客车在正常运营过程中不会产生安全隐患。为了确保出厂验收的完整性和可靠性，还需要对验收过程进行记录和备案，以便日后的跟踪和溯源。

总之，电客车的出厂验收是制造和运营过程中不可或缺的环节，它保证了电客车的品质和可靠性，确保乘客在地铁运营中的安全和舒适。

2. 电客车的预验收

预验收的目的是确保电客车在交付运营后能够正常运行，并且符合运营单位的需求和要求。预验收是对电客车进行全面评估和测试的过程，旨在发现和解决潜在问题，确保电客车质量和性能达到预期标准。

在预验收过程中，首先需要对电客车的静态性能进行评估。这包括检查电客车的外观是否符合要求，如车身的涂装质量、标识的清晰度等。同时还需要检查电客车内部的装饰是否满足运营单位的要求，如座椅的舒适性、车厢内的照明条件等。

其次，预验收还需要对电客车的动态性能进行测试。通过对电客车的加速度、最高运行速度、制动距离等指标进行测试，可以评估电客车在运营情况下的性能表现。这些测试需要在特定条件下进行，以确保测试结果的准确性。

此外，预验收还需要检查电客车的设备安装是否完善。包括检查电客车上的各种设备是否齐全、工作正常，如车载通信系统、车载监控设备等。只有当这些设备正常运行并能满足运营单位的要求时，才能确保电客车能够安全运营。

以 1 号线三期为例，新车新车预验收主要有以下内容：

1）设备无电外观检查

此部分主要包括了：受电弓、空调机组及废排、车钩、排障器、转向架、牵引传动装置、基础制动装置、空气制动装置、车下电器箱、车体、贯通道、紧急疏散门、疏散梯、司机室侧门、司机室后端门、灭火器、内装、车下电气连接、车下机械部件等部分。

2）有电静态检查

此部分主要包括了：司机室功能、客室功能、客室车门、照明、辅助系统、空调及电热、制动及风源系统、列车软件版本检查等部分。

3）动态检查

此部分有动态性能的检查，包含了：牵引/制动挡位性能试验、电制动切除、洗车模式、高加速模式、后退模式、后备模式、紧急制动性能试验、停放制动性能试验、车门联锁性能试验等部分。

列车旁路功能的检查，包含了：门选旁路 、门关好旁路、异常制动旁路、停放制动旁路、紧急制动旁路、紧急制动按钮旁路、左门 1 km/h 旁路、右门1 km/h 旁路。

综上所述，电客车的预验收是确保电客车质量和性能的重要环节。通过对电客车的全面评估和测试，可以发现和解决潜在问题，确保电客车在交付运营单位后能够正常运行，并满足运营单位的需求和要求。这不仅能够增加电客车的可靠性和安全性，也能够提高运营效率和乘客满意度。

3. 电客车的最终验收

最终验收的目的是确保电客车的质量和性能达到预期，并满足运营单位的要求。最终验收的过程包括对电客车的各项性能进行全面检查和测试，以确保电客车在正式运营之前可以安全、稳定地运行。

首先，我们需要对电客车的制动性能进行测试。制动系统是电客车安全运营的重要组成部分，它保证了电客车的减速和停车能力。在最终验收阶段，专业的技术人员会对电客车的制动系统进行全面检测，包括刹车片、刹车盘、刹车液等关键部件的状态和性能，以确保其正常运行。

其次，加速性能也是最终验收的重要内容之一。对于地铁电客车而言，良好的加速性能能够保证电客车在线路上的正常运行。在最终验收中，会对电客车的加速度、加速时间等指标进行测试，以确保电客车在开门和起动等关键时刻的表现符合要求。

此外，运行稳定性也是最终验收的关注点之一。在运行过程中，地铁电客车需要稳定地行驶，以确保乘客的安全和舒适。在最终验收阶段，会对电客车的运行稳定性进行测试，包括检查电客车的轮对、转向架等部件是否存在异常，以及电客车在高速行驶和弯道行驶时的稳定性表现。

除了对电客车性能的测试，最终验收还需要对电客车的各项设备进行检查。例如，空调系统的正常运行是地铁电客车乘客舒适感的重要因素之一。在最终验收中，会对电客车的空调系统进行检查，包括温度控制、风量调节等功能的正常运行。此外，还会对电客车的电气系统、通信系统等进行检测，以确保这些关键设备能够正常工作。

最终验收的合格是电客车投入运营的前提条件。只有在最终验收合格后，电客车才能正式投入运营，为乘客提供安全、舒适的出行体验。因此，在最终验收阶段，各项测试和检查都必须严格按照规定和标准进行，确保电客车的质量和性能达到预期标准。只有如此，才能确保地铁运营的安全和顺畅。

5.5　开通前的安全评估

1. 安全评估的概念和要求

安全评估是指通过对地铁电客车制造、监造以及试验的全方位、系统性的检查和评价，评估是否符合安全要求和标准，是否能够保证乘客和工作人员的安全。安全评估的要求主要包括以下几个方面：

1）全面性

安全评估应该对地铁电客车的所有关键环节、技术指标和工艺流程进行全面评估，确保没有遗漏任何可能存在安全隐患的环节。在评估过程中，应对电客车的设计、材料选用、制造工艺、装配过程及环境适应能力等进行详细审查，以确保电客车的安全性能。

2）独立性

安全评估应由独立的第三方机构进行，确保评估的客观性和公正性。评估机构应当具备一定的专业知识和经验，能够全面了解并评估电客车制造、监造及试验过程中可能存在的风险和问题。

3）标准化

安全评估应基于一系列行业标准和规范，确保评估结果具有权威性和可比性。评估应参考国家和地方相关的法律法规，以及地铁行业的相关标准和规范，对电客车的各项性能指标进行合规性评估。

4）安全性优先

安全评估的目标是保证乘客和工作人员的生命安全和身体健康，因此安全性应该是评估的首要考虑因素。评估应重点关注电客车的防火、防爆、紧急疏散等安全性能，确保电客车在各种情况下都能有效保护乘客和工作人员的安全。安全评估的概念和要求对确保地铁电客车制造、监造及试验阶段的安全起到了重要作用，为后续的安全措施提供了参考依据。通过全面性的评估，可以及早发现和解决存在的安全隐患，保障电客车的安全运营。同时，通过独立性和标准化的评估过程，可以确保评估结果的客观性和准确性。安全性优先的原则保证了电客车在设计、制造和运营过程中始终将安全放在首位，最大限度地保护乘客和工作人员的利益。因此，地铁电客车制造、监造及试验阶段的安全评估是确保地铁安全的重要环节，为地铁系统的安全运营奠定了基础。

2. 安全评估的开展

为了有效开展开通前的安全评估工作，在地铁电客车制造、监造及试验阶段需按照以下步骤进行评估的方案制订和实施：

（1）制订评估方案：根据地铁电客车制造、监造及试验的具体情况，制订评估方案，包括评估的对象、评估的内容和具体的评估方法。评估方案的制订是评估工作开展的重要基础工作，它直接决定评估工作的全面性、准确性和有效性，必须充分考虑技术性、实用性和经济性等方面的问题。针对不同的电客车制造、监造及试验环节，制订不同的评估方案。

（2）收集相关资料：收集地铁电客车制造、监造及试验的相关资料，包括设计资料、工艺流程、技术规范等，为评估提供必要的依据。这些资料是评估工作的重要依据，也是评估工作开展的前提条件。必须充分利用各种现有资源，对相关资料进行梳理、整理、筛选和归纳，确保评估工作的全面性和准确性。

（3）进行实地考察：前往电客车制造厂、电客车监造现场和试验场地进行实地考察，了解电客车制造、监造及试验的具体情况和存在的问题。实地考察是评估工作的重要环节，它能够直接反映现场情况，并了解电客车制造、监造及试验的全过程。必须充分利用现场资源，对各个环节进行深入细致地了解和掌握，对发现的问题及时记录。

（4）报告编写与反馈：根据评估结果，编写评估报告，并及时反馈给相关单位和责任人，确定存在的问题和改进的措施。评估报告是评估工作的重要成果，它要准确简明地反映评估结果，列出存在的问题和改进的措施，为开展后续工作提供依据和参考。必须充分考虑后续工作需要和相关人员的建议意见，同时进行报告的修改和完善。

安全评估的开展需要有良好的组织和协调能力，评估人员必须具备专业技术和实践能力，从而确保评估的全面性和准确性。评估工作的开展需要各相关单位之间及时沟通、协调和配合，以保证评估工作的顺利开展和满意完成。

3. 安全评估实施

在开通前的安全评估实施过程中，应采取以下相关措施：

（1）安全要求检查：对地铁电客车制造、监造及试验阶段的各个环节和流程进行安全要求检查，确保符合相关安全要求和标准。这包括对电客车制造过程中的材料选取、工艺流程、设备使用等方面的检查，确保电客车制造过程中的各环节符合安全要求和标准。

（2）安全风险评估：对地铁电客车制造、监造及试验阶段可能存在的安全风险进行评估，包括技术风险、操作风险、人为因素等。通过全面评估可能存在的风险，可以及时识别和预防潜在的安全问题，确保电客车制造、监造及试验阶段的安全性。

（3）安全措施落实：根据评估结果，制订相应的安全措施，并确保其落实到位，包括技术改进、操作规范、培训等。这些措施旨在消除或减轻潜在的安全风险，保障电客车制造、监造及试验阶段的安全性。

（4）安全监督检查：在评估实施过程中，进行安全监督检查，确保评估的准确性和客观性。通过监督检查，可以及时发现和纠正安全评估中存在的问题，确保评估结果的可靠性和有效性。

通过以上的安全评估实施措施，可以有效确保地铁电客车制造、监造及试验阶段的安全性，保障乘客和工作人员的生命财产安全。同时，还需要注意在安全评估过程中要注重科学性和系统性，确保所有环节的安全性得到全面考虑和保障。只有在确保安全的前提下，地铁电客车的制造、监造及试验阶段才能顺利进行，为后续的地铁运营提供安全可靠的电客车保障。

5.6　风险辨识及预防

1. 新建库区风险辨识

对于新建库区的风险辨识，首先需要对新建库区的设计进行全面评估，包括库区布局、设备配置、安全通道设计等方面。这些评估应该基于地铁电客车的具体制造要求和标准，确保库区的布局合理且符合安全要求。同时，还需评估与库区相关的地面与地下设施，例如供电系统、通信系统等，以确保其满足相关的安全标准和要求。针对新建库区可能出现的自然灾害、火灾、爆炸等风险，需要进行详尽的风险识别。这包括对潜在风险的分析和评估，了解其发生的可能性和影响程度。在这个过程中，需要综合考虑库区的地理位置、气候条件、周边环境以及建筑结构等因素，以确定潜在风险并采取相应的防范措施。在风险辨识的基础上，需要制订相应的防范措施。这些防范措施可以包括但不限于安全设备的设置、应急通道的规划、消防设施的配置等。关键是根据具体风险情况定制相应的措施，确保库区在风险事件发生时能够及时应对和防范，保障电客车制造工作的安全进行。此外，针对新建库区的风险辨识和防范措施，需要制订应急预案。应急预案应当考虑各种可能发生的风险事件，并明确应对措施、责任分工和协调机制。预案制订后，还需要进行演练和反馈，以验证预案的可行性和有效性，并在实际应急情况中进行不断优化和改进。通过全面的风险辨识和防范措施的制订，新建库区可以有效降低潜在风险，保障地铁电客车制造工作的正常进行。同时，为了持续提升库区的安全管理水平，监测系统的建立和风险评估机制的完善也是必要的。只有在安全可控的环境下，地铁电客车制造才能顺利进行，并为城市的交通运输提供安全可靠的服务。

2. 新车故障风险辨识

在新车制造过程中，可能会出现各种隐患和故障，可能导致电客车运行不稳定甚至发生事故。因此，需要对新车的各个关键部件进行严格的检测和测试，包括车体、转向架、牵引系统、制动系统等。这些部件的质量和性能直接关系到新车的安全运行。为了确保新车在制造阶段能够达到预期的质量和安全标准，需要制订全面而系统的故障风险辨识方案。在新车故障风险辨识的工作中，首先需要对每个关键部件进行详细的检测和测试，以发现潜在的故障风险。在车体制造过程中，需要注意车体结构的强度和刚度是否符合要求，是否存在裂纹、焊接缺陷等问题。转向架的制造也需要关注关键零部件的加工精度和装配质量，以确保转向系统的稳定性。牵引系统和制动系统的故障风险辨识则需要重点关注电气连接的可靠性和控制系统的准确性。除了对关键部件的检测和测试外，还需要进行动态试验，测试新车在不同工况下的性能和可靠性。通过对新车在不同速度、不同加载情况下的行驶试验，可以检验电客车的操控性能、制动性能、加速性能等。同时，还可以通过模拟特殊工况，如紧急制动、突然加速等，测试电客车在极限情况下的稳定性和安全性。针对可能出现的故障，需要制订相应的预防和应对措施，以及完善的故障处理流程。在电客车制造过程中，应建立健全的质量管理体系，包括质量监控、质量评估、质量改进等环节。对新车的每个制造环节都需要进行严格的质量控制，确保每个环节的质量可控。同时，还需要建立健全的故障管理和追溯机制，及时处理和记录生产中出现的故障问题，以便日后的改进和优化。在新车故障风险辨识的工作中，还应注重故障数据的收集与分析，以及经验总结的积累。通过对故障数据的统计和分析，可以发现一些共性问题和潜在风险，为日后的电客车制造工作提供参考和改进的依据。同时，还需要定期组织经验总结会议，汇总各个部门和团队的经验和教训，形成经验库，用于指导新车制造过程中的质量管理和风险控制。总之，新车故障风险辨识是电客车制造、监造及试验阶段中不可忽视的重要环节。通过严格的检测和测试，制订预防和应对措施，优化质量管理体系，加强故障数据的收集与分析，可以有效降低新车制造过程中的故障风险，提高新车的质量和安全水平。

5.7　创新点

1. 新车投入组织

新车投入组织是指在地铁运营中将新制造的地铁电客车顺利引入并投入使用的管理和组织流程。为了保证新车的安全运营和高效运营，需要在新车投入组织的过程中注重以下几个方面的创新。

首先，新车投入组织需要注重技术培训和人员安全意识的培养。在投入使用之前，相关工作人员需要进行全面的技术培训，熟悉新车的技术特点和操作方法，掌握应急处理措施。此外，通过开展安全教育和意识培养活动，提高工作人员的安全意识和责任心，增强安全管理的有效性。

其次，新车投入组织需要进行设备测试和性能验证。在投入使用之前，需要对新车进行全面的设备测试，确保各项设备和系统的正常运行。同时，还需要对电客车的性能进行验证，包括加速性能、制动性能、悬挂系统等方面的测试。通过严格的测试和验证，确保新车在投入使用后能够正常运营，提高运行的可靠性和安全性。

第三，新车投入组织需要优化电客车调度和运营计划。在新车投入使用后，需要合理安排电客车的调度和运营计划，以最大程度地提高电客车的利用率和运营效率。通过合理的调度和计划，可以避免电客车的拥堵和空驶现象，提高乘客的出行体验和运输效率。

对于增购车项目，对满足公里数的电客车采用低峰替开、高峰、全天的递进的方式逐步投入载客运营，降低新车故障对正线运营造成影响的可能性。列车在获取安全认证后，首先采用加开放式，跟随末班车上正线运行。如此加开方式运行到一定公里数后，采用低峰替开的方式载客运行，即在晚低峰时，替开上线运营。在低峰替开完成后及时开展高峰运营，然后再全开运营。

最后，新车投入组织需要加强与供应商的合作和沟通。在新车投入使用过程中，需要与电客车制造商和相关供应商保持密切的合作和沟通。及时交流和解决新车使用过程中的问题，共同推动新车投入组织工作的顺利进行。

2．新车公里数实现

对于新项目来说，新车公里数即可在试运行期间达成，公里数完成相对简单。

对于增购车项目，由于既有线路白天正常载客运营，能够提供给新车跑公里数的只有试车线、延伸段区间，因此新车 2 000 km 建议能够在主机厂试车线尽量多跑，运输到电客车段后综合正线夜间施工情况，报施工点跑公里数，或者通过末班车后加开的方式进行，在跑公里数的同时尽量减少对夜间正线其他专业施工作业的影响。

6

电客车运用维修阶段的全寿命管理

6.1　电客车运用维修管理概述

1.　电客车运用维修基本概念

1）维修基本概念

电客车作为地铁运营的主要生产工具，是地铁运营的物质技术基础。地铁电客车在使用过程中，其机械部件会逐渐产生磨损、变形、腐蚀甚至断裂；其电气部件也会发生断线、接地、烧损、绝缘老化或破损。但地铁电客车是一种大型复杂的机电一体化设备，其零部件种类繁多，材质、使用条件、使用寿命和失效程度各不相同。一些零部件因各种原因失去原有的功能，需要修复或更换，一些零部件却能完好无损地正常工作，这就构成了电客车维修的必要性和可能性。

电客车维修是为了保持和恢复电客车完成地铁运营规定功能的能力而采取的技术活动，包括维护保养和检查修理。维修保养是通过润滑、清洁等方式，保持电客车的技术状态，使其在可预期的时间内不发生失效故障；检查是指通过直接的感官或仪器测试判电客车系统部件的技术状态是否符合规定的技术要求；维护是指电客车系统或零部件的技术状态劣化到某一临界值或者已经发生故障时，为恢复其功能而采取的技术活动。

电客车维修可充分利用尚可正常工作的零部件，延长电客车的使用寿命，与更新设备相比，可节省资金，节约能源和资源，降低运营成本，提高效率。

电客车维修经济效益的高低取决于电客车设计和制造水平的优劣，维修技术水平的高低，维修组织的管理水平和维修装备设施的完善程度等几个方面。

2）电客车运用维修目标

① 确保维修过程人身安全和设备安全，达到电客车维修无安全事故的指标。

② 提高维修效率，降低维修费用，达到维修的经济性指标。

③ 提高维修质量，使维修后电客车达到地铁运营所规定的可靠性指标。

④ 减少维修工作对环境的影响。

⑤ 保留及培育有能力、高自觉性及多技能的员工队伍。

2.　电客车运用维修管理内容

维修管理的主要内容包括维修模式设计、维修资源准备、维修计划和维修控制四个主要方面的工作。

1）维修模式设计

根据地铁运营对电客车可靠性、可利用率、经济性等方面的要求，对电客车维修体制进行整体规划设计。如电客车维修方式选择或多种维修方式组合选择，电客车维修的自修范围和委外修理范围，维修组织架构设计和组织管理的形式。

2）维修资源准备

维修资源准备是指维修活动进行所必需的资源，如维修物资材料、备品备件、装备设施、维修人力资源、维修工艺技术等方面进行的准备工作和组织工作。

3）维修计划

根据地铁运营计划和既定的维修模式，结合企业的资源状况，进行能力平衡后，制订的维修任务，包括维修计划、维修作业计划、人员计划、工艺计划、备件计划等。

4）维修控制

维修控制是指围绕完成计划任务所进行的检查、调整等管理工作，包括维修作业进度控制、质量控制、成本控制、安全控制等。

6.2　电客车运用维修管理制度

城市轨道交通电客车采用定期维修的方式，按预防修的原则，从电客车的技术水平出发，综合考虑电客车各部件的维修周期、寿命周期，确定电客车修程，并针对电客车的各级修程制订电客车的检修规程及检修作业指导书。当电客车运行到既定公里或既定时间时，就要按电客车检修规程和检修作业指导书要求对电客车及其部件进行检查、维护或修理。

1. 电客车运用定期维修

城市轨道交通电客车定期维修就是按照检修规程规定的检修周期和技术要求，在规定的时间内执行的预防性维修项目，具有周期性的特点。根据零部件的失效规律，结合部件的维保要求，编制检修作业指导书，包含检修类别、检修项目和检修标准。定期维修具有计划性强、准备充分、可长期安排的特点，是目前国内地铁电客车维修主要采用的维修方式。

西安地铁电客车定期维修按照检修周期一般分为日检（含1日和4日）、双周检、1月检、3月检、1年修、5年修、10年修。各级修程原则保证自本次修程作业结束至下一个修程作业或更高级别修程开始前的这段时间不发生责任故障。且在对各类磨损件限度标准的制订上，必须要保留足够的使用余量至下一修程。检修周期为电客车部件最小维保周期，具体标准如表 6-1 所示。

表 6-1　定期维修项目

周期	检修周期
1 日	运行里程 450～650 km 或运营 1 天
4 日	运行里程 1 800～2 600 km 或运营 4 天
双周	运行里程 6 000～8 000 km 或运营 15±3 天
1 月	运行里程 1.2～1.6 万 km 或运营 30±5 天
3 月	运行里程 3.6～4.8 万 km 或运营 90±10 天
1 年	运行里程 14～18 万 km
5 年	运行里程 70 万～80 万 km 或每 5 年（以走行公里数为主）
10 年	运行里程 140 万～160 万 km 且距离上次架修不超过 80 万公里或每 10 年（以走行公里数为主）

1）日检

日检：检修周期为 1 日、4 日的检修项目，为系统功能检查，主要包括车下走行部及车上有电部分的检查，设置日检 A、B 两种检修模式，完成规程要求的每 1 日、每 4 日的检修项目，日检修程具体情况如表 6-2 所示。修程安排：日检 A 日检 B—日检 B—日检 B，如此循环。

表 6-2　日检修程情况

修程名称	作业内容	作业时长	检修周期
日检 A	所有周期为 1 日、4 日的检修项目	（40+5）min	每 4 日
日检 B	所有周期为 1 日的检修项目	（20+3）min	每 1 日

2）均衡修

均衡修（B+U）：包含双周、1 月、3 月的检修项目。设置均衡修 B、均衡修 U1-12 修程，完成规程要求的双周、1 月、3 月检修项目，主要包括系统功能测试、易损检查更换、主要部件状态检查，保证电客车状态。

3）专项修

专项修：周期为 1 年的检修项目。主要完成吹扫作业、受电弓气囊的维护保养，车下箱体（蓄电池箱、高速断路器 HSCB、制动电阻箱、辅助逆变器箱、牵引逆变器箱等）开箱检查；关键继电器测量、轴端装置检查，紧急负载试验及试车线动态调试。

4）架修

架修：是指从新车或上次大修起，每运行 70 万~80 万 km 或每 5 年（以走行公里数为主）进行一次的检修。电客车架修包括：修前预检、电客车解编、架车、转向架分解检修、电客车设备（车顶、车下、车端、车内）分解与检修、电客车设备组装、落车、称重、整列编组、静调试验、动调试验等。

5）大修

大修：是指从新车或上次大修起，每运行 140 万~160 万 km 且距离上次架修不超过 80 万 km 或每 10 年（以走行公里数为主）进行一次的检修。电客车大修包括：修前预检、电客车解编、架车、转向架分解检修、电客车设备（车顶、车下、车端、车内）分解与检修、电客车设备组装、落车、称重、整列编组、静态调试、动态调试等。

2. 电客车运用故障维修

地铁电客车的故障维修是指维修计划之外的故障修理和事故修理，包括在检修基地内进行的故障修理和在地铁运营线路上对电客车突发故障进行的抢修。

地铁电客车虽然施行定期计划预防维修制度，但由于各方面的原因，运行中总会有偶然性故障发生，为了保证地铁运营的连续性和高效性，维护地铁公司良好的社会形象，必须对这些偶然发生的故障进行快速处理。地铁电客车故障维修分为四种情况：

（1）在线运营电客车发生故障不能正常运行，但经过短时间（2~3 min）修复或换件处理可以恢复正常性能维持运行，这类故障一般由正线司机或电客车驻站人员负责进行处理。

（2）在线运营电客车发生故障，但不影响电客车正常运行，这类故障一般继续维持运行，待电客车回库后再对故障进行处理。这类故障由行车调度反馈或者司机在状态卡进行备注，电客车回库后进行的检修。

（3）运营中地铁电客车发生严重故障，不能维持正常运行，且短时间内无法进行有效处理，为了保证地铁线路的正常运行，采取清客，使用地铁电客车从运营线路退出服务，组织进行维修。

（4）地铁电客车运营中发生脱轨、倾覆或电客车走行部分发生严重故障，影响电客车运行安全时，电客车维修部门接到报告后，应成立紧急救援队伍，迅速赶赴电客车故障发生地点，对故障车进行紧急处理。

　　故障维修只是地铁电客车的应急维修方式，为尽量减少电客车运营中的故障和故障抢修工作量，必须提高电客车定期检修质量。

3. 电客车专项检修

　　专项检修时指按照电客车部件的使用寿命和维保周期，检修周期为 1 年及以上的检修项目。专项修主要依据为部件的使用寿命及磨损的规律，按照设备特性、季节特性完成的部件专项工作。合理的检修周期是专项维修的关键，检修周期太短，会造成人力物力的浪费；反之又会影响部件的正常工作，造成设备批量故障，甚至造成严重的后果。所以专项维修工作要很好地发挥作用，就要准确地掌握部件的维修时机，如果能在偶然故障发生之前，进行专项维修工作的开展，既能保障部件的正常工作，又不会造成浪费。目前西安地铁开展的专项维修工作及检修周期如表 6-3 所示。

表 6-3　专项检修项目

序号	检修部位	检修标准	检修周期
1	春季整修	春季空调整修	1 年
2	秋季整修	秋季电暖整修	1 年
3	前照灯	更换安定器	3 年
4	齿轮箱	更换齿轮箱油（EP80）	3 年
5	蓄电池	荷贝克蓄电池充放电性能	3 年
6		长虹蓄电池充放电性能	2 年
7	TCMS	更换 CCU 纽扣电池	2 年
8	外紧急解锁	检查紧急解锁功能	3 年

4. 电客车运用委外维修

　　委外维修是指本企业在维修技术、维修能力不具备自行维修的条件，或者自行维修在经济上不划算的情况下，委托外部企业承修。委外维修一般由设备维修管理部门负责，委托设备专业厂、制造厂或其他有能力的企业承修，并签订维修经济合同，因此委外维修也称为合同维修。委外维修可以促进设备维修走向专业化、社会化和产业化，是现代设备维修管理的发展趋势。

　　地铁电客车委外维修包括整车委外维修和部件委外维修。整车委外维修目前在架修和大修中委外修理较多，日常维修中因维修成本和风险控制原因，目前较少采用委外维修，但部件或备件委外维修较为普遍。在一些多条线路运营的地铁公司，各主要运营线路均建有场段负责本线路电客车维修，且在经济上独立核算，为有效利用组织资源，防止人员和设备的无限扩展，在维修厂之间也实行委托修理。如负责一线检查和轻型检修的维修厂，对一些更换下的电客车部件无能力自行维修时，可委托负责大修或架修的维修厂进行修理，这种维修也称为委托维修，它是利用经济杠杆的作用促进电客车维修资源有效利用和维修管理水平的提高。

（1）委外维修的目的和考虑因素。

① 电客车维委外修的目的。

控制内部员工数目。电客车维修工艺流程复杂，特别是电客车架修、大修，要求恢复电客车主要性能，使其达到新造车的水平，这就要求电客车维修组织扩大，符合维修工艺原则和质量要求。但就一个地铁运营企业而言，维修工作量又不能饱和，使得维修任务和维修组织产生矛盾。为控制电客车维修部门的员工数目，充分利用人力资源的工时有效利用，可将电客车架修或大修委托专业厂承修，实行部件互换修和集中修。可在电客车解体后各部件按系统分类，集中委外修理，电客车维修部门只负责检修工艺过程中的拆卸和装配过程。

降低成本。电客车自行维修，要求购置和安装大量专用设备，建造专门检修设施，加上人员和材料物资库存，使得维修资源准备多，但又达不到规模经济的成本要求，采用委外维修，可以利用外部资源实现维修的专业化、产业化和社会化，降低维修的整体成本。

应对工作量波动。由于地铁电客车维修生产特点，决定电客车维修具有重复间断性，生产任务时闲时忙。另外，由于电客车故障修的项目和故障程度具有不可预测性，会导致维修工作量波动，造成维修人员调配紧张。委外维修可将工作量波动的影响在组织外部消除。

促进内部自我完善。委外维修可使电客车维修部门集中于核心业务，完善业务流程设计，更加有效利用内部资源，完善内部组织设计。

引进新技术。通过委外维修可使企业紧跟复杂多变的技术发展，设备专业维修厂家或制造厂家，因为专家集中和市场竞争关系，往往是电客车及配件制造和维修新技术的开发者和最早使用者，通过电客车委外维修，可实现新技术的转移。

② 电客车委外维修的主要考虑因素。

a. 组织内部环境。

委外维修将产生超出需求的人力资源，原来员工将要进行调整。

委外维修将使技术资料和工作需求错位，原来以技术为主的管理将转向以合同为主的管理。公司人员需求和现状将产生矛盾。

委外维修可能减少操作层员工对新技术的接触，减少维修经验，导致维修技术流失，公司应为此制订长远的人力资源计划配合委外维修。

b. 市场环境。

是否存在具有维修能力的承包商可供选择。

维修承包商的维修资格是否经过公认的资格认证。

维修承包商对电客车维修项目的承诺。

c. 长远关系。

地铁电客车委外维修安排要结合长期维修计划统筹安排。委外维修要求电客车维修资源准备和维修模式、维修组织等做出相应调整，因此应通盘考虑，以符合企业整体表现要求和长期规划要求。

d. 委外维修要考虑接口处理。

要考虑地铁和承包商的接口。

要考虑电客车供应商和承包商之间的关系。

维修项目分开承包时，若各个项目之间关联度大，还应考虑承包商与承包商之间的接口。

e. 成本比较。

要对电客车或电客车项目委外维修与自修进行成本效益分析比较，成本分析要全面准确。

f. 管理构架和机制。

委外维修后，要有人监督维修承包商，提供必要的维修支援，解决相关的问题。

g. 维修合同。

即维修承包商做什么，不做什么，维修时间的控制、维修价格的确定。委外维修一定签订维修合同，维修合同规定了委托方和承包方之间的权利和义务，是双方均要遵守的具有律效力的合同文书。

h. 风险管理措施。

委外维修后发生的各种情况，如何处理，如何防止，要有相关措施计划。

（2）委外维修过程管理。

为规范委外项目管理，强化委外项目申请、审批、验收等过程管控，明确工作流程，规范日常管理，需加强委外维修过程管理，主要包括委外维修日常管理、委外维修技术管理、委外维修安全管理、委外维修质量管理。

① 委外维修日常管理。

委外单位的管理必须遵循"谁使用谁管理、以合同为依据"的原则。日常管理由委外单位自行管理。委外项目实施中心负责检查、监督,确保委外工作严格按照合同及地铁公司相关要求执行。

委外单位须遵守国家和地方性法规,服从行业主管部门的管理,凡涉及到委外单位的项目委外安全协议等有关证照,均由委外单位自行办理,地铁公司给予配合。

委外单位须严格遵守地铁公司颁布的各项规章制度、技术标准。接受地铁公司委外项目实施中心的跟踪管理、监督、检查、验收及对工作质量、安全、工期、服务、文明卫生等的评定和考核。

委外单位人员实行双轨制管理,在接受本单位管理的基础上,还需纳入地铁公司管理,人员管理按照地铁公司相关管理规定执行。

委外人员在进场前应按照规定参加运营相关培训及考试。委外单位应建立和完善内部培训和管理制度。

如遇法定节假日、重大活动或接待等特殊时期,必须增加人员进行保障工作时,委外单位必须积极响应。

② 委外维修技术管理。

委外单位负责自身的技术管理。委外项目实施中心负责委外单位的技术监管。总工办负责监督指导中心对委外单位开展技术管理、设备管理工作。

委外单位应严格遵守国家、行业有关技术的法律法规和地铁公司有关技术的规章制度,严格按照标准、规范、规程和图纸要求等组织各项作业活动。

委外项目如具备验收条件,委外单位应及时按有关规定和地铁公司确定的验收要求,向地铁公司验收中心、部门提交验收申请及完整的验收资料。

鼓励委外单位积极探索应用"四新"技术(新技术、新工艺、新材料、新设备),积极采取措施降本增效。

③ 委外维修安全管理。

a. 安全生产责任。

委外单位是本单位安全生产的责任主体,对运营区域本单位的人员管理、安全管理、维保作业、日常管理等全面负责,委外单位因人员管理、维保作业等自身原因造成运营事件(故)、典型问题的承担主要责任。委外单位应按照国家相关法律法规要求,配备安全管理人员,健全全员安全生产责任制,完善各项安全规章制度、操作规程、应急预案,开展安全教育培训,落实安全风险分级管控和隐患排查治理双重预防机制,开展应急演练训练,保持安全管理体系有效运作。

委外项目管理单位承担管辖范围内委外项目的管理责任,负责将委外单位的管理纳入本单位安全管理体系,对委外单位负有安全管理、监督、检查、指导、考核等职责，对因委外单位原因造成运营事件（故）、典型问题的承担管理责任。

属地管理单位承担管辖区域内委外项目的属地管理责任，对管辖区域内的保安、保洁、安检等委外人员、委外作业负有安全检查职责，对管辖区域内发生的保安、保洁、安检等相关运营事件（故）、典型问题的承担属地管理责任。

地铁公司安全管理部门负责对委外项目管理单位的委外安全管理情况进行监督、检查、指导，对委外单位的安全管理、检修质量等进行抽查，对违反地铁公司安全规章制度的责任单位落实责任考核。

b. 委外维修安全教育培训。

委外单位应严格按照《安全生产法》及地铁公司安全教育培训相关规定，对员工开展安全教育培训，并做好记录和台账。

委外项目管理单位应将委外单位人员纳入月度安全和业务知识培训范围，并进行考试，对考试不合格的委外人员及时通知委外单位予以调整。

委外项目管理单位应将委外项目纳入班组进行管理，委外单位负责人、作业负责人应参加运营月度安全会议、周安全例会及相关安全重点活动，安全工作应同安排、同部署、同落实。

属地管理单位应定期对管辖区域内的保安、保洁、安检等委外人员进行必要的安全教育培训，做好日常安全管理。

c. 委外维修作业安全管理。

委外单位应具有承担该委外项目维保及服务的相关资质，作业人员应具有该项目作业的资质或相关资格证书，委外单位入场后应与委外项目管理单位签订安全生产责任书。

委外项目作业实施前，委外单位应与地铁公司签订《施工安全协议》，委外项目施工负责人应参加施工安全培训，考试合格并取得相关《施工培训合格证》。

委外单位应严格遵守国家、地方、行业有关安全生产的法律法规、制度标准及地铁公司安全生产管理制度，严格按照地铁公司施工作业管理规定组织各项作业活动。

委外单位应为作业人员配备符合标准的劳动防护用品，并监督指导其正确使用，作业现场应采取安全可靠的防护措施，确保作业安全。

委外单位作业人员应严格执行设备检修流程和检修标准，不得简化作业程序，降低作业标准，确保运营设施设备检修质量。

d. 委外维修安全监督检查。

委外项目管理单位依据合同及地铁公司规章制度，制订委外作业监督检查制度，督促委外单位按计划开展各项维保工作，定期安排专业技术人员对委外单位的管理及重点作业情况进行检查，及时掌握委外维保设施设备的运行状态，确保维保质量达标。

属地管理单位应对管辖区域内的保安、保洁、安检等委外人员、委外作业开展日常安全检查，每月将检查问题反馈委外项目管理单位。

委外单位应制订本单位主要负责人、管理技术人员、班组长等各层级管理人员的现场检查量化指标并严格执行，强化委外作业安全管控。

委外单位及作业人员应接受地铁公司的各项安全检查，对地铁公司检查发现的安全隐患或问题，委外单位应立即采取必要的控制措施并及时进行整改，控制风险、消除隐患。

e. 委外维修应急管理。

委外单位应制订符合国家标准和运营实际的各项应急预案，制订年度应急预案演练计划并严格实施，建立专业应急抢险队伍，配备必要的应急物资装备。

委外项目发生运营事件（故）时，委外项目负责人应第一时间向地铁公司报告，积极采取措施，控制事态发展，最大限度地减少人员伤亡和设备财产损失。

委外项目发生运营事件（故）后，委外单位要积极保护事故现场，留存各类证据，配合地铁公司或上级单位对事件（故）进行调查处理。

委外项目发生运营事件（故）或发生设备设施失修、漏修的，地铁公司按照"四不放过"原则及相关规定追究委外单位责任，对委外项目管理单位追究管理责任，对委外属地管理单位追究属地管理责任，符合合同约定终止条款的按程序解除委外服务合同。

f. 委外维修考核管理。

委外单位违反地铁公司相关规定的，地铁公司安委会对委外单位、委外项目管理单位和属地管理单位相关负责人进行约谈，并进行挂牌督办。

委外单位违反地铁公司安全规章制度或发生运营事故的，地铁公司按照相关管理规定，对委外单位进行考核，涉及委外项目管理单位和属地管理单位责任的一并纳入考核。

委外项目管理单位负责落实地铁公司对委外单位的责任考核，涉及委外项目管理单位和属地管理单位的考核由地铁公司负责落实。

④ 委外维修质量管理。

委外单位负责自身的质量管理。委外项目实施中心、部门负责委外单位的质量检查。安全质量部负责委外单位的质量抽查，并纳入地铁公司质量管理体系。

委外单位应建立有效的质量保障体系，健全各项质量管理制度，完善质量控制流程。

委外项目实施中心负责对委外单位定期进行服务质量检查与考评，并建立委外服务情况定期沟通、通报机制。

委外维修质量检查

a. 委外单位作业质量的检验与评定以该项目相关制度及合同规定条款为依据。

b. 委外单位在质量检查过程中，应坚持自检、互检、交接检制度，并做好台账记录。同时，随时接受地铁公司委外项目实施中心的指导、检查和监督。

c. 委外单位作业质量不达标，委外项目实施中心有权要求委外单位返工。

⑤ 委外单位应按法律、行政法规及集团公司的关于质量保修的有关规定，对交付地铁公司使用的委外项目在质量保证期内承担质量保证责任。

5. 电客车运用提升维修

（1）电客车提升维修范围及原则。

① 提升维修是指通过技术改造或技术手段，提高既有线运输能力及安全服务水平，对既有线路已运行系统设备进行的改造项目。主要包括因设备可靠性降低、运行效率低、故障率持续升高等，不能满足运营生产的需要，在已运行系统设备基础上为提升安全性、运行质量、生产效率、经济性所做的改造。

② 除反恐要求、安全保证外，必须考虑原设备的全寿命周期，防止国有资产流失，并统筹考虑和新建线路的关系。

③ 未出质保期的设备、系统原则上不进行技改。

④ 通过其他方式部分已实施的，原则上不再通过技改立项实施；已列入中大修规程内容的不得提报技改项目；通过物资采购方式可实现的不得提报技改。如有特殊情况，经地铁公司相关会议同意按技改立项的，按技改流程办理。

（2）项目申报立项及计划下达。

① 前期研究。

原则上应于每年7月份组织内部项目征集，研究下一年度技改项目。各需求提出中心、部门如有需要，向配合中心提出详细的改造需求，由需求提出中心、部门组织对项目必要性、可行性、安全性、经济性等进行论证，并进行项目提报。必要时申请中心、部门可组织专家评审等方式开展项目前期研究。

申请中心应通过中心经理办公会对技改项目进行审核

② 项目申报资料。

申请中心须对项目的必要性、可行性、安全性、经济性、拟采取的技术方案等进行充分研究论证，形成详细的技术方案和可行性分析报告，并对项目预期效果、目标进行量化，对可能产生的问题须进行分析研判并提出应对措施。

项目申报资料包括：《技改项目申请书》、项目汇总表、各项目技术方案、各项目可行性分析报告、中心经理办公会审核纪要。

凡不符合技改项目范围及原则的项目一律不得提报立项审查

③ 立项审查。

申请中心原则上应于每年8月底前提报下一年度技改项目申请。申请中心将项目申报资料报公司分管领导进行审核，分管领导签字后，申请中心将资料提报总工办。项目申请资料由申请中心做好留存。

总工办根据申请中心提报的项目改造目标类型，组织相关部门进行审查，申请中心负责资料内容的解释、补充及答疑等。

总工办负责组织项目技术可行性审查、为满足强制性法规要求新增审查及生产效率审查，将项目情况向总工程师进行汇报，总工程师授权相关副总工程师进行技术审查，副总工程师原则上应组织专题会议进行审查，技术委员会成员参加，形成技术审查意见。

合约法务部负责组织必要性、经济性等审查，并提出审查意见。

安全质量部负责组织安全性、设备运行质量审查，并提出审查意见。

各审查部门将意见反馈总工办，总工办汇总形成项目审查总体意见，提报分公司总工程师办公会审议，各参与审查部门负责审查情况的汇报，申请中心负责具体项目的汇报。

经总工程师办公会审议通过的项目，总工办组织报分公司总经理办公会审定。

经分公司总经理办公会同意的项目，300万以上项目总工办组织按流程报集团公司审批，300万及以下项目报备集团公司。提报集团公司的项目资料及集团各层级审核汇报材料由申请中心负责。

（3）技改项目管理。

① 日常管理。

实施中心负责技改项目的实施及日常全面管理，制订各项目详细的实施计划并严格执行，实施计划同时报备总工办。

实施中心应对实施单位的履约情况进行管控，存在的问题及时组织整改，并留存好相关记录。

实施中心应于每年 6 月 28 日前向总工办提交项目半年实施情况总结、每年 12 月 28 日前向总工办提交项目年度总结，总结内容应包含中心项目总体情况、计划及进展情况、存在问题及整改措施、下一步计划等。

② 监督检查。

实施中心填写《XXXX 年 XX 月技改项目进度情况表》，每月 28 日前提报总工办，对未能按计划进度执行的项目，实施中心同时提交整改措施。

项目实施过程中，对照设定目标，实施中心应实时检查验证，防止偏离预期目标。

中心技改业务管理部门负责对项目实施过程进行监督检查，并对实施过程中存在的问题组织协调处理，对无法处理的问题报分管副总经理协调解决。

总工办跟进项目进展情况，并对项目实施过程进行监督、抽查，对实施中心无法解决的技术问题组织协调处理。

合约法务部、安全质量部对项目实施过程不定期进行抽查。

6. 电客车运用维修发展历程及方向

随着现代科学技术发展和现代科学管理方法的运用，地铁电客车维修制度也在不断发展变化，出现一些新的特点和趋势。

（1）状态修维修方式的运用推广。

状态修是根据设备的实际技术特点来确定维修时机。它不对设备规定固定的拆卸分解范围和维修期限，而是在状态监测和技术诊断基础上，掌握设备劣化发展情况，在高度预知情况下，适时安排预防性修理。地铁电客车维修中应用状态修的优点有：

① 减少维修次数；

② 减少电客车检修停时；

③ 减少维修工作量和人工成本；

④ 降低电客车设备人为拆卸造成的损坏故障；

⑤ 可以使维修计划安排更有弹性。

电客车维修实行状态修要求供货商配备专门的故障诊断单元，或开发实用、快捷、准确的故障诊断技术和诊断装置。在地铁电客车检修中，对电力传动系统和旋转机械部分的故障诊断和状态监测技术比较成熟，诊断比较可靠；对控制系统的故障诊断技术也在不断研究发展过程中。目前，香港地铁和国外一些城市地铁电客车维修中，状态修已被大量采用，在我国地铁电客车检修中，故障诊断技术也必将有广阔的应用前景。

（2）维修周期和级别的改进。

由于电客车制造水平的提高和维修方式、水平的提高，地铁电客车虽然仍然以定期检修为主，但检修频率和级别不断缩小。主要措施有：

① 取消日检；

② 延长定期检查和检修的间隔期；

③ 简化定修，主要减少定修中部件拆卸工作量。

（3）委外维修。

为降低地铁电客车维修成本，减少维修人员和维修使用设备的购置，在地铁电客车维修中，部分项目委托外部厂家负责维修是一种发展趋势，以充分利用外部资源为地铁维修服务。采用委外维修的优点有：

① 使电客车维修集中于核心业务，使维修更有效地利用内部资源，降低维修成本，避免维修组织无限量扩展，包括人员和设备的扩展，使固定支出增加。

② 由于更多的承包商投资维修工程，且由于维修能力、维修资格认证体系增多，使得选择合格委外承包商（确保维修质量可靠）更为容易。

③ 委外维修后，便于应对工作量的波动，使得电客车维修可按计划有序进行，不会因短时间内工作量突然增大或减少造成维修生产时闲时忙。

④ 委外维修后，可从承包商处获得先进维修技术。电客车部件委外修，承包单位一般均为该领域先进技术的掌握者，通过委外维修过程控制，电客车维修部门可获得先进检修技术，以更好地进行内部维护服务。采用地铁电客车委外维修，不管是部件委外修或整车委外修，关键是控制维修质量，确保电客车部件和整体性能的可靠性。

6.3 电客车运用维修生产管理

电客车运用维修的主要任务是对电客车开展相关检查、维护、修理、保养等工作，确保电客车状态良好，符合运用标准，为地铁运营提供质量可靠、数量足够的电客车，保证运用供车需求。要开展地铁电客车维修，必须建立维修生产组织系统。生产系统组织设计是维修生产过程的重要内容，组织设计主要任务是根据电客车运用维修主要职责和特点建立符合实际需要的维修生产系统，包括组织架构设计、生产计划管理以及生产流程管理等，从而确保维修生产系统的精练与高效。

1. 电客车运用维修生产组织

（1）电客车运用维修主要任务。

① 保证供车的前提下，有计划合理地安排电客车的计划检修，并确保检修质量。

② 负责电客车的故障维修、技术改造等工作，提高地铁电客车运营的可靠性，确保运营安全。

③ 负责电客车事故救援，尽快恢复运营线路上电客车的正常运营。

④ 负责电客车维修所使用的设备日常保养、操作使用。

⑤ 做好每月生产计划安排，按计划安排各生产单元的生产任务，落实、检查情况。

⑥ 做好定期的生产物资、备品备件的提报计划和手续，保证生产正常运行。

⑦ 每天对各生产岗位生产检查，监督检查落实执行安全生产的情况。

⑧ 落实安全生产与质量管理，按年、月度向各生产单元下达安全、质量指标，组织和学习安全规章及有关法规。

（2）电客车运用维修时间特点。

地铁作为一种城市轨道交通，在运作上集中体现了公共交通的特点，即运营范围在城市内，服务对象主要为上下班的市民。因此，地铁运营不需要像大铁路那样 24 小时运营，西安地铁的运营时间一般为 6:00—24:00，其余时间（即 0:00—5:00，5:00 以后开始运营准备工作）为非运营时间，可以用来开展电客车的维修作业。另外，由于乘客绝大部分为上下班市民，因此，正常情况下在上下班这段时间客流量较大（一般为 7:30—9:30，17:30—19:30），称之为地铁运营早、晚高峰期；其他运营时间客流量相对较少，称之为地铁运营平峰期或低峰期。为了做好乘客服务，须在早、晚高峰期多提供列车上线运营，缩短列车运行间隔；在非高峰期可以少提供上线列车数量，适当增加列车运行间隔。因此在白天的高峰期过后可安排部分列车下线回场，以提高运营的经济性，降低运营成本。这样也就可以白天运营时的早晚高峰之间的时间来开展部分电客车维修，从而在满足运营用车的前提下，降低电客车备用率，提高电客车利用率。

以西安地铁 3 号线为例，除去架修扣车、技术整改、镟轮等扣车外，共计在用运用电客车 52 列。早高峰（7:30—9:30）有 46 列车在用，9:30—10:30 陆续退下回库的电客车可根据生产计划需求开展检修作业，晚高峰（17:30—

19:50）有 46 列车上线使用，晚高峰结束后，电客车陆续回库，直至 0:00 以后全部回完，开展日检作业。电客车的维修时间窗如图 6-1 所示，途中阴影部分即表示维修机会。充分利用维修窗内时间可大大提高电客车的使用率。

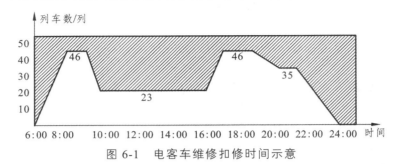

图 6-1　电客车维修扣修时间示意

（3）电客车维修组织架构。

电客车维修是较大规模的集体劳动，既要有科学的劳动分工，也要有严密的协调。组织架构设计的目的就是从维修生产的实际要求出发，科学合理地组织和安排劳动者进行有效的劳动，充分发挥其积极性和创造性，不断提高劳动生产率，以最小劳动消耗取得最大的经济效益，同时正确处理维修人员和维修对象的关系，组织好对维修生产的服务和供应工作，从时间、空间上保证维修生产活动连续、协调、有节奏进行。另外，根据生产发展的需要，不断调整组织，采用先进合理的劳动组织形式，提高劳动生产率。

由于地铁电客车维修包括生产技术准备、基本生产、辅助生产服务等三个过程，为实现这些过程，需要分别建立相应的单元，即不同的职能室和生产单元，生产单元又分为若干班组。

① 生产技术准备部门。这是为基本生产过程进行技术准备的工作部门，如综合管理室、技术安全室。技术安全室主要负责电客车维修工艺设计及其他技术支援，技术服务等。技术安全室按专业分工，如电客车技术工程师、质量工程师、设备工程师、安全工程师、计划统计技术人员、成本核算和物资管理技术人员等，综合室管理设培训管理、人事管理、考勤绩效管理、党建、团建、工会、宣传等专职。

② 基本生产部门。这是直接实现电客车维修过程的基本生产部门，负责电客车从日检到大修各级修程的检修工作。根据维修工艺流程的不同，可分为若干分部，如检修分部负责电客车日检、双周检、月检、三月检、年检等修程（西安地铁电客车运用维修制度通过多年的摸索，对修程进行优化创新，将双周、月检、三月检整合为均衡修，将年检优化为系统修，后续按照均衡

修、系统修对电客车运行维修模式进行表述），以及正线运营电客车的故障临时处理。大修分部负责电客车架修、大修等修程。在分部内部又设置生产调度及若干班组。检修分部一般是按地铁运营线路，每条线路设置一个检修分部。大修分部按照地铁线网设计能力，在每个维修基地设置一个大修分部，完成该维修基地所负责线路的电客车架修、大修任务。

③ 辅助生产服务部门。对电客车维修设备进行保养、维修，大型、专用维修设备的操作，如不落轮镟床、固定式架车机、起重机等，为基本生产过程提供保障服务的部门。

以西安地铁运营分公司维保中心车辆维保部组织架构为例，车辆维保部负责西安地铁一、二、三、四、五、六及十四号线电客车维保工作，如图 6-2 所示，上述部门构成了地铁电客车运用维修全过程的组织结构。在确定各部门结构时，一般要考虑电客车维修的规模和特点，以及生产专业化水平与委外协作关系，随着地铁线网的发展和技术进步，不断优化业务流程和组织架构的调整。本章主要介绍电客车运用维修，因此关于组织架构也着重介绍基本生产部门中的检修分部组织架构设计。

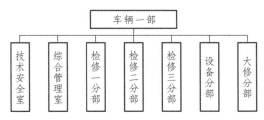

图 6-2　电客车维修部门组织架构

（4）电客车运用维修生产单元组织架构。

地铁电客车运用维修组织设计主要围绕基本生产过程进行安排，而检修生产班组是完成基本生产过程的最基层单位，是电客车运用维修最基层的管理组织。科学合理地组建生产班组对提高电客车运用维修质量和维修效率具有决定性的意义。

根据电客车运用维修时间特点和修程设置的情况，决定了各级修程开展的时间。日检修程电客车数量多，电客车较为集中，作业以检查为主，只能在非运营时间完成。双周检、月检、三月检、年检等计划性修程作业时间相对较长，但较为分散，可在白天利用高峰期后回场电客车或者利用未上线电客车来开展。

结合以上特点，可以按照工艺专业化原则和对象专业化原则来组建班组。工艺专业化就是由工艺相同的工序或工艺阶段组建生产班组。在这种生产单位内集中了同类型的设备，同工种的工人，用相同的工艺方法对产品进行加工或修理。对象专业化原则就是把产品工艺过程集中起来，组建一个生产班组。地铁电客车年检以下检修作业由于维修工作量大，维修对象单一，工艺过程相对于单一，一般可结合工艺专业化原则和对象化专业化原则组建生产班组。设置定修班组，实行日勤班制，负责系统修、均衡修等计划性维修，设置运用轮值班组，实行四班二运转，白班完成均衡修等计划性维修，夜班完成所有电客车日检作业。同时，设置技术综合组、调度组、质检组等专业班组，统筹完成运用维修生产单元内的电客车维修技术管理、物资管理、生产组织管理、质量管理等工作。以西安地铁其中某条线路电客车运用维修生产单元组织架构为例，其组织架构如图 6-3 所示。

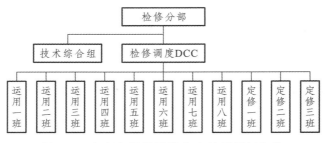

图 6-3　电客车运用维修生产单元组织架构

2. 电客车运用维修单元运作管理

（1）电客车检修分部基本运作管理。

西安地铁每条线路均设置一个电客车段和一个停车场（根据线路长度不等，个别线路设置有两个停车场，如 1 号线、5 号线等），用于该线路配属的电客车日常停放、维修作业。每条线设置一个运用维修生产单元，以该线路名称命名为检修××分部，如 3 号线为检修三分部。检修分部负责本线路电客车的新车监造、调试、验收，日常检查和年检及以下的定期检修工作，保证为正常运营提供所需电客车，负责管理该线路"一段一场（两场）"的电客车运用整体运作管理，统筹安排、合理调配，发挥"一段一场（两场）"运作模式的管理优势，确保正线供车及电客车维修计划落实。组织本线路电客车的日常维护和定期检修、电客车故障临修和事故救援等工作。落实安全生产、精检细修要求，同时完成分部党、工、团工作管理。

（2）检修分部电客车段与停车场电客车运用维修生产职责分工。

检修分部电客车段区域电客车运用维修生产职责具体内容如下：

① 负责该线路"一段一场（两场）"的总体协调管理工作。

② 承担该线路范围内所有电客车的定修（双周检、月检、三月检年检）

及临时补修工作任务。

③ 承担该线路范围内部分电客车的停放、普查和保洁等日常维保任务。

④ 承担该线路范围内电客车运行中出现事故时的救援工作。

⑤ 负责掌握该线路工程电客车定期保养和故障维修等作业情况和电客车状态。

⑥ 负责电客车段内和停车场的材料、工具和备品备件的调配供应工作。

⑦ 负责电客车段和停车场的综合管理、后勤保障和技术支持等工作。

检修分部停车场区域电客车运用维修生产职责具体内容如下：

① 服从该线路电客车段的管理协调工作。

② 承担该线路范围内部分电客车的停放、日检、普查及整改、保洁等日常维保任务。

③ 停车场运用库如有周月检库，还须承担该线路部分电客车的双周检、月检、三月检的维保任务。

④ 协助电客车段承担该线路范围内电客车运行中出现事故时的救援工作。

⑤ 负责该线路范围内的正线驻站管理工作。

⑥ 负责停车场范围内涉及电客车专业的所有工作协调。

（3）检修分部生产班组设置。

每条线路检修分部除了设置技术综合组、检修调度组、质检组外，生产班组设置运用1~8班（一段两场的线路设置运用1~12班），实行四班两运转班制；设定修1、2、3班，日勤班制。其中运用1~4班在电客车段，运用5~8班在停车场（一段两场的线路运用9~12班在另一个停车场）。定修1、2班在电客车段，定修3班在停车场。

运用班组以及检修调度采用轮班制，具体班制管理要求如下：

① 运用班组以及检修调度执行四班两运转工作制，轮值排班如表6-4所示。原则上各班组轮值顺序按此执行，但由于每条线路各班组成立时间、命名都有所不同，所以以轮值顺序按四班两运转的要求以实际为准。

表 6-4　运用班组轮值排班

日期 班组	1	2	3	4	5	6	7	8	…
运用 1 班/5 班/9 班	白班	夜班			白班	夜班			…
运用 2 班/6 班/10 班		白班	夜班			白班	夜班		…
运用 3 班/7 班/11 班			白班	夜班			白班	夜班	…
运用 4 班/8 班/12 班				白班	夜班			白班	…

② 分部制订合理的四班两运转班制轮值班组的交接班时间（一般为 8:50 和 18:00 前 15 分钟）及工作时间，班组工长安排每名检修人员都有合理的工作时间及休息时间，要求每班固定用餐及休息时间，但须保证交接班及检修工作的正常连续地进行。

③ 轮值班作业人员如因特殊情况需临时调班，原则上替换人员为不连续值班的作业人员，在确定替换人员情况下，经该班组工长或分部确认，方可临时调班。

（4）检修调度（即车场控制中心，后续简称 DCC）运作管理。

检修分部中的检修调度作为生产组织核心，同时也是各项生产业务的输入、输出节点。检修分部 DCC 生产组织执行以电客车段为主，停车场为辅的原则。

① 电客车段 DCC 作为对外协调（停车场内发生紧急情况下除外）和对内汇总的唯一接口，日常运作由电客车段检修调度长总体负责。停车场 DCC 服从电客车段 DCC 安排。

② 电客车段和停车场的 DCC 实行 24 h 不间断轮值工作制，按四班两运转配备，交接班时间参照运用班组轮值交接班时间（一般为 8:50 和 18:00）。应提前 25 min 到岗进行交接班。

③ 检修分部各项生产信息由 DCC 负责收集、传递、记录。生产信息传递应及时、准确、真实，并由电客车段 DCC 负责最终汇总。

④ 自上级下达至检修分部的生产计划、施工计划等由电客车段 DCC 负责接收，分解为周计划。每日各项生产作业由所属地 DCC 负责安排、下达、沟通。生产任务实施过程中需外部门配合协助且不超出本所属地范围的，由所属地 DCC 负责协调安排。

⑤ 停车场范围内与外部门的日常接口工作由停车场 DCC 直接沟通协调。需将具体内容及时汇报电客车段 DCC。涉及到超出停车场范围，需要与外部门整体接口工作的，均由电客车段 DCC 沟通协调。

⑥ 运用电客车收、发车管理。

依据行车组织需求确定停车场电客车存车数量。即：停车场停放电客车数量 = 次日停车场发车数量+热备车 1 列+备用车 1 列。同时晚高峰车优先满足回停车场，确保停车场轮值小组人员及时开展日检工作，保证第二天的用车。如停车场场内出现电客车故障得不到及时处理需扣车时，按备用车→热备车按顺序安排上线，如停车场已无备用（及热备），且正线仍需备用车上线时，由电客车段安排发车。

电客车段 DCC 和停车场 DCC 按行车组织运行图分别制订次日本属地的《运营日计划》（可协调制订，《运营日计划》中标注出次日进行均衡修及以上修程地铁电客车车号），而后按提报时间要求，停车场 DCC 将停车场《运营日计划》交停车场场调，电客车段 DCC 将线路总《运营日计划》（传真）交电客车段场调。电客车段场调按需求车次组织电客车上线、回库收车，以确保停车场有足够的、可运营的电客车，电客车段 DCC 应及时将当天的收、发车计划及相关通知、文件以传真的形式告知停车场 DCC，并做好记录。

⑦ 正线运行电客车故障信息发布及处理。

行调反馈的正线电客车故障信息，由电客车段 DCC 负责记录在《电客车故障库》中并处理。对于需在正线（包括存车线）调查、处理的故障，由电客车段 DCC 按就近的原则安排人员。

所有正线信息的发布均由电客车段 DCC 负责。由电客车段 DCC 将所有正线信息（驻站、行调及其他渠道反馈）通过信息形式进行在线路生产及故障信息工作群中发送，使信息沟通处于顺畅的状态。

⑧ 事故抢修、突发事件的信息通报及传递。

电客车段 DCC 在接到突发事件的信息时，须按就近原则，通知驻站人员立即以最快的方式到达故障列车（地点）；在接到事故抢修的信息时，须按故障抢修流程，立即通知段内应急抢修队（即：当值运用工班和技术人员）启动，按相关流程进行处理（详见下文《地铁电客车正线事故报告处理流程》），应做到快速反应、准确传递、组织有力。

⑨ 检修作业记录管理。

电客车段范围内所有电客车作业记录单必须统一交电客车段 DCC 存放，DCC 按月归档交质检人员保存。停车场范围内的电客车作业记录单台账，以月为周期将作业记录单及其他相关台账（指整改及普查类台账）送电客车段 DCC 归档后移交质检人员。

⑩ 作业人员到岗管理。

当值班组人员考勤由班组工长负责，每日上班后将人员到岗情况报其所在电客车段、停车场 DCC，由 DCC 进行监督抽查。停车场班组人员到岗情况于每日分部检修交班会之前，由停车场 DCC 以电话形式汇报至电客车段 DCC。各班组作业人员须执行"先请假后休假"原则，向其工班长提前提出请假，由工长确定替班人员，并通知当值 DCC。

（5）检修分部主要工作及生产流程。

技术安全室和综合管理室作为部门的职能办公室，开展部门层级工作和生产计划下达、工作汇总上报和信息传递的工作。设置部门级生产调度，负责部门生产管理工作，根据部门下达的生产任务和现场实际安排分部生产计划的编制并督促其实施。各类工作按逐级下达、逐级呈报的原则。各类工作以计划（安排）下达，按时间分为月计划和单项（临时）计划，按内容分为工作计划和生产计划。各生产单元完成并总结后，交相关室汇总。

检修分部作为电客车运用维修生产单元，承接上级部门工作及生产计划，并对生产计划进行分解，下达至各生产班组，组织按流程完成生产作业，并将信息汇总至部门。从部门下达至分部、分部下达至班组的生产计划及工作流程如表 6-5 所示的生产计划下达、完成汇报管理流程，生产信息上报工作流程如表 6-6 所示的生产信息上报、传递管理流程。

表 6-5　生产计划下达、完成汇报管理流程

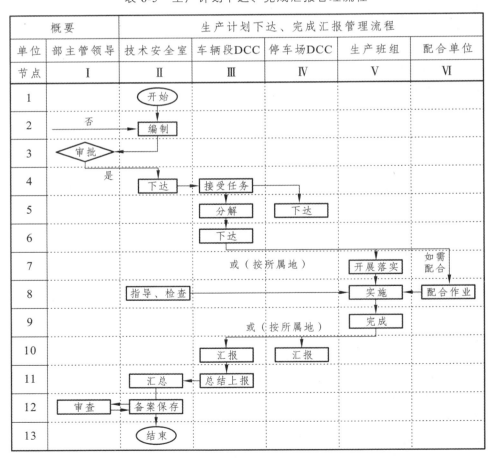

表 6-6　生产信息传递、上报管理流程

概要　单位　节点	对口部门 I	部门 II	分部 III	车辆段 DCC IV	本场对口部门 V	停车场 DCC VI	信息来源 VII
生产信息传递、上报管理流程							
1							开始
2				或（按所属地）			编制
3				记录、反馈		记录、反馈	
4					处理		
5	相关调度协调	向对口调度（行车、设施等信息）		汇总、反馈	本场范围内		
6		处理	处理	紧急信息			
7			反馈	常规信息			
8		分析，反馈					
9	相关部门处理						
10		协调处理	向对口部门				
11				盯控实施、传递	停车场范围	盯控实施	
12				汇总、记录			
13		掌握情况		备案保存			
14				结束			

3.　电客车维修生产计划管理

计划是企业管理的主要职能之一，企业的主要生产活动和经济活动都必须纳入生产经营计划。地铁电客车维修是一个复杂过程，编制维修计划并加强计划管理是电客车维修管理的一项重要工作。地铁电客车维修计划有广义和狭义之分。广义维修计划是指包括维修生产、维修物资、维修成本、维修劳动定员等与维修活动相关的计划；狭义维修计划指维修生产计划。电客车维修活动的其他各种计划，如物资和备件供应计划、成本计划等都是以维修生产计划为依据而制订的。本章所讨论的维修计划均指维修生产计划。

（1）电客车维修生产计划的分类。

电客车维修计划包括按时间进度编制的计划和按维修类别编制的计划两大类。

① 按时间进度编制的计划分为长期计划、中期计划、短期计划，其中运用维修主要是编制短期计划，包括年度计划、月份计划、周计划、日计划等。这类计划编制的依据主要是电客车维保作业标准，按照维保周期合理制订。

年度计划：根据已确定的运营计划和电客车配属情况，计算年度电客车维修工作量，在实际中主要统计年检修程检修数量，进行大致生产进度安排，是电客车检修年度总生产计划。

月计划：是年度计划的具体化和进度的调整安排，具有较强的操作性。对停时较长的年检车号、扣车日期以及均衡修（运用电客车每月开展 2 次）完成日期进行安排。

周计划：是指计划周内电客车检修生产的具体指导依据。每周生产计划应指明计划周内每日扣修电客车车号、修程及其他注意事项，是检修调度管理和编制生产作业计划的基础。

日计划：日计划分为白班和夜班，主要以工作命令单的形式，检修调度下发至每个班组，白班日计划主要按照周计划对当日均衡修、系统修进行安排；夜班日计划主要是日检，须根据当日运用电客车回库情况以及次日用车情况、扣修情况、电客车状态等编制具体到车号的日检作业计划。

② 按维修类别编制的计划主要是电客车年度大修计划、架修计划，年度技术改造计划，年度委外维修计划等。编制这类计划主要便于维修费用预算管理，对费用进行有效的核算和控制。

（2）电客车维修生产计划的作用。

电客车维修计划对于生产管理、提高效率有着十分重要的意义。

① 组织指挥生产。电客车维修生产过程复杂、专业化程度高，各生产单元、生产班组以及各职能部门之间既有分工，又相互联系、相互制约、相互促进，维修计划是这些部门和单位之间协作联系的共同纽带，也是组织和指挥维修生产及相关部门的主要依据；另外维修生产作业计划也是保证整个生产进度按预定时间进行，及时完成维修任务的全面要求，从而确保电客车按标准完成检查维护，避免失修。

② 编制维修计划是确保地铁运营的要求。电客车维修计划是根据维修模式、维修制度、维修工艺要求以及地铁经营中对电客车可靠性、利用率、维修成本等要求而编制。可以说电客车维修计划是地铁运营计划的子计划。

③ 电客车维修计划是编制维修活动其他计划的依据。只有在维修生产计

划中对电客车维修数量和质量目标确定之后，才能为编制其他如备件和耗材需求计划、定员计划等提供依据。

（3）电客车维修生产计划的编制原则。

① 全面性原则。电客车维修应以运营服务为中心，全面性指计划内容全面，执行和控制全面，要根据电客车运营时间和公里数，按维修制度中对检修周期和级别的规定，全面及时地安排电客车各级检查和检修。在电客车运用较为宽松的条件下，安排电客车的技术改造和其他维修工作，使维修生产平稳进行。

② 利益性原则。追求效益是制订计划的前提，制订电客车维修生产计划应统筹安排，提高电客车设备利用率，降低检修成本。

③ 平衡性原则。综合平衡是制订计划的基本原则，也是计划工作的重要方法，综合平衡的基础要做到全面性、连续性、科学性和严肃性。

④ 连续性原则。指现在的维修计划，既是过去维修计划的延续，又是未来计划的基础，前后计划要平衡衔接。

⑤ 科学性原则。指制订维修计划时，要有科学态度，使用资料、数据准确，年度计划中规定的各项指标要先进合理。

⑥ 应变性原则。由于计划特别是年度计划是在对未来预测的基础上制订的，而预测与实际情况不可能完全一致，另外，各种环境因素的改变也可能会导致计划的变更和调整，如月度计划、周计划经常也会由于重大活动、正线行车组织调整导致回库电客车变化等情况需临时调整，因此制订计划时要留有余地。

（4）电客车维修生产计划的编制依据。

编制电客车运用维修生产计划的主要依据是电客车检修规程、检修作业指导书等维修标准中对维修内容、计划周期要求，电客车本身的技术状态，以及地铁运营对电客车的要求及影响等。

① 维修标准要求。

检修规程中对按照电客车各部件维保使用手册中的维保建议周期，以及西安地铁多年来电客车维保经验，按照每日、四日、双周、月、三月、年等不同时间周期，将各类部件、系统维保要求进行分类；各线路电客车维修分部按照本分部、线路电客车特点等编制作业指导书，细化作业标准及要求，同时按四日检、均衡性 B、均衡性 U、系统修的修程将检修规程中的要求予以落实，同时也是生产组织的基础，生产计划编制的主要依据。

② 电客车技术状态。

电客车技术状态是指电客车的技术性能、负荷能力、牵引传动装置和运行安全等方面的实际状态。电客车故障率、检修不良率及电客车故障对地铁正常运营的影响程度等是反映电客车技术状况好坏的主要指标。电客车技术状况信息原始资料包括电客车日常检查、定期检修、状态检测记录、维修记录等原始凭证及综合分析资料等。维修生产单元每年开展电客车维修质量分析，就检修指标、检修质量和任务量、各部件系统故障情况和原因进行详细分析，以便为下一年度制订维修计划提供依据。

③ 地铁运营对电客车质量的要求。

适应地铁运营需要是地铁电客车维修的目的，因此地铁运营对电客车维修质量的要求是编制计划时着重考虑的依据之一。地铁电客车质量主要反映在可靠性指标上。可靠性指电客车在规定使用条件下完成规定功能的能力，分为安全指标和故障率指标。

④ 电客车维修的经济性。

通过对维修活动的经济分析，力求以最小的维修费用达到电客车最高的利用率，并通过对维修活动的经济分析，总结经验，找出差距，从而找出不断提高电客车维修活动经济效益的途径。因此维修的经济性也是编制维修计划的重要依据之一。

除上述依据外，编制电客车维修计划还要考虑地铁运营计划，地铁维修资源，即人力、财力和物力状态。

（5）维修计划的编制程序。

① 年度维修计划编制：年度计划主要内容是确定计划年度内电客车维修的数量和质量指标及电客车检修的停时指标。一般分为收集资料、编制草案、平衡审定和下达执行四个程序。年度计划一般在上年度末编制。电客车年度检修计划如表 6-7 所示。

收集资料。编制维修计划前，应做好资料收集和分析，计划能否实现，关键在于编制依据是否确切。

编制草案。根据运营计划和电客车技术维修制度确定年维修水平和维修质量要求并编制草案。另外，要合理利用资源，包括检修列位、本年度维修计划执行情况，设备、检修人员、检修材料及备件供应能否满足下年度维修任务计划要求。编制计划草案时还要考虑与前下年度维修费用预算。

平衡审定。计划草案出来后，交于各生产单元讨论。相关单位就电客车各修程就维修计划安排、检修停时长短、检修质量要求等进行讨论并提出修改意见，编制部门编制正式年度维修计划。年度计划中要提出计划重点、薄弱环节及注意解决的问题，并提出解决关键问题的初步措施及意见。

下达执行。年度计划经决策层审批后，下达给电客车维修部门，经目标分解后下达给各生产维修单元，作为生产经营计划的主要组成部分进行考核。

②　月度维修计划编制：月度维修计划是年度计划的实施计划，必须在落实生产准备工作和劳动组合的基础上编制。月度维修计划要考虑电客车实际技术状态和生产的变化情况。它根据年度计划目标的要求，安排月度内运营里程或运营时间已到检修期的电客车及时扣车修理。同时要结合电客车维修通过能力和生产波动情况组织均衡维修生产。

月度维修计划编制程序包括编制计划草案、平衡审定、下达执行三个基本程序。电客车月度检修计划如表6-8所示。

③　周计划的编制：周计划主要是针对计划周内检修停时较短的电客车，如日检、均衡修、系统修等修程对电客车进行安排，要根据电客车运营时间或里程及时列出车号、扣车时间、修复完毕交付使用的时间。需要在定期检修中进行或专门扣车安排的改善性维修也应在周计划中列出。周计划是检修调度指挥生产的主要依据。电客车月度检修计划如表6-9所示。

制订周计划主要考虑地铁运营用车的需要，如果故障车和架修等修程较长的在修电客车数目较大，电客车段备用电客车数量不足时，可采取多方面的措施，如充分利用节假日或生产间隙，采用工艺迂回替代或安排同时连续修理，确保维修和线上用车两不误。周计划由检修调度负责人编制，分部技术人员审核，经分部主管生产管理人员批准下达执行。

（6）维修计划的执行、检查和落实

电客车维修计划是按科学程序制订的，是电客车维修管理的指导性文件，要严格执行，并按逐级负责制的要求，检查执行情况。对不同时段的计划均应有相应的检查方法和检查制度。

①　每日交班会、生产例会、日常检查，每周工作总结都是检查计划执行的方式。

②　定期检查分析制度。每月由电客车维修部门分管管理人员召开，分析当月维修计划完成情况，研究生产和质量上存在的问题，提出解决措施。

③　召开专题会议，针对维修计划落实过程中某项专门问题，如材料供应、质量控制、生产进度等问题研究解决办法。

④　计划执行情况总结和考核

在计划执行过程中，除经常检查外，要做好鉴定、验收和考核工作，要做到有计划就要有总结，通过总结计划执行情况，及时调整下一计划期工作。通过对电客车维修质量的鉴定、验收工作，对不合格者要重新安排计划，及时加以返修。

表 6-7　电客车年度检修计划

检修 X 分部 2024 年电客车检修计划表

线别	专业	设备名称	设备数量	数量单位	上次检修时间/上次检修里程	检修周期	计划时间（月）												工作地点	检修车号	备注
							1月	2月	3月	4月	5月	6月	7月	8月	9月	10月	11月	12月			
X 号线	电客车	电客车	3	列	/	系统修（14~18万km）	③												吹扫库		
		电客车	3	列	/	系统修（14~18万km）		③											吹扫库		
		电客车	4	列	/	系统修（14~18万km）			③										吹扫库		
		电客车	3	列	/	系统修（14~18万km）				③									吹扫库		
		电客车	3	列	/	系统修（14~18万km）					③								吹扫库		
		电客车	4	列	/	系统修（14~18万km）						③							吹扫库		
		电客车	4	列	/	系统修（14~18万km）							③						吹扫库		
		电客车	4	列	/	系统修（14~18万km）								③					吹扫库		
		电客车	4	列	/	系统修（14~18万km）									③				吹扫库		
		电客车	3	列	/	系统修（14~18万km）										③			吹扫库		
		电客车	4	列	/	系统修（14~18万km）											③		吹扫库		
		电客车	4	列	/	系统修（14~18万km）												③	吹扫库		

批准：　　　　审核：　　　　制表人：　　　　审核时间：

填表说明：②指二级修程（检修周期：月、季）、③指三级修程（检修周期：半年、年）、④指四级修程（检修周期：车检以上中修：车检以上中修）以下）

表 6-8　电客车月度检修计划

检修 X 分部 20XX 年 X 月度生产计划安排

列车号	均衡修 次数	系统修 日期	系统修 已完成次数	系统修 完成情况	专项修 日期	列车号	均衡修 次数	系统修 日期	系统修 已完成次数	系统修 完成情况	专项修 日期
		10.18~10.20	5	已架修	2024.1.29—2024.3.21	03XX					
		……		已架修		03XX					
		……				03XX					
		……				03XX					
		……		……		03XX					
		……				……					
						……					

表6-9　电客车周检修计划

检修X分部生产计划安排（第XX周）　　计划日期：2023.11.6—2023.11.12

日期	时刻表 班组	x月星期一《Z03125》	11.7 星期二	11.8 星期三	11.9 星期四	11.10 星期五	11.11 星期六	11.12 星期日
地点	车辆段 运用 白班/夜班	白-运3/夜-运2 ◆内部培训、机动班组应急演练 ◆电客车隔日检 ◆配合分部临时工作	白-运1/夜-运3	白-运4/夜-运1	白-运2/夜-运4	白-运3/夜-运2	白-运1/夜-运3	白-运4/夜-运1
	定一	◆03XX车均衡修U11						
	定二	◆03XX车均衡修U11						
	定三	◆03XX车均衡修U11						
	停车场 运用 白班/夜班	白-运7/夜-运6 ◆03XX车均衡修U11 ◆电客车隔日检 ◆配合分部临时工作	白-运5/夜-运7	白-运8/夜-运5	白-运6/夜-运8	白-运7/夜-运6	白-运5/夜-运7	白-运8/夜-运5
	值班技术、调度	◆白班 调度：xxx 技术：xxx ◆夜班 调度：xxx 技术：xxx						
	施工通告							

编制：调度组长　　　审核：技术组长　　　批准：分部分管生产副主任　　　日期：

（7）维修计划的调整和变更

计划一经批准下达后，必须严格保证完成，但考虑到有时在执行中发生新情况，为了及时解决生产中的问题，需要对计划进行调整和变更，计划调整和变更应按原审批程序，经申请批准后，方可执行变更的计划。发生以下情况时可考虑申请调整维修计划：

① 已在进行维修的电客车，经检修过程中发现实际需要修理的内容与计划差别过大，则可酌情改变修理类别和停修时间。

② 电客车已到检修期，但由于维修准备不足或维修资源短缺，导致修理不能按原计划如期开工和完工，此时可酌情推迟修理时间。

③ 由于新的工艺手段或新材料、新技术的运用，如故障诊断手段的应用，或技术改造后电客车，可考虑延后修理时间或删减某些修理项目。

⑥ 电客车技术状态急剧下降，突发故障频繁或出现安全事故对地铁正常运营产生影响，可提前安排修理或增加修理项目。

⑦ 电客车技术状态劣化比预期的慢，与计划检修期矛盾，则可酌情推迟修理时间或改变修理类别。

6.4　电客车运用维修技术管理

技术管理体系是整个管理体系的一个组成部分，涉及技术管理的各方面内容。技术管理体系是多要素相互联系、相互作用的复合体。要素是体系中的最小单位，是体系最基本的组成部分。这些要素按照可以辨认的特有方式相互联系在一起，形成了不同功能和性质的子系统。子系统之间的相互作用决定了技术管理体系整体的功能状态。如图 6-4 所示，体系的维护始终遵循PDCA 循环机理。针对实际情况，在实验、分析的基础上实现技术管理体系的验证完善。

技术管理体系的指导思想是为了进一步完善技术管理体系，加强技术队伍建设，明确和落实各级技术管理责任；通过三级管理的模式，充分调动广大员工的积极性，创造性，最大限度地发挥技术团队的潜能；通过技术基础管理，不断完善质量管理控制，提高技术创新、攻关能力；以统计分析、奖惩为手段，以达到降低设备故障率、提高维修质量、提升工作效率，更好地为地铁平安运营提供完善的技术支撑及保障为根本目标。

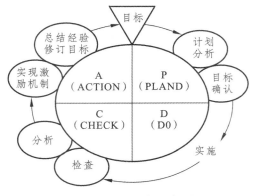

图 6-4　PDCA 循环机理

1. 技术管理体系建立与运行

技术管理体系由五大结构要素组成：一、技术标准；二、质量控制；三、技术创新、攻关；四、技术统计分析；五、技术标准实施。

技术管理体系框架如图 6-5 所示。

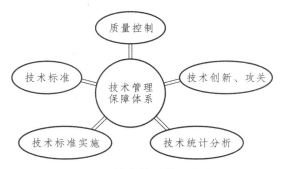

图 6-5　技术管理体系框架

（1）体系要素明细。

要素一：技术标准。

为保证基础性技术标准的完整性、正确性、系统性，所制订的一系列具有指导性的技术规程、指导文件和规章管理制度。

要素二：质量控制。

为实现质量目标所必需的、系统的质量控制管理模式，是一项战略决策。它将资源与过程结合，以过程管理方法进行的系统管理。根据特点选用若干体系要素加以组合，包括质量鉴定、技术对规、检修过程控制等相关环节，一般以检查、评比的形式，成为质量控制管理工作的标准。

要素三：技术创新、攻关。

技术创新、攻关是技术管理的重要组成部分，其目的是满足设备工艺要求，提高检修质量和工作效率，解决运营中遇到的技术性难题，通过引进新技术、新工艺、新设备，等手段，为进一步提高电客车及工艺设备的维修能力打下坚实的基础。

要素四：技术统计分析。

针对电客车、工艺设备的一系列技术管理活动，通过一定的统计分析方法结合电客车、工艺设备维修基础数据，进行归纳总结。运用统计方法及与分析对象有关的知识，从定量与定性的结合上进行研究。为确定工作目标和制订工作计划提供参考依据，从而提高维修水平，保证电客车、工艺设备的质量。

要素五：技术标准实施。

技术标准实施是在实际执行层面，针对需要进行具体实施的技术管理工作，所制订的一系列管理办法。包括体系评估的方式、周期、标准、考核、问题整改等，使部门体系管理工作良性运作。

（2）实施责任。

① 组织和推进电客车技术管理工作。建立健全电客车技术管理运作机制，做好日常技术管理工作。

② 及时制订或修订电客车各项技术管理制度、检修规程等管理办法。

③ 开展电客车及工艺设备检修质量竞赛评比、对规、鉴定等质量管理活动的规则制订和活动组织。一线生产人员负责具体工作的落实执行，从而提高维修质量。

④ 定期组织开展电客车及工艺设备季节整修工作。

⑤ 定期组织开展技术攻关项目的立项、管理工作。从而不断提高维修手段和维修能力。

⑥ 组织安排人员完成电客车正线运营故障的救援处理、调查分析工作的组织。

⑦ 定期开展技术管理相关检查工作，检查各项技术管理制度落实情况。

（3）实施工作。

① 定期组织一次对各项技术管理规章制度的具体落实情况的检查工作。根据检查中发现的问题进行落实整改。

② 根据实际需求至少组织一次对针对电客车各项技术管理制度、检修规程和各类管理办法的制订、修订工作。

③ 组织落实技术资料管理工作，不断完善技术资料管理台账及管理手

段。每月对技术资料管理台账进行一次检查。根据检查中发现的问题进行落实整改。

④ 每月初完成上月电客车质量分析，在月度例会上进行通报，并提出预防性措施，督促整改落实。

⑤ 每月组织开展无故障评比活动，一线员工配合完成评比活动中各项工作的具体开展。并根据评比结果对相关班组或个人进行奖励，将评比结果进行通报。

⑥ 每月组织开展技术对规活动，一线员工配合完成对规活动中各项工作的具体开展。根据对规结果分析相关班组或个人标准化作业过程中存在的问题，并将分析结果进行通报。

⑦ 每月组织开展质量鉴定工作，一线人员配合完成鉴定活动中各项工作的具体开展。根据鉴定结果分析相关班组或个人的现场作业质量问题，并将分析结果进行通报。

⑧ 每年的 3 月 15 日至 4 月 15 日；10 月 20 日至 11 月 20 日，分别组织开展春、秋季电客车和工艺设备整修工作，并在整修工作完成后组织春秋季整修质量鉴定工作。

⑨ 组织落实上级部门检查、通报的各类技术标准、质量活动等工作的现场执行问题，并将整改措施和结果按时上报上级相关部门。

⑩ 每年初根据实际需求确立年度技术攻关项目，并组织成立技术攻关小组，各技术攻关小组根据项目计划落实技术攻关项目的具体实施、开展。

⑪ 组织落实新线建设工作的设备验收、交接管理工作的具体开展。

⑫ 计量化验组根据实际工作需求组织开展计量校验、化验送检工作。

（4）技术体系动态管理意义

技术体系动态管理的意义是按照科学技术工作的规律性，建立科学的工作程序，有计划地、合理地利用部门技术力量和资源，推动部门技术进步。从而更好地为运营电客车、工艺设备的维修提供更有效的技术手段，确保电客车、设备的运营安全，充分发挥运营电客车和工艺设备的性能，降低运营成本。

2. 电客车运用维修基础工艺

1）电客车运用维修限度

电客车检修限度是指电客车在检修时，对电客车零部件允许存在的损伤程度的规定，它是一种极为重要的电客车规章制度。检修限度制订得合理与否，直接影响到运用车的质量与电客车检修的经济效果。因此，合理地制订检修限度标准，对高质量完成铁路运输任务具有重要的意义。

由于影响电客车零部件的损伤和使用寿命的因素十分复杂，用理论计算的方法，往往不能充分反映实际工作条件的各种影响，必须以理论分析计算为基础，并结合长期的实践经验，才能较好地制订出检修限度标准。下面就电客车检修限度的分类，以及制订检修限度时必须考虑的主要因素，进行简要介绍。

（1）电客车检修限度的分类。

电客车零部件运用中的损伤程度，如磨损、腐蚀、裂纹、变形、擦伤等，都是以损伤尺寸的大小来表示的，因此，检修限度标准中，绝大部分是以尺寸值来表示。只要适当地规定各种损伤的尺寸限度，就能控制电客车零部件的损伤程度，以确保电客车运用中的安全性。与我国现行的电客车检修制度和修程种类相适应，电客车检修限度分为运用限度、架修限度和大修限度3种。

运用限度是允许电客车零部件存在的损伤的极限程度，是零部件能否继续运用的依据。电客车在日常运用中，当零部件的损伤程度达到运用限度时，即表示损伤已达到了极限的损伤状态，则该零部件就不能继续使用，必须进行修理或更换，才能保证列车的安全运行。

架修、大修限度是电客车进行架修、大修时，零部件上允许存在的损伤程度的规定，也是检验损伤修复后是否合格的依据。

电客车检修中虽有上述3种检修限度，但并不是所有零部件都具有这3种检修限度的规定。某些零部件只有架修、大修限度，对这类零部件来说，在电客车运用中不列入列车检查的对象。因此在运用限度中，对其损伤程度不作具体规定。此外，有的零部件的某种损伤程度只有运用限度的规定，说明该零部件的这种损伤，在其他修程中不允许存在，必须通过加修或更换以恢复其原型尺寸。

（2）确定最大检修限度的基本原则。

最大检修限度是指运用限度。制订检修限度时首先是从最大检修限度来考虑的，以衡量该零件在什么条件下不能正常工作为出发点，来确定最大检修限度。然而，零件损伤到什么程度就不能继续使用是一个比较复杂的问题，往往不能通过单纯的理论计算来确定。为了确定一项检修限度，首先要分析该零件的工作条件，调查统计常见的损伤情况，并结合长期的实践经验，以及经济上的合理性与技术上的先进性等原则，综合分析比较后方能确定。下面就制订最大检修限度时应考虑的主要问题加以说明。

① 零件本身的工作条件。

制订最大检修限度时，就零件本身的工作条件而言，主要考虑损伤程度是否破坏了零件的强度条件，以及损伤程度是否能使已有的损伤迅速发展而达到危险的程度。

车轴检修限度中，许多零件的最大限度，就是从零件本身的强度条件确定的。因大多数损伤，如磨损、腐蚀、裂纹等，均导致零件的有效断面的减小，因而在相同载荷条件下产生的应力则显著增大。当损伤程度发展到零件内产生的应力超过材料的强度极限时，则使零件遭到破坏。因此，这时的损伤程度就是确定最大检修限度的依据。例如，轴颈磨损后的最小直径；整体车轮轮辋的最小厚度；底架各梁腐蚀的最大深度和最大面积；轴类和杆件裂纹的最大深度和最大长度等最大检修限度，都是以强度条件为基础而确定的。

在考虑零件本身强度条件的同时，还必须考虑到零件的疲劳强度，特别是受动载荷或交变载荷作用的零件，尤应考虑其疲劳强度。对疲劳强度影响最大的是应力集中，因应力集中能极大地降低零件的疲劳极限。有些零件损伤的最大检修限度就是据此而定的。例如，车轴各部的横向裂纹与擦伤的深度；电客车各部位圆角的最小半径等。

② 零部件间配合的工作条件。

许多零件损伤的最大限度，除考虑零件本身的工作条件外，还要从损伤对零件在部件中与其他零件的配合工作条件的影响程度来考虑，一般有以下几种情况：

轮对与钢轨的配合。在制订轮对的一些最大检修限度时，主要是从轮对在钢轨上的正常工作条件来考虑的。当车轮踏面磨损后，并不至于影响车轮本身的强度，但踏面磨损将破坏轮对在钢轨上的正常滚动，使运行阻力增大，轮缘垂直磨损加剧。车轮踏面的最大磨损限度就是根据轮轨间的正常配合工作条件来确定的。轮对内侧距、踏面擦伤、同一轮对上两车轮的直径差等最大检修限度，都是从轮对与钢轨的配合工作条件出发而确定的。

销与孔的配合。电客车上有大量的销类与孔类的零件，其最大磨损限度，不能只考虑零件本身的强度条件，主要应从销与孔配合的间隙大小来考虑，其最大允许间隙应保证整个部件仍能正常运用。基础制动装置中许多销与孔的最大磨损限度，就是据此而确定的。

对整个电客车运用性能的影响。许多检修限度的确定，不仅要考虑零件本身或配合工作条件，还要根据电客车运行的安全性和平稳性，以及经济、技术上的合理性为出发点来确定。

列车运行的平稳性。车轮踏面的擦伤和剥离，将引起电客车运行中的硬性冲击；车轮踏面的磨损破坏了踏面廓形，加剧了轮对的蛇行运动，影响电客车的横向平稳性。因此在规定此等检修限度时，均应联系整个电客车的运行品质来考虑。

（3）确定中间限度的方法。

中间限度是区分各零件的损伤在各种修程中是否需要处理的依据。它直接影响到电客车修理后的技术质量，以及各修程的作业范围、检修工作量的大小与修车成本的多少。制订中间限度时，应考虑以下几个主要问题。

② 保证零件能安全地运用到下一次定修期。

这是确定中间限度的基本原则。零件从这次定期检修到下一次定期检修有一定的运用期间，必须保证零件在这一期间内作用良好，所以可在零件的最大检修限度的基础上，考虑该零件在两次定期修理间隔时间内能安全运用，也即满足该修程应有的保证期限来确定。一般可用下式进行计算：

$$y_{定期} = y_{极限} - vT$$

式中：$y_{定期}$——中间限度（某一修程的限度）

$y_{极限}$——最大检修限度

v——损伤的发展速度

T——定期修理应有的保证期限

综上所述，在制订各种修程的检修限度时，必须进行全面的科学分析，并充分考虑实践中的检修经验，才能制订出合理的检修限度。同时，制订检修限度的原则，随着情况的变化，如车型与结构的变化、电客车使用原材料的变化，以及电客车检修工艺的改变等，这些都是制订限度时应考虑的因素。

2）电客车部件安装防松措施

（1）划线原则。

划线时须选择与底色存在较大反差的颜色（尽量使用红色，如受电弓各部件底色偏红则须选用白色）。

划线方向在便于检查的角度的前提下，优先采用垂直方向划线方案，其次采用水平方向划线方案，最后考虑其他方向划线方案；防松线必须同时关联紧固件和配件，并且保持对齐。

同部件（或同部位）的螺栓、螺母划线方向尽可能保持一致；划线要求均匀、平直、连贯，注意三点一线，即螺栓（螺母）、垫圈（垫片）、底座的防松线要在同一直线上，划线时禁止贯穿螺栓。

划线之前，对要划线的表面进行清洁，用酒精或其他允许使用的清洁剂将不正确的防松线擦拭干净；因防松线错位、模糊等原因需重新划线时，首先核对紧固力矩，确认紧固状态后，再重新划线。

对车底盖板锁进行划线，在其锁闭状态下，将盖板锁的锁体和锁芯的下半部涂成红色，其中客室方孔锁不进行划线。

各部件在出厂时，紧固件表面画有三条防松线且都无错位的，在不影响检修人员检查的前提下，允许保留原防松线。如原防松线划法原则与该规定不一致，需按照该规定补划防松线，但不清除原防松线。如果其中有一条及以上防松线错位的，须重新校核紧固力矩后，擦除原有防松线，重新划线。

各部件在出厂时，部分紧固件划线颜色与该规定不符的，但划线原则一致，检查防松线没有错位允许保留。

对于有防松挡片、防松铁丝以及开口销等有明确防松措施的螺栓，可不画防松线。

② 检修划线标准。

螺母不可见时，M6 以上螺栓划防松线宽度为 3～5 mm，与螺栓连接的部件上划线长度为 8～12 mm；对 M6 及以下的螺栓、螺母划防松线宽度为 1～2 mm，与螺栓连接的部件上划线长度为 4～8 mm。

如图 6-6 所示，螺母和螺栓头均可见时，分别在螺母和螺栓头及与其连接的零（部）件上划线；如图 6-7、图 6-8 所示，当只能见螺母或螺栓头时，在螺母或螺栓头及与其连接的零（部）件上划线；螺栓的螺纹处也要划线。

图 6-6　螺母和螺栓头均可见

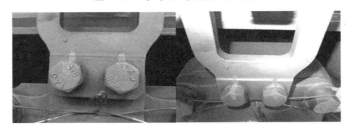

图 6-7　只能看见螺母的画法

图 6-8 能看见螺栓头的画法

如图 6-9 所示，对电客车车底盖板锁进行划线，在盖板锁处于锁闭状态下，将盖板锁的锁体和锁芯的下半部涂成红色。空调机组锁闭标记如图 6-10、图 6-11 和图 6-12 所示，其中客室的方孔锁不进行划线；对于有红、绿点的盖板锁，不划线，但需确认其红点与红点对应时锁闭，红点与绿点对应时打开。

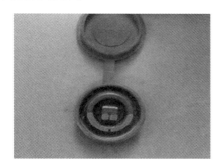

图 6-9 盖板锁画法

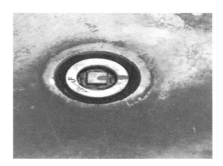

图 6-10 空调机组方孔锁画法

图 6-11 空调机组插销锁闭画法

图 6-12 空调机组压板锁闭画法

制动管路及给排水管路的活弯，在可视部位从活弯基部横跨活接螺母到活弯的另一侧划防松线。制动管路及给排水管路的活接，在可视部位从活接的一侧横跨活接螺母到活接的另一侧划防松线，具体如图 6-13 所示。横跨线划完后，还需在活弯或活接基部，沿管路周径与横跨线交叉划 20 ~ 30 mm 防松线。

图 6-13　管路套筒固定螺栓防松线和管路防松线画法

原划线看不清楚或其他情况需要重新划线时，要将原划线清除干净后再重新划线。

防松线检查纳入检查修程，检修周期在双周及以上修程时，先擦除灰尘再检查防松线。

3）大修划线标准

如图 6-14 所示，紧固件为 M8 及以上的，用红黑平行线条表示，自检时用黑笔涂打，互检时用红笔涂打，两条平行线间距为 2 ~ 3 mm；

类别	螺母	螺栓	螺钉
图片			

图 6-14　大修划线标准

图片 1：在可视部位从螺母的侧面及螺纹处打到基材的表面；

图片 2：在可视部位从螺栓的头部中心位置附近打到基材的表面；

图片 3：在可视部位从圆螺钉的头部中心位置附近打到基材的表面。

如图 6-15 所示，紧固件为 M8 以下的，用一条黑线和一个红点表示，自检时用黑笔涂打，互检时用红笔涂打。

图片 1：在可视部位黑线从螺母的侧面及螺纹处打到基材的表面，红点在螺母上邻近黑线的可视部位涂画；

图片 2：在可视部位黑线从螺栓的头部中心位置附近打到基材的表面，红点在螺栓上邻近黑线的可视部位涂画；

类别	螺母	螺栓	螺钉
图片			

图 6-15 大修划线标准

图片 3：在可视部位黑线从螺钉头部位置打到固件的表面，红点在螺钉头上邻近黑线的可视部位涂画。

其他类型的划线标准如图 6-16 所示。

类别	螺母	螺栓	螺钉
图片			

图 6-16 大修划线标准

图片 1：对于空间小无法正常使用记号画笔线的部位，要在可视部位的螺栓、螺母或螺钉上图画红黑点表示：自检画黑点，互检画红点；

图片 2：因多数电缆旋紧件固定面基材是保温材，所以电缆线旋紧件自检互检线都画到保温材料上，用平行线条表示，自检画白线，互检画红线；

图片 3：底座螺栓紧固后，如底座表面颜色为黑色自检线画白线，互检画红线。原则上画线必须延伸至底座表面，如画不到底座上的，则画到底座的下一级固定面上。

管路接头画线标准如图 6-17 所示。

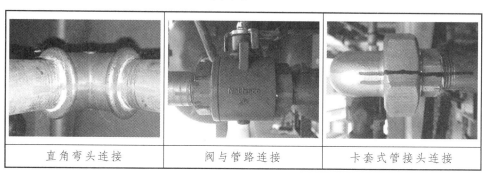

直角弯头连接	阀与管路连接	卡套式管接头连接

金属软管连接	TBU 接头连接

图 6-17　管路划线标准

直角弯头在可视部位从弯头直角处打至管体并延伸 20～40 mm，弯头两侧画线在直角处连接。

阀件与管路连接在可视部位，画线在阀与管路上各延伸 20～40 mm，水平连接阀两侧管路连接延长线应能够连接。

卡套式接头与管路连接处画线在可视部位从管体 20～40 mm 处开始打至接头体并延伸至接头体 20～40 mm 处。

金属软管连接处画该在可视部位从软管盖螺母开始，连接过渡接头并延伸至金属管路 20～40 mm 处。

TBU 接头画线应从接头上开始延伸至 TBU 本体 20～40 mm 处，且停放制动管接头和常用制动管接头应方向一致。

接线端子紧固标记的划线要求如图 6-18 所示。

自检画黑线，从螺母、螺栓或螺钉的侧面打到接线端子的面上。

互检画红点，在螺母、螺栓或螺钉头部邻近黑线的可视位置涂画。

类别	螺母	螺栓	螺钉
示意图			
图片			

图 6-18　接线端子标记标准

（3）电客车部件常用维修方法。

修理方法是决定修理工艺的重要问题，直接关系到零件修理的质量、效率和成本。修理方根据零件损伤形式和零件的特点来选择。

① 各种损伤的修理方法。

a. 磨耗的修理。

改变公称尺寸的修理，即只对零件的几何形状和表面质量进行加工、配合的正常工作条件通过选配来解决。

恢复原公称尺寸的修理，这种方法可使磨耗零件既恢复表面质量、几何形状，又恢复了原公称尺寸，使装配工作更方便，如镶套、电镀等。

b. 腐蚀的修理。

恢复零件的强度。由于腐蚀使零件厚度减小，结构变弱，因此腐蚀深度过限时，必须进行除锈、堆焊、截换或加焊补强板。恢复防腐保护层。

c. 裂纹的修理。

裂纹的修理首要要发现裂纹。一般采用电磁探伤和超声波探伤两种方法。电磁探伤用于探测铁磁性零件的表面和近表面缺陷，可直接由附于构件表面的磁粉分布情况来判断裂纹形状。超声波探伤用于探测非铁磁性零件表面和车轴，检查其内部裂纹及缺陷，然后根据裂纹深度、长度、零件的重要性等，采用铲、旋、磨等方法消除裂纹，或用焊修和补强等方法弥补裂损件。

d. 弯曲变形的修理。

弯曲变形常因零件受到腐蚀等原因后强度下降而造成，变形一般用调整法修理，并按具体情况予以补强。

e. 配合松弛的修理。

常见为螺栓连接件、铆接件松弛等故障，应予以重新组装。如车轮和车轴，若发现松弛必须分解，重新选配零件组装。

② 零件的修理方法。

熔焊修理。用于焊补零件裂纹，也可以堆焊零件的磨耗和腐蚀，恢复零件的外形、尺寸和强度。焊接修理法主要有电焊和气焊。

铆接修理。用于铆钉松弛、承受较大冲击力的连接件和不宜焊修的零件。铆接接头冲击韧性好，但铆接修理需要补强板下材、划线、钻孔和铆接等工序，较费工时和工料，目前电客车铆接修理正逐步减少。

机械加工修理。它可以使零件达到要求的表面粗糙度和精度。如车轮踏面的旋修，一般根据零件的外形特点和表面质量的技术要求，运用机床和机具进行加工。

钳工修理。电客车的分解、检查、零件的更换选配、组装都要钳工修理。

钳工是电客车段的主要修理工种。钳工修理还可进行划线、研磨、铲削等工作，使零件达到互相配合的要求。

锻工和热处理。一般用于修理弹簧衰弱及电客车零件变形，或使金属零件改善性能。如车钩弯曲的调修，各种网销及销套的渗碳硬化等都属于这类修理。

调直修理。调直修理主要用于恢复电客车零部件的变形，主要方法有冷调法、热变形法、热调法。为了提高调修的效率和质量，常采用一些专门的调修设备。

金属的电镀、喷镀和刷镀。电镀主要是修理电客车内部零件的装饰性保护层和比较精密零件的磨耗。喷镀、刷镀适合修复电客车轴颈等处的磨损，是有发展前途的新技术。

油漆用于对某些修理过的零件刷油漆，起防腐蚀及装饰的作用。

（4）电客车清洁标准。

清洗是地铁电客车维修工作中的一个重要环节，清洗的质量直接影响到电客车修理质量，同时也关系到地铁电客车外观和车厢内的美观程度。

地铁电客车零部件的清洗是各种各样的，对于机械部分而言，主要指除去零部件表面的油污、积尘 水垢、锈蚀、沙尘等；而对电气部分主要是吹灰和除尘。在本节统称为清洗。

地铁电客车修理过程中，其零部件需要经过一系列的清洗工序。

外部清洗：解体前清洗主要是清除积存在外部的油垢、尘土，以便发现外部的损伤情况，同时也使检修车间车库内部卫生条件得以改善。另外，地铁电客车即使不检修，每隔一定时间，也要定期清洗电客车外部和车厢内各外表面，以保持电客车卫生状态，为乘客提供良好的乘坐条件。地铁电客车定期外部消洗一般由专用列车清洗机完成。

零部件清洗：解体后的清洗和清洁主要是消除零部件表面的油垢、积尘和锈蚀，以便鉴别缺陷，准确度量，确定修理工作量。修理过程中的清洗：在修理过程中，要根据修理工艺要求而进行清洗。如在电镀时，先除去零件表面的油脂和氧化膜，以保证镀层和零件表面的牢固结合。

装配前的清洗：主要是清除修理过程中带来的污渍、铁屑、杂物，避免带入部件造成损伤。

总之，在电客车检修过程中，清洗工作是检修工艺规程中一项主要内容，同时，也是一项很繁重的、需要耗费大量人力和物力的工作，而清洗效率又直接影响到电客车的在修时间，因此不断革新清洗技术，提高清洗质量和效率，降低清洗费用已引起国内外有关方面的重视。目前常用的清洗方法有：

① 机械清洗。

手工清除法。包括擦拭，使用利刀、钢丝刷、扁铲除污，用毛刷除尘。

机械工具清理。这种方法多用于清除零件表面的积碳、锈蚀、旧漆。清理时采用电钻或风钻带动金属刷旋转去除表面污物。

压缩空气吹扫。主要根据零部件表面覆盖物性质和厚度来选择压缩空气压力。如牵引电动机吹扫一般为 252.5 kPa 至 353.5 kPa 的压缩空气吹扫，而转向架或车架底部覆盖物一般采用高压空气吹扫。

高压水清洗。一般采用清洗机喷出高压分散水柱喷向清洗物。

采用吸尘器。主要用于电气装置和电路板灰尘清洁，目前在地铁电客车检修过程中应用广泛。

② 物理-化学清洗。

这种方法主要是采用各种化学清洗剂，用以软化和溶解金属零部件表面的污垢，并保持溶液的悬溶状态。选择清洗剂时，必须注意不能使零件表面受到损伤，而且还要考虑到工业清洗机的经济性，不影响人体健康。常用的清洗剂有碱溶液、酸溶液、有机溶剂和金属清洗剂。常用的物理-化学清洗方法有浸洗、煮洗、喷洗、强迫溶液循环和溶剂蒸气法。物理-化学清洗的主要工艺过程一般包括分类、清洗、冲洗和干燥。

清洗前，应按尺寸大小、零件材料、涂层材料、污垢性质、表面加工精度进行分类；对于表面精度高的零件常用有机溶剂或金属清洗剂，对于牵引电机定子等有绝缘要求的电气部件应选用中性清洗剂。

清洗要选择合适的清洗方法和清洗时间。

冲洗工序主要是为了清除零件表面上可能导致金属腐蚀和对人体等可能有害的酸碱残迹。

清洗完后，应进行干燥或防蚀处理。

3. 电客车故障管理

在地铁交通系统中，地铁电客车是整个运营系统的关键，是最重要的交通设备。电客车系统发生故障，将直接影响到运营电客车的交通安全，扰乱正常的运营秩序，影响乘客的行程安排，造成较为严重的社会影响。然而地铁电客车投入使用后，随着使用时间的增加，设备状态的老化，不可避免地会出现各类故障。西安地铁也在多年运营中不断探索发展如何做好故障管理，通过故障做好预防性维护，使电客车在运用中平稳可靠。

（1）电客车故障分类。

地铁电客车是一个庞大复杂的机电一体化系统，包括机械系统、电气系统等。电客车在运营过程中出现的故障形式多样，导致的故障后果以及危害也不尽相同。为了便于对故障信息进行统计分析和研究，按不同依据进行分类，具体如表 6-10 所示。

表 6-10　电客车故障分类依据及类型

序号	分类依据	故障类型
1	按照故障来源	1. 库内故障：电客车在维修过程中发现的故障； 2. 正线故障：电客车在正线运行过程中由检修巡查人员发现的故障，或者司机发现的故障
2	按故障影响程度	1. 一级故障：指电客车安全功能缺失或服务能力严重下降影响列车运营安全或严重影响列车运营服务、列车必须疏散乘客并退出服务的故障，如列车运行中车门打开、列车完整性回路丢失等； 2. 二级故障：指列车服务能力部分下降影响列车运营服务、列车维持运行至终点站后退出服务的故障，如单个牵引变流器严重故障、单个辅助变流器严重故障、单个空调严重故障等； 3. 三级故障：指列车服务能力有下降但不影响列车运营服务、允许列车完成运行图规定的全天运行计划后退出服务的故障，如乘客信息显示屏故障、单台空调压缩机故障等； 4. 四级故障：其他异常事件等
3	按照故障现象	1. 机械系统可分为：振动、磨损、断裂、噪声或异声、尺寸不符、变形过量等故障； 2. 电气系统可分为：电接点虚接、（接触器、继电器、行程开关等）电气元件卡滞或接触不良、（牵引、制动、车门、广播等）部件系统软件宕机或 BUG 等。
4	按子系统分	包含列车网络及控制系统、车钩缓冲装置、内装、车门系统、车体及贯通道系统、低压电路、辅助系统、空调及电热系统、空气制动及风源系统、PIS 系统、牵引电传动系统、转向架系统 12 个子系统
5	按照故障性质	1. 破坏性故障：机械系统突然丧失规定的功能的故障，例如齿轮箱中齿轮断齿，司机室门把手断裂，制动缸破裂等； 2. 不规则性故障：由于性能不稳定经常发生的故障。例如车门系统中 EDCU 运行不稳定导致车门开关实际状态与是否不符，电客车内部 LCD 显示器黑屏现象。 3. 劣化性故障：由于电客车系统中功能局部弱化引起的故障。需要根据电客车不同设备的特点及特征值规定做出判断
6	按照故障范围程度	1. 局部故障：车门系统中上下导轨与导轮之间间隙过度，导致车门开关门迟缓，制动管路局部漏气。 2. 系统故障：例如受电弓碳滑板磨耗到限后无法受流，导致电客车不能运行，空气弹簧胶囊破裂导致二系缓冲装置失效，电客车只能依据规定降速运行
7	按照故障期限	电客车机械设备一般遵循早期、偶然和耗损故障期限规律

（2）电客车故障分析作用及意义。

通过对电客车故障信息数据进行统计分析，运用统计分析方法得出故障分布规律，计算得出电客车故障率、可靠度、平均无故障工作时间等指标，对各系统发生故障的趋势进行预测，能够为检修技术人员提供优化维保策略和措施的理论基础。总体来说，存在着以下作用及意义。

① 及时反映电客车的质量状态，有效跟踪故障处理情况，确保故障彻底处理。当线路检修分部检修人员将电客车故障录入电客车故障库，形成数据信息，供有关人员参考、使用和处理。此外技术管理人员有效地跟踪故障的处理情况，督促相关人员及时彻底地处理电客车故障，从而确保电客车检修质量。

② 为各级检修规程的修改、补充与完善提供了质量分析基础数据。检修规程，主要是根据电客车供货商提供的维修手册等技术文件进行编制。维修手册明确了电客车各级检修作业的内容和技术要求，是电客车检修最重要的技术文件，是开展后续工作的基础。通过对电客车在日常运用和检修过程中发生或发现的故障事件、质量情况进行统计、整理、分析和总结，找出需重点关注的系统和设备部件，从而更好地对各级检修规程不断地进行修改、补充与完善。

③ 为电客车架大、修，各级计划性维修的修前质量分析提供了基础数据。架、大修是目前电客车最高修程，其运营里程和运用时间相对较长，在架、大修前通过故障数据，整理待修电客车质量状态及有关情况、资料，结合查阅电客车履历本和主要部件履历本，完成修前质量分析，制订严谨、细致的作业计划，为架、大修工作提供技术指导。此外对于电客车运用过程中开展各级计划性维修，如年检、均衡修等工作，也提供了质量分析的基础数据，使电客车完成检修作业后，各种设备部件的状态达到技术要求。

④ 通过深度挖掘故障数据，可以为开展管理工作提供基础数据及共享平台。具体包括：

为技术人员对电客车系统、设备部件进行质量分析提供基础依据；

为电客车惯性故障、疑难故障的跟踪及处理提供历史数据和经验；

为解决电客车系统、设备部件类似故障提供了处理经验和参考；

为电客车系统、设备部件进行阶段性的质量分析提供基础数据；

为各型电客车各系统进行质量对比分析提供基础数据；

为电客车设备部件进行全寿命分析提供了基础数据；

为电客车各系统设备部件国产化后进行质量分析提供了基础数据；

为各型电客车供货商、子系统分包商提供的设备部件进行质量分析提供了基础数据；

为电客车各故障系统所占比例及类别构成进行质量分析提供了基础数据等。

（3）电客车故障日常管理。

① 电客车故障信息管理。

西安地铁电客车故障信息管理依托自主开发的《电客车维修管理系统》软件中的【电客车故障库】模块。故障信息样本采集在故障录入功能中实现，按照该系统的设计及历史故障的查询，对各条信息应录入列车号、车厢号、发生时间、发现人、发现人所属班组、所属系统以及处理方式、处理人等信息，同时可以选择添加该故障的图片或分析文档，可对故障形成闭合管理。在查询历史故障时，可以实现单条件或多条件查询所需要的具体故障信息记录，并且可以下载相关的文档和照片，同时支持故障信息关键字查询，还可根据不同维度对故障进行查询、统计、分析。故障信息录入如图 6-19 所示。

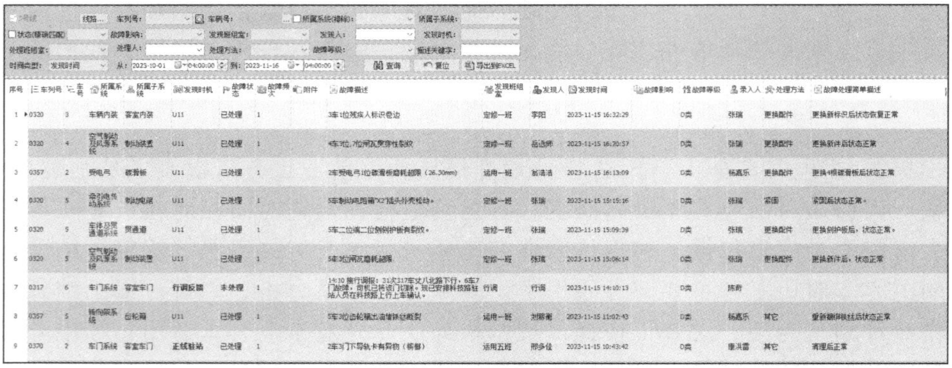

序号	车列号	车号	所属系统	所属子系统	发现时机	故障状态	故障频次	附件	故障描述	发现班组室	发现人	发现时间	故障影响	故障等级	录入人	处理方法	故障处理简单描述
1	0320	3	车辆内装	客室内装	U11	已处理	1		3车1位残疾人标识卷边	定修一班	李阳	2023-11-15 16:32:29		D类	张瑞	更换配件	更换新标识后状态恢复正常
2	0320	4	空气制动及风源系统	制动装置	U11	已处理	1		4车3位、7位闸瓦贯穿性裂纹	定修一班	岳迅师	2023-11-15 16:20:57		D类	张瑞	更换配件	更换新件后状态正常
3	0357	2	受电弓	碳滑板	U11	已处理	1		2车受电弓1位碳滑板磨耗超限（26.30mm）	运用一班	翁浩浩	2023-11-15 16:13:09		D类	杨嘉乐	更换配件	更换4根碳滑板后状态正常
4	0320	5	牵引电传动系统	制动电阻	U11	已处理	1		5车制动电阻箱"X2"插头外壳松动。	定修一班	张瑞	2023-11-15 15:15:16		D类	张瑞	紧固	紧固后状态正常。
5	0320	5	车体及贯通道系统	贯通道	U11	已处理	1		5车二位端二位侧侧护板有裂纹。	定修一班	张瑞	2023-11-15 15:09:39		D类	张瑞	更换配件	更换侧护板后，状态正常。
6	0320	5	空气制动及风源系统	制动装置	U11	已处理	1		5车3位闸瓦磨耗超限	定修一班	张瑞	2023-11-15 15:06:14		D类	张瑞	更换配件	更换新件后，状态正常
7	0317	6	车门系统	客室车门	行调反馈	未处理	1		14:10 接行调报：31次317车文八北路下行，6车7门故障，司机已将该门切除。现已安排科技路驻站人员在科技路上行上车确认。	行调	行调	2023-11-15 14:10:13		D类	陈莳		
8	0357	5	转向架系统	齿轮箱	U11	已处理	1		5车3位齿轮箱出油堵铁丝断裂	运用一班	刘丽衡	2023-11-15 11:02:43		D类	杨嘉乐	其它	重新捆绑铁丝后状态正常
9	0370	2	车门系统	客室车门	正线驻站	已处理	1		2车3门下导轨卡有异物（槟榔）	运用五班	邢多佳	2023-11-15 10:43:42		D类	康洪蕾	其它	清理后正常

图 6-19　电客车故障库

② 电客车故障指标及统计。

电客车故障率（次/万 km）是针对电客车设备稳定性的评价指标，能够反映电客车运行的稳定性。电客车故障率是通过对正线电客车运行情况进行统计分析，以电客车正线运行故障件数与列车运行总公里数的比值，在规定的时间段（一般为月）来统计电客车列车运营故障率（次/万 km)，分析得出电客车各系统在统计周期内每组列车故障发生的趋势。列车退出正线故障率的统计运算方法为：

电客车故障率=当月故障件数/当月运行公里数（万 km）

在不同统计需求中，若要计算电客车退出正线故障率、晚点 x 分钟及以上故障率等指标，只需要通过故障库从正线故障中统计出当月电客车退出正线故障数、晚点 x 分钟及以上故障数，再按照上述公式进行计算即可得出。

电客车可靠度是从电客车维修角度出发，评价电客车专业人员故障处理水平的评价指标，能够反映电客车专业故障管理的水平。电客车可靠度的计算是指电客车平均无故障时间的百分比，计算方法为：

（计划运行时间 – 设备故障时间）/计划运行时间

电客车故障影响这项评价指标是为了控制与降低重要故障的发生次数、提高电客车检修专业人员对重要故障的关注度，降低故障的不良影响。电客车重要故障影响按程度如表 6-11 所示。

表 6-11 电客车故障影响分类（序号需调整）

序号	故障类型
1	晚点 > 20 min；列车救援；停运 2 列以上
2	5 min < 晚点 ≤ 20 min；清客（未运行至终点）、有责掉线 2 列以上
3	2 min < 晚点 ≤ 5 min；停运 1 列；清客（未运行至终点）、有责掉线 1 列

电客车运行质量评价：西安地铁的设备质量运行评价体系采用层次分析法，以月度为单位、中心为对象，根据一自然月各中心专业设备的运行数据对设备运行质量进行评定打分。旨在通过对线路设备运行质量的评定体现中心的生产与设备质量管理水平。在中心下一层级按照线路分不同专业的设备进行运行质量评价，电客车专业电客车设备评分方式如表 6-12 所示。

表 6-12 电客车运行质量评分表

评估目标	准则层	权重	指标层	权重
电客车运行质量得分	故障率得分	0.3	电客车子系统 1 故障率得分	$1/n$
			……	$1/n$
			电客车子系统 n 故障率得分	$1/n$
	可靠度得分	0.3	电客车子系统 1 可靠度率得分	$1/n$
			……	$1/n$
			电客车子系统 n 可靠度率得分	$1/n$
	故障影响得分	0.4	电客车故障影响 1 得分	0.3
			电客车故障影响 2 得分	0.2
			电客车故障影响 3 得分	0.1

其中电客车子系统即为表 6-10 中第 4 项所列的列车网络及控制系统、车钩缓冲装置、内装、车门系统、车体及贯通道系统、低压电路、辅助系统、空调及电热系统、空气制动及风源系统、PIS 系统、牵引电传动系统、转向架系统 12 个子系统。故障影响即为表 6-11 中所列的 3 种影响分类。电客车运行质量得分的计算公式为：

$$电客车运行质量得分=故障率得分×0.3+可靠度得分×0.3+$$
$$故障影响得分×0.4$$

电客车故障数量指标控制：除以上所列的电客车故障统计指标，西安地铁还会根据每条线路电客车上一年度的总的故障数量，再结合电客车运营年限、状态、新车上线等因素进行下调或上浮，制订年度的电客车故障数量指标，电客车管理部门再结合季节特点等因素，将总体指标分配到每个月作为每月电客车故障统计考核标准。

电客车典型故障分析：电客车在正线运行过程中发生的故障不同程度地对运行秩序、服务质量等造成影响，因此西安地铁对正线发生的故障非常重视，提出"故障不过夜"的管理理念，对正线发生的每件故障都进行分析，对于造成掉线及以上影响的故障，还要形成专题故障分析报告。故障分析按照故障情况、故障原理、故障原因分析、故障处置、预防措施以及责任落实等模块来分析撰写，各模块编制要求如表 6-13 所示。

对于故障影响为掉线及以上的正线故障，还要形成专题故障分析报告，对故障发生原理、故障原因分析、故障点的确定等要展开详细进行描述。西安地铁开展电客车故障分析，一是通过故障分析电客车是否存在设计、质量缺陷，从而督促厂家进行优化改进，提高电客车运行可靠度；二是验证检修标准是否存在覆盖面不全、维保深度不足等情况，进而对检修规程、作业指导书等标准文本不断完善；三是通过故障分析督促员工深入学习电客车原理，钻研电客车维保技术，在每月还会对技术人员的故障分析报告从逻辑思维能力、报告结构条理、针对故障原因预防措施的全面和举一反三等方面进行评比点评，并择优奖励，从而引导员工提升自身业务素养。

4. 辅助维修设备的应用

智能辅助维护技术是一种融合了人工智能、物联网、大数据等先进技术的综合应用技术，它能够通过传感器、控制器、云平台及人机交互等各类技术，帮助设备运行状态进行分析、监控和维护管理。

表 6-13　电客车故障分析模块编制要求

序号	故障分析模块	编制要求
1	故障概况	根据行调或其他人员反馈信息，准确描述故障发生的时间、车次、列车号、车厢号、部件位置号、故障现象、司机处置情况等
2	故障原理分析	根据故障现象，结合电客车电气原理、机械结构等，梳理出导致故障现象可能的各方面原因
3	故障原因	1. 接故障信息后驻站人员正线确认的故障现象和状态（当前站的故障现象和状态：如车门外观、状态隔离等），与司机沟通故障时的状态（如车门无法打开，或者无法关闭，广播报站断断续续、电客车抖动等）。 2. 列车回库后检查的故障现象（如受电弓、转向架等故障需要说明回库动态接车情况），并根据故障原理逐一进行分析。 3. 根据故障判断需要，下载相关设备运行数据进行分析（如 TCMS 数据、牵引、制动、LCU、车门、广播等系统运行数据），对故障分析进行验证。 4. 现场排查情况，现场根据故障原理对故障进行排查或者动态测试验证。 5. 根据数据分析或者排查情况，结合故障原理对故障进行定性。 6. 设备情况说明：软件故障时，须明确历史故障情况、软件运行稳定性、与硬件的匹配性，前期的软件整治进度，软件升级及验证进度；硬件故障时，须明确设备运行时长、历史故障情况、硬件批次质量，备品备件储备是否充足，是否能满足后续的硬件更换。 7. 倒查设备情况：电客车运行公里数、上次修程情况、检修标准、是否为检修责任。 8. 故障处理结束时间
4	影响分析	晚点、下线等
5	处置情况	1. 接故障信息后正线检查确认或者现场处置情况； 2. 列车回库后检查处理情况； 3. 确定故障点更换、处理及测试情况； 4. 次日列车安排及保障情况； 5. 检修标准修订情况等
6	预防措施	1. 偶发故障如何在日常检修、巡查中提前发现； 2. 批量故障的整治措施，包括结构或材料改进、软件升级、电路改造等； 3. 故障相关的前期整治措施进度情况

序号	故障分析模块	编制要求
7	系统分类	表 6-10 中第 4 项所列的列车网络及控制系统、车钩缓冲装置、内装、车门系统、车体及贯通道系统、低压电路、辅助系统、空调及电热系统、空气制动及风源系统、PIS 系统、牵引电传动系统、转向架系统 12 个子系统；与电客车有接口的车载信号等非电客车故障；司机、检修人员操作失误的人为故障等
8	责任落实	若存在检修责任，对责任分部、班组及责任人的考核落实
9	故障处理人	故障调查处理的技术人员
10	信息来源	行调或其他对故障信息进行反馈的人员

（1）全车 360° 动态监测系统。

全车 360° 动态监测系统主要用于电客车维护。设备安装于回段线，监测每日上线载客运营列车运行状态。监测范围包括轮对、受电弓、轴温、车体、车底等。发现异常情况记录异常信息并弹窗报警，检修人员核对报警信息后现场复检。应用全车 360° 动态监测系统后可有效节约人员成本，同时提高检修质量。下面介绍全车 360° 动态监测系统人机界面。

① 主页面。

主页面主要显示当日运营电客车，统计总共有多少列车，今日告警分布轮对、受电弓、轴温告警数量的个数及比例。今日检测次数：今天的总过车次数。今日告警详情：每条告警显示，点击状态可以跳转到告警处理界面；未检列车排行：显示未经过检测设备的次数和列车号；历史故障分布：按日/按周/按月统计告警次数。

② 监测记录。

用户可以根据不同的筛选条件，如过车时间区间、列车车号、站点查看全车 360° 检测的历史过车记录、检测值、检出图片、过车时间，过车速度，历史检出数据趋势等信息数据。检测记录可永久保存，对电客车全寿命周期研究有较大作用。

③ 告警报表。

根据不同的筛选条件，如过车时间区间、列车车号、检测项和确认状态（正确、有效、无效和待确认），全车 360 检测项目的历史告警记录，班组需对其告警记录处理状态为待确认的告警确认正确，有效或者无效，备注栏填写故障简单处理情况，如需现场确认的，备注栏备注现场确认情况及处理情况。

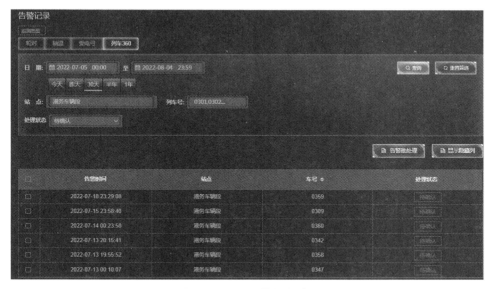

图 6-20　360 监测设备

上传：真实告警，现场拍摄的对应照片，可以上传到 Web 页面。正确：代表真实告警。比如车顶有小石块，防滑条丢失，车侧挂塑料袋等情况，螺栓移动，防松线错位等，Web 页面查看图片有疑似情况时，需现场确认。有效：代表有异常，无须现场处理。比如：开口销角度发生变化，安全钢丝位移等情况；选择有效后，下次出现同样的状况，不再发生告警。无效：代表设备误告警。比如：洗车水渍，灰尘等引起的一些情况，查看告警对比图片后，可以在 Web 页面直接处理。导出：可以将选中的告警信息导出为一个 excel 文件。经确认后，填写确认信息（班组及确认人，备注内容）。

④ excel 报表下载

在处理告警界面，对真实故障需要导出（选中，告警会显示打钩状态），选择"导出"；相关人员需要签字确认并归档。

（2）受电弓检修平台。

受电弓检修平台用于电客车受电弓检修时的登顶作业。不同于电客车检修平台，受电弓检修平台仅对有受电弓的电客车有防护设备，即使用受电弓检修平台作业时，不可在受电弓检修平台防护区域外进行作业。受电弓检修平台多用于电客车检修平台紧张，无法满足电客车车顶受电弓检修作业需求，此时需要引进受电弓检修平台。

① 设备用途。

用于电客车受电弓检修时的登顶作业，每个平台可满足相邻两个股道的受电弓登顶检修作业。

② 设备组成。

受电弓检修平台主要由上车顶平台、股道两侧防护栏组成。上车顶平台由爬梯、栏杆扶手、平台主体组成。爬梯、栏杆扶手、平台主体均采用型钢焊接而成，保证强度和刚度。平台上表面高度设计与地铁电客车车顶高度基本齐平，便于工作人员上下车顶，用于受电弓的维护保养及性能检测。爬梯两侧设置扶手，保障登梯安全。

③ 主要技术参数。

承载：500 kg

平台尺寸：暂定长 1.0 m × 宽 0.8 m（设计联络时确定）

平台顶面高度：与车顶平齐（设计联络时确定）

环境条件：工作温度：0 ~ 50 ℃；湿度：5% ~ 85%（非凝结状态）

④ 受电弓检修平台优点。

受电弓检修平台结构简单、造价低、生产安装周期短、安装场地要求低。在电客车列检库内两个股道之间均可安装，安装完成后可满足两个股道电客车受电弓检修需求。

（3）滤网运送升降车。

滤网运送升降车用于电客车空调系统检修，主要工作是把空调系统新风滤网、回风滤网由检修平台底部运送至检修平台顶部，以满足电客车空调系统检修需要。降低人工搬用过程中存在的安全隐患。

① 设备用途。

运送空调滤网往返于检修平台底部和顶部之间。

② 设备组成。

滤网运送升降车主要由滤网运送车、装载箱、动力系统、远程遥控系统组成。其中滤网运送车用于存放空调滤网，保洁完成滤网清洗晾干后，把滤网按要求装在滤网运送车上。作业人员把滤网运送车推至装载箱内，做好防护后，使用远程遥控系统控制滤网升降车升至平台顶部。

③ 滤网运送升降车优点。

滤网运送升降车操作简单，使用方便，可节约人力成本。滤网运送升降车属于电客车检修平台附属设备，建设成本低，值得推广。

6.5　电客车运用维修质量管理

1．全过程质量管理概念

基于 ISO9000"质量管理和质量保证"中的相关要求，全过程质量管理指的是制订质量方针和基本目标，根据目标将质量责任从公司层层分解落实到部门、车间和个人，并制订质量保障措施、监督检查机制和奖惩机制。简而言之，全过程质量管理的目的在于为了质量目标的实现，所实施的有一定管理功能的活动。质量管理过程可用 PDCA 循环来描述。其表明质量管理主要分为 4 个部分：计划、执行、检查、处理，通常用其英文首字母表示分别为 P、D、C、A。同时在质量管理期间，需要相关的程序都要贯彻落实。通过 PDCA 循环可以最大限度地将质量管理的颗粒度划分得更小，有利于通过质量管理过程保证各个环节的质量。全过程指的是质量管理要贯穿电客车的生命线，包括电客车采购、设计联络、新车问题整改、技术改造、运用维修、架大修所有环节。

在轨道交通的运营过程中电客车维修保养工作是必不可少的环节，维修保养的目的在于使电客车的可靠性得到进一步的保障，在故障分析过程中除了借助各种技术手段之外，还要基于电客车各方面的数据情况来进行分析，对出现故障的可能性以及影响程度来进行分析，同时基于分析结果来开展日常的维护保养工作。电客车运用维修中质量管理充分参照现有的各种质量管理理论，遵守"先运营后修复"原则，保持或者恢复电客车设计功能、性能的程度。电客车维保质量直观表现为电客车外观的清洁度、各部件的规整度，内在表现为在维保质量保证期内电客车功能的可用性、运行的安全性、性能的可靠性和经济的可维修性。维保质量管理即是通过组织专业人员根据电客车设备维保规程和工艺，运用合理的维保方法和工具对电客车设备进行功能保养以及功能恢复的全过程。

地铁电客车每天需要在地下行驶，因此其需要面临恶劣的通行条件，这会使得地铁电客车的各个零部件造成磨损和损害，需要保障电客车的可靠性，这样才能尽可能地避免发生事故。轨道电客车维修保养的目的在于保证电客车可以正常运行保护乘客的安全。这就需要通过科学的方式制订出合理的电客车检修工艺规程，具体的质量目标有：地铁在寿命周期内，其应该可以无障碍运行，具有安全、可靠性。降低列车晚点、救援和严重社会影响的事件，提高地铁列车准点率、运行图兑现率和服务可靠度，降低有责投诉率，列车服务可靠度，实现安全生产。

2. 质量管理体系建立与运行

质量管理体系是实现质量管理目标、有效开展各项质量管理活动的重要保障。电客车维保质量管理体系主要包含7个方面，即工作目标、职责分工、管理标准、质量评价、质量人员、质量控制、质量奖惩。

（1）维保质量工作目标。以提升设备运行质量，确保运营秩序稳定可控为总体目标，以设备故障率下降为抓手，结合历史故障数据统计分析，制订出年度设备故障目标，围绕"降低设备故障率"开展各项工作。采取各类措施全面提升电客车维保质量控制能力，提高运行质量。健全质量管理组织结构。在质量管理中，首先要健全质量管理组织结构，落实岗位工作责任，确保质量管理要求的有效落实。具体可分为三个层级：决策层，监督层和执行层，决策层负责制订质量目标，监督层负责质量监督检查，执行层由检修作业人员组成，负责落实质量管理要求。在健全组织机构基础上，要制订质量信息沟通机制，及时反馈质量管理工作开展情况。公司、部门层面应有质量专职，车间应设置质检员或者质量兼职，质量管理人员应对质量目标进行分解，落实到具体岗位。然后制订生产流程组织方案，明确每个阶段质量管理的重点工作。

（2）电客车检修控制主要有检修质量监督检查、作业互检卡控。电客车检修质量控制过程中的重要环节就是电客车维保质量检查，可分为定期检查和动态检查。定期检查需要编制月度质量监督检查计划，明确检查人、作业项目和检查日期。在质量检查过程中，应将定期检查办法与动态检查办法结合起来，做好现场检修质量数据的采集工作。

（3）检修质量评价分析。在地铁电客车检修过程中，定期对质量问题进行对照统计分析，形成月度、季度、年度质量评价分析报告，针对评价分数靠后的电客车系统应从人、机、料、法、环共计5个方面进行分析，查找原因，制订整改措施。质量问题分为两类，一类是正线故障，需要重点分析，做到事不过夜查找原因。二是库内检修发现的故障，对故障风险进行预估，提前采取防控措施。属于安装、设计不合理的原因，导致故障频发需要联系供应商制订整改措施。

（4）维保质量管理制度。在公司级、中心（部门）、车间层面有设备质量监督、设备质量评价、质量专兼职人员评价管理办法，在电客车管理部门层面有电客车出库质量标准，在公司层面有维保规程，现场层面有作业指导书或者工艺文件。根据电客车供货商提供的《维修手册》等技术文件，明确各个部件的检修周期和技术要求，制订电客车检修规程和作业指导书。标准是检修工作和质量管理工作的依据，检修人员的现场作业需要标准作为依据。同样，质量管理人员对检修质量的把控也需要有章可依，不能随意而为。因此，检修质量的管控首先需要制订标准作为实施依据。检修规程是电客车检修最重要的技术文件，是开展后续文件的基础，编制要严谨，经过相关部门会签和审批后发布执行。根据各级检修规程，结合检修中需要使用的工具、设备、仪器和物料以及操作中的注意事项编制作业指导书。指导书要明确检修生产组织流程，确保作业不冲突无漏项，有序可控。

（5）完善质量评价和激励制度。质量控制措施的最终实施还是要靠人来落实，因此要激发人员质量控制的积极性和主动性，确保各项质量标准在生产中得到落实。首先要发挥领导层的作用，落实企业负责人制度，将质量管理工作开展成效直接与各级领导人员的绩效评价挂钩，并作为职位晋升的参考依据。其次，应细化工作岗位考核制度，在明确每个岗位工作人员承担的质量管理责任的基础上，通过制订量化指标评价体系，准确反映其工作开展情况。对于能够提前发现重大生产质量问题的人员，应视其挽回损失的价值，给予其一定比例的物质奖励。此外，也需要根据质量管理绩效评价结果，决定人员绩效奖金，使各岗位工作人员均能够踊跃参与到绩效管理工作中。最后，应通过积极构建质量为先的企业文化，提高全体员工对于质量管理的重视度，发挥员工之间的相互监督和相互促进作用，确保质量管理工作的有效开展。

3. 电客车运用维修质量管理措施

地铁电客车自主检修的修程有日检、隔日检、双周检、月检、季检、年检。日检、隔日检、双周检是维护保养地铁电客车、处理临时故障、实施专项作业的功能性检修；月检、季检、年检是恢复地铁电客车整车和主要部件尺寸精度、运用品质的结构性检修。完善的质量管理措施，可以保证地铁电客车各级修程的检修质量，确保地铁电客车安全、高效运营的需要。地铁电客车各级修程的检修内容和要求不一样。质量管理包括修前、修中、修后管理。

（1）实施修前分析、过程管控和修后总结。检修作业开始前，由工班长组织修前质量分析，针对性分析电客车近期的运行状态和遗留未处理问题，注明维修作业时需要重点检查的部位，使作业人员更加熟悉了解待修电客车状态。过程质量管理分为三级管理，分别为班组级、车间级和部门级质量管理。班组级采取"自检、互检、他检"方式。作业者负责自检，配合作业者负责互检，工班长负责他检。车间级是车间的技术专职或者质检员通过作业纪律检查、质量抽查、设置假设故障的方式监督质量提升。作业纪律检查采用抽问检修标准、检查作业流程的方式，重点检查作业指导书执行情况。抽问是为了检查检修人员技能达标情况。为了防止漏检漏修、进一步提高检修人员的作业质量，在各级修程中设置假设故障，根据修程大小，设置不同假设故障的数量和难度。部门级负责组织开展现场跟岗检查及作业记录检查。检查完毕填写质量检查记录单，责任班组签字确认，每周、月下发质量监督检查专项通报，质量管理人员跟进问题整改情况直至问题关闭。修后质量验收主要确认修程中检修过的部件功能状态、盖板锁闭状态来确保电客车达到运用状态。修程结束后，检修人员和质量管理人员应负责地铁电客车在一定时间内的质量保障即质保期。

（2）质量监督检查要落到实处。对地铁电客车各级修程制订对应的检修规程、作业指导书和工艺文件，要详细规定检修作业范围、检修工具、耗材、劳动防护、作业方法、合格标准以及安全风险点和质量关键点等，并将作业指导书、工艺文件尽可能可量化，做到图文并茂，用于指导检修人员实施检修作业。质量跟岗检查有四种方式，一是采用跟岗作业检查，对作业前、作业中和作业后进行全过程监督，对安全卡控制度落实情况、作业标准是否现场一致，有无漏项进行检查。二是采用可视化作业检查。是对标准化作业、设备检修、应急处置等作业通过配备视频记录仪的方式进行全程记录并对相同作业记录数据进行对比分析、动态优化，更好提升作业质量及标准执行的一种管理方式。三是模拟故障检查。在必检位置设置二维码，作业人员发现后通过扫码确认是否存在漏检漏修。四是每月确定一项质量检查重点设备，对维修后设备参数是否符合要求，检修标准是否达标进行检查。

（3）做好故障管控"五个常态"。分别指的是日故障分析、周故障通报、月度故障考核，季度质量评价、年度质量排名的方式进行故障常态化管控。日故障分析是每日对中心交班会日报中所有故障情况就故障原因、整改措施和应急处理方面进行复盘、分析，对于故障原因不清楚、整改措施不明确的在中心日交班会上通报。周故障通报是每周组织周质量例会，对上周故障情况和存在问题进行总结。月度故障考核指的是对设备运行质量进行评价，低于85分的纳入考评。季度质量评价是每季度对设备运行质量进行评价，对故障数量从横向环比和纵向同比两个维度进行分析，找出设备故障变化规律，开展预防性专项整修。年度质量排名是年底将故障指标兑现情况进行量化评比，根据兑现情况纳入年度评优评先。

（4）重点故障落实"三个整治"。一是顽疾故障专项整治，顽疾故障指的是投入运营的同一类设备长期频繁、反复发生的故障。成立专项小组，组织相关厂家召开专题会议，研究制订整治方案，按照既定方案持续推进，提升故障管理水平。二是接口故障联合整治。涉及两个或者多个部件的故障联合成立工作小组持续推进。三是重点故障盯控整治。安排专人盯控故障调查、故障分析和闭环管理情况。

（5）制订考核办法。为使员工在作业过程中牢固树立质量意识，将绩效考核运用到检修质量管理中。在检修作业质量抽查、质量验收及工艺纪律检查中，实行分级考核。在检修质量抽查、验收中发现问题，自检项目由作业人承担完全责任，互检和他检项目由作业人承担主要责任，互检人和他检人承担次要责任。在修程质保期内电客车发生故障，经定责属于检修质量问题的，需追溯到覆盖该项点的最近修程；根据检修记录单、质量验收记录表等确认该修程责任班组、质量检查验收人员，对自检、互检、他检的责任人进行考核，相关质量检查人员对其所检查的项目承担连带责任。

4．质量保证期确定应用

检修质保期是指按照检修规程和指导书要求检修合格电客车，保证其能够持续具备规定功能或状态的使用期限。根据检修修程范围，其质保期限可用时间、走行公里等寿命单位进行衡量，检修单位须承担质保期内产品检修质量的安全和经济责任。在修程结束后的一定时间内，为保证地铁电客车的质量符合标准，对各级修程规定了质保期。修程不同，质保期也不同。各修程质保范围为该修程的作业涵盖范围。中间有新的作业如修程作业、改造项目作业、专项检查作业等，新的作业涵盖范围将不再计入上次作业质保范围。按照大修程的作业范围同时覆盖小修程的作业范围，小修程的作业开始后，大修程覆盖部分的质保期自然结束，由小修程的作业承担质保期责任。

产品故障率随着其使用时间延长会逐渐攀升，检修后的电客车服务可靠度也会随着运用时间的累积逐渐递减。相同检修修程条件下，质保期要求越长，备件更换成本会越高。应根据部件重要程度、故障影响大小确定质保期要求，按照规定的质保期限划分质保责任。

（1）质保基本原则。电客车各部件检修质量保证要求是检修单位责任量化承诺。依据修程要求承做的每项检修工作都可以提出合理的质量保证要求，但修程要求以外的项目不应纳入质保范围，即"修啥，保啥"。在制订电客车产品检修质量保证期要求时，应确保质保项目与修程范围一致。质保期限与修程周期一致。预防修的主要目的是保证各检修项目能够以规定的可靠度工作至下一次同级别修程，即维持电客车各部件运用状态。依据该原则并考虑不同项目和部件的实际寿命和故障规律制订相应的检修周期。为便于管理和责任划分，可将产品检修质量保证期限规定为自此次修竣至下一同级别修程。质保期应突出安全性，对于故障后可能影响行车安全的检修项目和部件应按照100%的可靠度要求进行质保，比如构架、一系簧、轮对、轴箱轴承、齿轮箱、车下吊挂等。对于上述部件不仅要明确产品和项目，还要明确具体的故障模式，如构架裂纹、大螺栓松动、盖板脱开等。有些检修项目和部件故障后不直接影响安全，但会影响运用和舒适性，可以根据实际情况，可缩短质保期。对于那些故障影响不大、可靠性要求不高、运用中能够检修或更换的产品和项目，在综合权衡质保成本和故障损失的基础上制订折中的质保可靠度要求，以降低检修经济成本。

（2）质保项目类型和可靠度。按照质保项目与修程范围一致的原则，修程要求的每个检修工作项目都可以作为质保项目。一个产品或部件可能会发生多种故障，按照修程要求修竣后，应以一定的质保可靠度保证在下一同级别修程到来前不发生该故障。因此，在确定质保项目时应明确规定不希望发生的具体故障模式。在此基础上分析确定哪些故障模式属于修程范围，同时确定该故障模式按照哪级修程标准和周期施修的。如在电客车三月检中，碳滑板厚度限度是按照三月检要求控制，则其质保项目为：碳滑板磨耗不超限；质保期限为：一个三月检周期。根据产品故障模式影响及其后果，检修质保项目可划分为安全类、运行类和经济类，按照确保安全性、维持可靠性、兼顾经济性的原则，对不同类别质保项目给出质保可靠度要求。安全类质保项目及可靠度。安全类质保项目是指故障模式发生后可能直接或间接导致行车事故、危害人身健康和导致环境污染的项目，如构架裂纹、轴箱轴承异温、齿轮箱异音，车门、制动等安全环路故障。在安全类质保项目中，可能直接导致行车事故的项目质保可靠度要求应为100%，即在规定运用条件下和质保期限内不许发生导致行车事故的故障，如某型号电客车受电弓气囊需要在年检时进行更换润滑测试，在正常运用条件下，1个年检周期内的损坏率大约为1%，则该气囊的质保期限为1个年检周期，质保可靠度为99%。运用类质保项目是指故障模式发生后严重影响电客车运行品质和舒适性的项目，如门控器、行程开关、制动系统等。对于运用类质保项目的目标是在对相关项目现场数据统计分析的基础上提出质保可靠度要求。如：司机控制器行程开关需要在电客车架修时进行检修测试或更换，在正常运用条件下，1个架修周期内的损坏率大约为5%，则该行程开关的质保期限为1个架修周期，质保可靠度95%。经济类质保项目是指安全类和运行类以外的质保项目，如广播、照明故障等，这类故障既不影响安全，对旅客舒适性也不会造成严重影响，频繁更换时产生经济费用。经济类项目质保可靠度要求过高会增加检修成本，需要缩短质保期限。

6.6 电客车运用维修物资管理

1. 维修物资的前期筹备

（1）合理制订随机备件清单。在电客车采购合同中有一定金额的随车备品备件，因合同签订时二级供货商尚未确定，最小可更换单元尚未形成，随机备件都是一些高价物资和试验设备。这些物资在电客车日常检修过程中消耗较少，造成大量备件库存积压，造成物资呆滞。可考虑在合同中不明确备件名称和数量等，2 年质保期即将结束时，由维保单位根据 2 年运用情况，结合故障情况和更换频次明确随机备件清单再进行供货，提高物资使用效率。备品备件清单的制订要结合以往项目的运用经验及部件故障进行提报，试验设备根据列车、部件检修的真实需求进行提报。考虑到项目执行周期的确定性以及备件原始寿命和存放期限、保养需求，架大修期间才能用到的转向架、空调等大部件不建议纳入备品备件考虑，闸瓦、碳滑板、滤网、接地碳刷等磨耗件以及压力表需要周转校验的部件根据数量预测可以适当多储备。

（2）积累磨耗类物资数据。在开通后的两年时间内备件由供应商提供，在这段时间要对润滑类、磨耗类、密封类物资进行全面梳理，掌握年度消耗数量。最终要形成单列车每年必须要消耗的物资定额，为质保期结束后提报物资计划打下良好基础。

（3）提前提报工具和耗材。在开通后的两年时间内备件由供应商提供，但是消耗性材料、工器具需要提前采购。通过对现有地铁的调研，按照每个修程需要使用工器具的频率次数、消耗性材料数量来合理制订工器具的配置标准和消耗性材料数量。在车辆段设置公共材料间和班组材料间，在停车场设置通用材料间。将工器具使用情况分为频率次数高低来定义区分，对于使用频率次数低的工器具，可以存放在公共材料间进行公共使用；对于修程过程使用频率次数高的工器具，可以按班组配置使用。耗材可根据单列车的定额标准进行采购。

2. 物资计划管理

物资计划按照计划属性分为日常修计划和专项计划，按照计划周期划分为新线筹备期计划和运营维护期计划，其中运营维护期计划包括年度计划、季度计划、临时计划和紧急计划。新线筹备期根据新线建设周期节点由物资中心统一组织申报筹备期各阶段需求计划并一次性完成采购，新线因存在质保期，物资原则上仅允许申报消耗性材料、工器具、劳动防护用品。运营维护期计划，采用"年度计划为主，临时、紧急计划为辅"的计划管理模式。季度计划专指劳动护肤类防护用品计划。年度计划根据次年生产需求，结合采购预算并考虑采购周期后，按照有关标准，提报年度所需的生产性物资。临时计划指的是未列入年度计划内，结合运营生产实际需要，且有明确公司会议纪要及通知要求的增报的生产性物资。紧急计划申报指的是紧急故障、紧急事件处理及突发公共卫生事件、自然灾害应对所需要的生产性物资，或者上级检查重大活动部署需要的以及公司重要活动部署需要的物资。编制各类物资计划，并须考虑供货周期，以保证所需物资按时供应。其中，年度计划要须充分参照计划检修、故障修、最低库存量等定额标准，特殊情况需突破定额标准的须详细说明；临时计划及紧急计划等需求计划或专项计划，要提供充分依据；工器具计划提报数量，不得超出工器具配置标准。提报年度物资需求计划时充分考虑防汛、防寒、安保、消防等每个自然年度均需发生的物资需求。对无法准确描述的物资，须提供必要的图纸及相关标准、技术参数等说明。

3. 物资采购管理

（1）制订计量标准，组建维修队伍。主要包括计量器具的校验周期、范围。一是从使用频繁程度考虑，在实际使用的过程中，对于使用频率低的仪器，可以进行适当周期延长；对于使用频率高的仪器，容易使其计量性能降低，可以适当缩短周期。二是从测量准确度考虑，对准确度要求较高的仪器，可以适当缩短周期。为了编制年度预算，计量器具需要制订送检计划，计划需要明确到月份，计划性较强，费用比较高。随着运营年限的增长，超过工器具质保期，损坏数量也越来越多。往往是要等到送检结果出来以后才能根据计量结果判断计量工具失效，然后才能提报物资采购计划，影响生产效率。因此有必要需要组建专业的自校和维修技术人才队伍，送外培训获得相应的从业资格证，大大缩短了送外校验、维修的时间和人力成本。

（2）规范物资采购。建立专用物资库和通用物资库，专用物资是为了原有系统的匹配性要求，需要从原供应商处采购的备品备件或者只能从特定供应商处采购的。通用物资指的是品牌、规格型号明确，市场竞争充分，潜在供应商三家及以上，比如润滑油、紧固螺栓和按钮、继电器等。专用物资可采用框架协议明确物资单价，每年根据数量结算。通用物资要货比三家，可有效降低物资消耗成本。专用物资库和通用物资库每两到三年更新一次，更新需要通过论证和审批程序。针对一些实际生产中需求较为紧急、随机和零星物资，市场价格公开透明、变化幅度小、费用即时结清、有报销凭证且同一事项金额较低的小额维修物资可采用零星采购方式。

（3）建设物资系统。随着电客车专业物资种类和量的增加，更加考验物资管理人员的技术水平。使用物资管理系统，可以对物资到货、入库、出库等环节实时监控，并自动记录保存各环节实时数据信息。不仅可以更好规避统计过程中出现的种类或者数量纰漏，而且还可以避免在库存管理过程中出现领用后未及时登记导致数量不准确的问题。加快库存管理智能化建设，还有助于物资管理人员对于库存信息的把控，实时掌握库内各物资的流向，以及库存量的情况。

4.　物资仓储管理

生产性物资仓储管理主要对各部门生产物资的验收入库、保管、出库物资账目管理、盘点作业等管理要求。

到货验收入库。接到的到货验收通知后，安排相关专业人员在 2 个工作日内及时到指定地点参与物资验收工作；对到货物资的外观、产品技术参数、合格证书、质保期限等项目进行验收；特种设备必须严格按照特种设备管理要求进行验收。完成验收后填写《物资验收记录单》，并办理入库手续。车间根据计划到货情况，结合电客车检修物资需求计划，在总库办理物资领用手续。物资保管要求。为确保库内物资在合适的温湿度条件下存放，分库管理员在工作日内和特殊环境气象条件下，每日应对库内的温湿度进行观测、记录，并将结果登记。根据实际情况，采用密封、通风与吸潮等方式，对库区温湿度进行控制和调节。一般规定库内温度 ≥38 ℃，应立即开启空调降温；若湿度 ≥85%，则应开启空调除湿或开窗通风。

规范分库管理。分库库房属于物资总库的一部分，负责备品备件、高价互换配件、各专业专用工器具及专用消耗性材料类物资的接收、入库，故每个分库需按照要求进行定置化管理，库内按照待检区、暂存区、不合格区、存放区进行区域划分。对库区地面各个货架、存放区域、物流通道全部采用划线管理，确保物资盘点、取货高效开展。对已经入库物资按照种类分堆、分垛、分组将其摆放在固定的货架上，建立《库存物资标识卡》，要求一物一卡。不同区域划线要求，详情如表 6-14 所示。

为了确保库区建设规范化流程化，考虑对二级库张贴标识。标识分为 4 类，主要有管理制度、流程图、平面图和安全标识。管理制度主要包括岗位职责、库区管理要求；流程图包括出库流程图和入库流程图；平面图主要是定置图和平面图，提醒各个区域的位置；安全标识主要有防火标识、危废标识、禁烟标识等。

表 6-14　分库库区划线明细

序号	区域设备	划线说明	效果图	备注
1	货架类定位（隔板货架）	使用黄线四角定位，线宽 5 cm，长 20 cm，划线内边与货架间隙为 2 cm		根据实际情况进行粘贴
2	地面通道线	使用黄色划线 ① 线宽 5 cm，原则上用于物品定位线及设备区域线； ② 线宽 10 cm，原则上用于主通道线		
3	地面通道线	允许穿越的通道线（采用虚实结合）。使用黄色划线，线宽 6 cm，线长 15 cm，间隔 15 cm		
4	配电柜等危险区域、灭火器存放区	配电柜、配电箱、电气控制柜等；提醒作业操作注意的区域、提醒行走注意的区域、提醒碰头的部位等；使用黑黄胶带划线，线宽 5 cm，区域宽度与柜宽一致，长度为门宽		
5	存放区、暂放区等区域	使用黄线根据地方大小，四周定位，线宽为 5 cm		
6	其他区域定位线	使用黄线根据地方大小，四周定位，线宽为 5 cm		
7	台面物品定位线	待加工零件、已加工零件、作业工具，检查工具、记录表、小物盒等参照图例划线，线宽 1 cm，四角定位线长为 3 cm		此条按照需求参考，不作强制要求

建立生产性物资管理台账。车间层面主要有工器具管理台账（包括工器具管理台账、故障登记台账和维修台账）、计量管理台账（年度检定计划、月度检定计划和化验需求计划）、报废物资台账（报废申请表、审批表、明细表和报废说明），劳动防护用品管理台账（个人和公用发放登记和管理台账）、物资计划实时动态表、物资标识卡和物资盘点表。

库存物资盘点分为月度盘点、年终盘点。月度盘点是每月的 26 日至月底由各库管员循环自盘所管库存物资，月度盘点为抽盘，抽盘率不少于 10%，每半年需覆盖所有物资。年终盘点是全面进行盘点，由第三方组织盘点。

仓储安全管理。物资库房，材料员应每日按时进行巡检记录，对仓库门窗情况，做好登记；下班前检查门窗情况，关灯、空调、门窗、电源及水龙头，并填写《仓库安全巡查表》。切实做好防火安全工作，库区内严禁吸烟，严禁明火作业，应当设置醒目的防火标志和禁烟标志。对库区的电灯、电线、电闸、消防器具、设施要经常检查，发现故障及时维修排除。仓库应按照国家有关的消防技术规范，按规定要求设置、配备消防设施和器材；消防器材应当设置在明显和便于使用的地点，周围不准堆放物品和杂物；仓库的消防器材，应当专人管理，负责检查、维修、保养、更换和添置，保证完好有效，严禁圈占、埋压和挪用；库区的消防通道、安全出口、疏散门等消防通道，严禁堆放物品。库内物资应当分类、分堆、分垛堆放，按规定留出必需的防火间距。使用易燃物品时，要做好防火措施。使用过的油棉纱、油手套等沾油纤维物品以及可燃包装，应当存放在安全地点，定期处理。在同一房间或同一区域，危险化学品与其他物料之间分开一定距离。进入存放区域的各类危险化学品应分区存放，标识明确，堆垛整齐。各分部班组库只可存储少量危险化学品，易燃液体存量不大于 3T（即酒精、油漆、油品总量小于等于 3T）。对库区内的电器设备要按规定使用，禁止超负荷用电，严防电路起火。电源线禁止私拉硬接，如有必要必须由专业人员操作。

5. 物资定额管理

电客车运营维修成本需要一些可靠的数据来反映。因此要把物资消耗定额资料积累、运用与分析作为研究和降低运营维修成本的主要依据。根据物资用途种类，划分为高价、备品备件、消耗性材料、工器具共计 4 类。

（1）建立单列车物资定额。电客车定额指单列电客车年度所需要的消耗性材料、备品备件物资金额，按照计划修和非计划修制订。计划修消耗定额按照各专业作业指导书所规定修程核定每个检修周期作业所使用消耗物资。消耗性材料非计划修物资中故障修所用物资根据历史消耗估算确定定额，备品备件非计划修物资对设备使用时间和修程影响较大，因此按照设备所处阶段分质保期内定额标准、出质保期定额标准两个时间段制订定额。由于两个时间节点均为时间段，每个时间段内故障率随时间变化有所变动，考虑定额标准是按照每条线制订，因此每个时间段内按照平均故障率预估制订消耗定额。

（2）定期进行物资消耗分析。电客车定额消耗中比较准确的是需要定期更新的油类、密封件、动作件和高故障件。通过物资"三定"报表可以掌握维修部门的年度物资消耗情况，是物资计划核销的重要依据。认真做好物资消耗定额执行情况分析统计，对降低设备维修成本有重要作用。进行物资消耗定额考核工作，是降低维修成本的主要途径。每年年初，把主要物资消耗数据和"三定"指标进行对比分析以便全面、准确掌握物资消耗动态。建立各项指标完成情况，把各项指标考核结果与去年同期相比，分析出各项指标的动态和趋势。根据物资消耗定额执行结果及物资消耗统计台账等有关资料，分析主要物资超耗、降耗的原因，制订出降耗的措施，在生产过程中把定额指标分批下达到设备维修的各个环节。

（3）建立合理的物资定量使用机制。根据电客车检修作业实际消耗情况，划分不同的周期，统计每个修程耗材的使用量。通过多次对相同修程作业的实验，进行统计选择最合理的定量，建立耗材定量使用机制，有助于减少耗材的铺张浪费，降低使用成本。

构建完善的申领制度。物资管理人员要对耗材申领做好登记，并且要求作业负责人对每次耗材的使用量做好登记。在下次申领的同时将耗材汇总表交给物资管理人员审核后下发。一方面有利于申领流程的规范化，另一方面有利于减少耗材的浪费。

6.7　电客车运用维修安全管理

城市轨道交通线路的迅猛发展给地铁安全运营带来了极大的挑战。2019年交通运输部着眼于城市轨道交通安全管理，印发了《城市轨道交通运营安全风险分级管控和隐患排查治理管理办法》(以下简称《办法》)，同时国家法律法规对运营单位双重预防机制建设工作也提出了明确要求，加之在电客车维修生产相关工作，对安全生产要求日益提高。鉴于以上方面考虑，双重预防机制的落实是否有效，对于地铁安全运营、电客车运用维修管理起着关键性的作用。为了预防安全事故的发生，建立有效的双重预防机制，促进广大员工风险防范意识的提升，指导各级开展隐患排查，夯实电客车维修安全生产基础，积极引导和促进安全管理的预防作用。

1. 安全双重预防机制在电客车维修中的应用

（1）电客车维修安全双重预防机制的意义。

城市地铁运营双重预防机制是基于风险的过程安全管理理念的具体实践，风险管控是在政府引导下企业落实的主体责任，隐患排查是企业在落实主体责任的基础上督导、监管和执法。二者具有承上启下的关系，风险管控是制度源头，是预防安全事故的第一道防线，后者是末端治理，是预防安全事故的第二道防线。2018年国家提出要建立健全运营安全风险分级管控和隐患排查治理双重预防制度，对运营全过程、全区域、各管理层级实施安全监控。2021年《中华人民共和国安全生产法》有一项重要修改，就是突出了从源头上防范化解安全风险的要求，将双重预防机制建设要求纳入生产经营单位的安全生产法定职责。地铁运营单位需要开展安全风险隐患分级分类管控，制订风险识别和隐患排查的相关手册，明确安全各项措施，进而保障城市地铁的安全运营。

（2）电客车维修安全双重预防机制的内容。

① 安全风险管控技术。

地铁运营安全风险等级由风险点发生风险事件可能性和后果严重程度的组合决定，从高到低划分为重大、较大、一般、较小四个等级。根据城市轨道交通技术特点和行业经验，运营安全风险按照业务板块可分为设施监测养护、设备运行维修、行车组织、客运组织、运行环境等五个业务板块。其中电客车维修属于设备运行维修的业务板块，在整个电客车维修中又包含多个风险点。应当每年对一般风险、较小风险展开一次审查活动，每半年对较大风险开展一次审查，每季度对重大风险开展一次审查，主要审查内容须包括：风险等级是否发生变化，管控措施是否有效，以及是否需要增加新的管控措施。除此之外，应当建立健全监督机制，定期开展风险管控工作，并给出改进建议，在风险事件发生后开展调查、分析和处置善后工作。同时要根据电客车维修生产管理水平和维修生产风险事件的具体情况，逐项确立安全等级，形成安全风险数据库。定期对风险数据进行完善和科学的分析，以杜绝重大风险和降低较小风险的原则，做好风险管控操作，除此之外，还应当做好风险档案管理工作如实记录风险辨识、评估、管控的工作，以此作为教育培训、登记备案等工作的依据，并对较大及以上风险单独建档。

② 安全隐患排查治理制度。

隐患排查治理是对电客车维修全过程中人的不安全行为、物的不安全状态、环境的不安全因素、管理上的缺陷导致的风险管控措施弱化、失效、缺失等，进行排查、评估、整改、消除的闭环管理活动。按照隐患危害程度及治理难度，将隐患分为重大隐患和一般隐患两个等级。按照隐患排查开展时间和内容可分为日常隐患排查、专项隐患排查、专项检测和安全监督检查。进行隐患管理时可以逐项分析所列风险清单中风险管控措施弱化、失效、缺失可能产生的隐患，确定隐患等级，明确和细化隐患排查的内容、方法和频次，形成各岗位的《隐患排查手册》，并按照"一岗一册"的原则分解到各岗位，确保隐患排查范围全覆盖，推动全员参与自主排查隐患工作

（3）电客车维修安全双重预防机制的实施。

若要使双重预防机制在电客车维修整体和局部生产管理中发挥作用，离不开设备可靠性的提升、人员技能水平的完善、建立良好的责任管理机制等。同时双重预防机制的制订需要针对不同阶段的特点展开精细化管理，落实责任机制，提升措施的可操作性等。具体实施从以下几个方面着手。

① 加强宣传与培训。

加强电客车维修作业现场员工对风险分级管控和隐患排查治理双重预防机制建设相关知识的宣传、教育，引导现场员工认识到双重预防机制建设工作对于电客车维修安全生产乃至整个地铁安全运营都有着举足轻重的作用，帮助现场员工深刻理解风险、隐患、事故三者之间的辩证及转化关系，指导现场员工思路清晰地开展双重预防机制建设工作，实现对现场风险、隐患、事件的科学化管理，对症下药，有效处理。提升员工主动参与安全风险辨识的意识和能力，组织、帮助和指导生产班组开展安全风险管控和隐患排查治理工作。

② 确定合理的风险辨识方式。

考虑到维修现场员工更了解、熟悉现场实际情况，风险辨识的结果对于维修现场工作的指导性更强，所以选择自下而上的方式进行风险辨识。每个生产现场班组通过辨识形成一个风险数据表，即"一班组一表"，分别经过分部、部门等层级审核、调整、通过后，形成《风险管控措施及责任清单》《安全风险分布图》，实行系统动态管理，正式为电客车维修生产现场所用。

③ 关联风险管控与隐患排查。

根据风险与隐患之间的辩证关系，以风险辨识阶段形成的风险管控措施及责任清单为基础，根据已确定风险的全部控制措施或其他类安全管理要求弱化、失效、缺失可能产生的隐患，建立隐患排查手用。并结合具体生产组织架构，形成各岗位"一岗一册"，指导各岗位实施全面、系统、深入的隐患

排查工作。风险分级管控与隐患排查治理主要业务流程如图 6-21 所示。

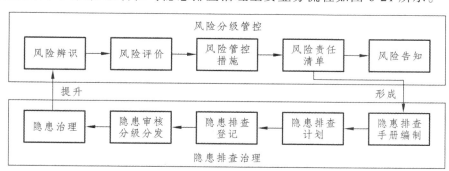

图 6-21　风险分级管控与隐患排查治理流程

④ 提升信息化的管理能力。

加强安全风险管控和隐患排查治理信息化平台的建设，通过信息化平台科学、高效地做好日常各种风险的识别和隐患排查工作，并及时对相关数据进行统计、分析、录入等，实现信息的有效管理，推动科学化的安全风险识别和隐患排查工作。并及时推广先进的技术和做法，不断完善现代化的工作方式和手段，持续规范、健全地铁运营双重预防机制，促进信息化管理能力的提升除此之外，还应当与外部的气象、地震等信息进行对接，积极发挥信息的主动研判能力和预警机制。

⑤ 提高工作的受众度。

设置风险公告栏。为了使电客车维修生产区域的员工、施工单位及外来人员清楚地了解重要风险因素，根据生产区域环境、设施设备或作业风险点，在醒目位置设置重要风险公告栏。

制作岗位安全风险告知卡。对涉及重要风险的检修调度等岗位，制作岗位安全风险告知卡，表明主要安全风险、事故后果、管控措施、应急措施及报告方式等内容，有效提升员工的风险意识和风险管控能力。

2. 电客车运用维修安全联锁监控系统的应用

在电客车除日检外的其他各级修程中，登车顶对受电弓、空调、弓网检测装置等车顶设备进行检查维修作业是非常频繁的。停车列检库、周月检库内每条股道均设置有 DC 1 500 V 接触网，在周月检库库内作业过程中，为确保检修人员的人身和设备安全，作业区是被隔离的无电区，通过隔离开关将接触网断开并挂接接地线。在整个作业过程中，必须对库内的关键设备如车顶作业平台作业状态、接触网高压隔离开关等进行安全联锁控制，同时对隔离开关的开闭状态、车顶平台作业状态进行全程安全监控。基于作业模式，需具备车顶作业平台作业状态与接触网高压隔离开关的安全联锁功能，同时对库内隔离开关、接地线、平台门等进行防误闭锁和实时监控，对接地线的放置及挂拆进行在线规范管理，消除库区接触网手动隔离开关断、送电、验电、挂接地线及电客车检修时存在的安全隐患，确保人身和运营的安全与高效。

（1）车顶作业及接触网断送电安全风险。

① 作业人员通过车顶平台登顶开展作业前接触网未断电，人员防止误入带电间隔区域。

② 接触网带电时误挂（合）接地线（接地开关）。

③ 带接地线（接地开关）误合隔离开关。

④ 电客车带负载误分、合隔离开关。

⑤ 错分、合隔离开关。

（2）通过车顶作业及接触网断送电的安全风险分析，确定制订以下安全联锁关系。

① 人在车顶作业时，所在股道接触网隔离开关断开，并挂设接地线。

② 接触网挂（合）接地线（接地开关）前必须先验电，确认无电。

③ 接触网带电工作时，人员不得上车顶作业平台。

④ 接触网隔离开关合前必须撤除（断开）接地线（接地开关）

（3）安全联锁监控系统方案。

针对以上安全风险确定的安全联锁关系，在运用库内安全联锁监控系统，通过对接触网隔离开关、接地线、接地点、验电点、车顶检修平台门等设置带芯片的锁具、门禁来进行联锁控制，实现作业安全联锁，确保作业人员和设备安全。安全联锁监控系统结构如图 6-22 所示。

在 DCC 设置安全联锁五防操作票终端、监控终端，通过按照联锁关系设定的操作程序，在终端将程序写入电脑钥匙，在现场按照钥匙中的程序逐步操作各点位锁具，从而实现安全联锁。接触网隔离开关断电联锁逻辑如图 6-23 所示，送电联锁逻辑如图 6-24 所示。

西安地铁针对多年电客车运用维修工作中的经验及问题总结教训，引入电力行业的多点锁扣（见图 6-25）安全管理方法，即在隔离开关锁扣上增加多点锁扣，一般为六点，又称六联锁。除安全联锁系统中该点位的锁具外，所有车顶作业小组如受电弓检修小组、空调机组检修小组等，还有负责安全监督的管理技术人员，分别在多点锁扣的不同点位挂设锁具，只有当所有作业小组全部作业完成撤除锁具，现场安全盯控的管理技术人员确认接触网送电作业规范安全有序并撤除锁具，方可进行最后一步的接触网隔离开关合闸的操作，从而进一步提升该项作业的安全卡控力度。

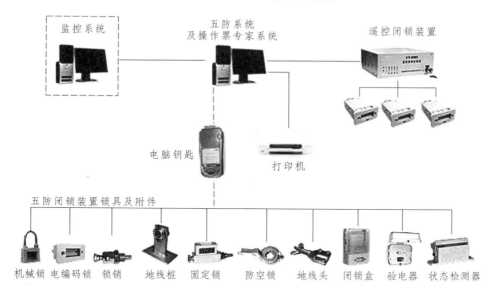

图 6-22　安全联锁监控系统结构

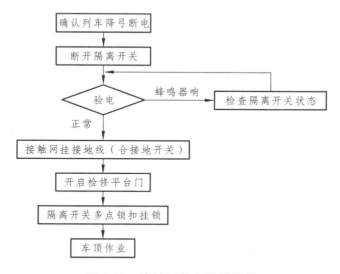

图 6-23　接触网断电联锁逻辑

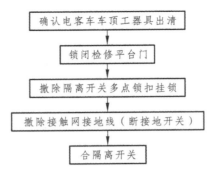

图 6-24　接触网送电联锁逻辑

图 6-25　多点锁扣示意

6.8　电客车运用维修管理创新

目前国内轨道交通行业，不论是各铁路局，还是先期开通的地铁，在电客车检修方面都进行了大量信息化建设工作，并基本上遵循了收集处理检修质量信息，继而进行统计分析，进而强化检修质量控制的模式，促进了检修质量稳步提高，在检修管理水平提升方面收到了良好的效果。

1. 管理信息化应用

设备检修质量进行评估所需数据日益增多，而西安地铁电客车检修及配套工艺设备、工程车的维修保养工作一直以来在管理上存在着设施设备数量、种类多，型号繁杂，作业地点分散等困难，在电客车和工艺设备出现故障时，报修、故障确认、故障鉴定、故障处理及问题销号等环节存在着流程烦琐、重复统计、效率有待提高等问题。因此需要改变传统模式，借助计算机网络、数据库技术等信息化手段，提高设备检修质量和效率，并进一步提升管理工作水平，进而开放使用各类信息化管理系统。

（1）电客车管理系统。

电客车信息管理系统设计电客车故障管理模块、生产日报管理模块、资料文件管理模块、电客车履历管理模块、公务督办及人事培训管理模块，对电客车维修质量、生产、技术、安全、物资、培训各个环节进行信息化管理。

电客车故障管理模块：

该模块具备电客车故障管理、走行公里统计、用电量统计、维修记录统计、生产组织、统计分析等功能。

① 故障管理。

具备电客车维修和运营故障的录入、查询和用户角色权限管理功能，录入信息来源于故障字典，保证了数据的规范性，为统计分析的准确性提供了扎实的依据。

② 维修记录。

通过维修记录，实时动态监控各线路、各车进行的生产作业流程。

③ 走行公里、用电量记录。

作为设备履历中的重要组成部分，为设备状态的判断及高一级修程的规划提供数字依据。

④ 生产计划。

自动根据修程修制设计，根据已完成的检修作业，动态生成新的生产计划。

⑤ 备件更换记录。

⑥ 统计分析。

具备电客车修程、洗车、正线故障、维修故障等数据的统计，及对正线故障率变化及检修班组绩效分析功能，对故障预警及检修环节中存在的薄弱点进行了有效的量化分析。

⑦ 系统维护

通过对故障字典的实时维护，可以使系统紧贴生产现场，保证系统的易操作性和准确度，并有效降低系统维护成本。

（2）生产管理系统。

对于每天的电客车检修具体作业环节进行安排与记录，用于对车间、班组各项工作进行组织，具备内容包括当值班组人员信息及出退勤记录、电客车作业记录、施工作业记录、设施设备作业记录、列车清洗记录、班组培训、临时工作安排记录、次日生产安排等功能。

① 资料文件管理。

对涉及所有部门工作的各类资料文件按用途、类别、使用范围进行分类，结合部门管理制度规范管理，并提供上传、下载、浏览等功能，在作为部门信息发布平台的同时，保证了所有资料文件的完整性、时效性和可追溯性。

② 电客车履历管理。

根据电客车管理要求，在信息化系统中建立电客车履历，对所有电客车技术参数、维修记录、专项修记录、软件更新记录、部件更换及追踪记录、更新改造记录进行动态更新管理。

（3）智能运维系统。

为了保证城轨电客车走行部诊断系统的正常运行，准确指导城轨电客车的安全运行和状态维修，在一些新线路的电客车安装有走行部诊断系统。

城轨电客车走行部诊断系统是城轨电客车走行部安全监测装备，由车载子系统和地面子系统两部分组成。

车载子系统对城轨电客车走行部的轴承、轮对踏面进行实时监测与自动诊断，并能对故障进行分级报警，准确指导列车的运用和维修。报警信息及时输出至列车 TCMS，保障列车运营安全。通过线路轨道公里标自动定位，在轮轨检测工作模式下对轮轨状态进行实时监测，提取车轮运行过程中轮轨关系作用下的振动、冲击信号，通过配套的地面子系统实现轮轨振动、波磨等详细分析，掌握轨道线路状态，为轨道线路提供维护建议。

地面子系统对车载子系统的监测数据进行综合、趋势分析，结果通过状态监测显示终端或打印终端输出，指导地面检修人员开展状态维修，对走行部关键部件实现全寿命周期健康管理。

系统组合如图 6-26 所示。

① 系统功能。

车载子系统：走行部轴承、轮对踏面故障的准确识别和早期预警，并实现分级诊断，通过 MVB/以太网总线，将报警信息输出 TCMS；车载监测数据通过 Wi-Fi/LTE 等车地无线通道，下传至地面系统；网络化管理及远程诊断支持；轴温监测功能；振动状态监测；轨道状态监测；地面子系统：主要是指地面健康管理系统（以下简称地面 PHM 系统），其自动对"车载实时数据、地面服务器中存储的历史数据、地面服务器中存储的案例数据"三类数据进行故障推理和机理诊断，对隐患进行危害程度辨识，实现走行部健康状态评估，基于对故障的预测和维修时机的预判，形成健康管理及维修建议指令，并发送至电客车维护支持应用服务器，准确指导电客车运用维修。

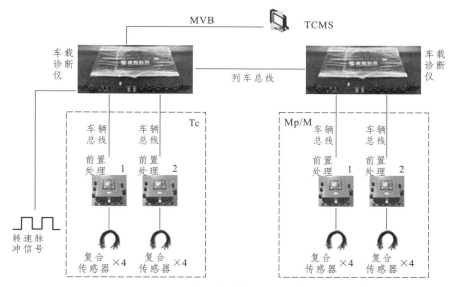

图 6-26　走行部诊断系统组合图

电客车维修作业完成后，作业人员将维修情况录入配套客户端，配套客户端将维修情况同步至电客车维护支持应用服务器，由电客车维护支持应用服务器将维修信息传输至地面 PHM 系统，形成电客车故障维修闭环。

除此之外还有如下功能：电客车走行部健康状态评估显示；电客车走行部运维决策；线路健康状态评估显示；线路状态维修决策；详细数据分析；维修信息闭环管理等。

② 故障案例管理及报表生成。

车载系统在线输出报警数据用于保障电客车的在线安全运用，通过 MVB/以太网输出到 TCMS，再由 TCMS 负责将该部分信息传递到地面监控中心。

根据对行车的影响程度，将故障等级分为三级：轻微、中等、严重。详细报警分类及处理方式，如表 6-15 所示。

检修人员收到故障信息后，对故障相关部件进行外观检查及温度检测，必要时应对相应部件进行解体检查，同时将检查及维修情况录入地面 PHM 系统，并及时通知本系统供应商。如有必要可通知供应商进行详细数据分析。

② 智慧运维平台健康评估。

地面系统基于车载离线数据完成走行部健康管理应用，通过健康评估模型，对诊断对象的健康状态进行评估，给出健康等级和维修建议，准确指导运用维修。健康评估与维修建议对应关系如表 6-16 所示。

表 6-15 车载报警分类及处理方式

故障类型	故障等级	详细故障	车载是否输出提示	是否HMI弹窗	处理方式
走行部监测对象故障	轻微	踏面一级报警（擦伤、剥离）	是	否	① 正常运营；② 检查该位置路面擦伤、剥离情况
		系统自身故障	是	否	① 正常出车；② 安排完当日行车任务后，回库检修
		踏面二级报警（擦伤、剥离）轴承一级报警	是	否	① 正常运营；② 参见地面系统检修建议进行处理
	中等	温度预警	是	否	完成当次运营后通知检修人员，按照地面系统检修建议进行处理
		轴承二级报警	是	否	完成当日运营后通知检修人员，按照地面系统检修建议进行处理
	严重	温度报警	是	是	就近站点清客下线

表 6-16 健康评估与维修建议对应关系

序号	对象类型	健康评估等级	状态程度（对应整车）	检修建议
1	轴箱轴承	正常	优	NA（不输出）
2		亚健康	良好	建议保持关注
3		轻微故障	良好	建议检查油脂颜色是否正常
4		中等故障	一般	1. 建议排查温升原因（若存在温升）；2. 建议检查轴箱有无不正常油脂泄漏（若存在温升）；3. 建议在剩余运营里程值之内，结合修程，制订维修计划，更换轴承
5		严重故障	较差	1. 建议排查温升原因（若存在温升）；2. 建议检查轴箱有无不正常油脂泄漏（若存在温升）；3. 建议尽快更换轴承
6	轮对踏面	正常	优	NA（不输出）
7		亚健康	良好	建议保持关注
8		轻微故障	良好	建议在近期修程内进行维修

状态程度说明：

优——状态正常，满足功能要求；

良好——状态发现异常特征，或存在轻微异常，一段时间内可满足功能要求；

一般——状态存在明显异常，日常维护需要重点关注；

较差——状态存在明显异常，随时可能发生重大问题，需尽快采取预防措施。

2. 乘客服务质量提升与创新

优质服务是一个企业生存的基石，也是塑造地铁良好的社会形象，提高企业竞争力的需要。如何提高客运服务质量，对于地铁公司来说是一项至关重要的工作，同时又是面临的一项重要难题。西安地铁对提升乘客服务质量工作并进行了针对性思考，并做出了很多尝试与创新。

（1）同车不同温。

夏季时节地铁车厢温度总是众口难调，有的乘客反映"汗流浃背""透不过气来"，有的乘客则表示"空调太冷，必须得披上一件衣服。为满足乘客的不同出行需求，西安地铁提出同车不同温理念，即将车厢制冷温度分为强冷、弱冷两种模式。1 车和 6 车设定为"弱冷车厢"，温度设置为 24 °C 左右。2 车至 5 车设定为"强冷车厢"，温度设置为 26 °C 左右。

同车不同温体现了服务的精准化，不同的乘客对车厢温度有不同的要求，同车不同温最大限度地满足了所有乘客对温度的需求。而且车厢温度越低，消耗的电能也越多，因此，此举也减少了资源的浪费。

（2）电客车运行舒适度研究。

根据国家要求，列车出厂后要进行平稳性监测，确保平稳性指标达到相关要求。平稳性是评定乘客舒适程度的主要依据，它反映了电客车振动（包括横向、纵向、垂向三个方向的加速度）对乘客舒适程度的影响，既乘坐舒适度和平稳性。利用平稳性测试仪对正线运营平稳性进行测量，主要测试数据包括正线运行噪声、列车运行平稳性两项。

通过对电客车正线运营情况持续测量，发现电客车运行情况随着运行时间增加而恶化。以电客车振动为例，3 年前列车在全线运行数据显示仅有 3 个区间有轻微振动情况，3 年后列车在全线运行数据显示仅有 9 个区间有振动情况，且其中有 3 个区间属于中度振动。噪声普遍情况下是伴随振动发生，振动大的区间噪声相对较大。针对这一情况采取镟修轮对、打磨钢轨的方式进行修复，修复效果较为显著，振动及噪声有较为明显的降低。

（3）电客车乘车率提醒设计。

西安地铁利用电客车已有的部分数据采集功能，通过对网络系统软件的改造升级，实现电客车乘车率的实时报警提示，为正线客流和乘客疏导提供辅助参考。

电客车正线乘车率的具体应用，是在单节车乘车率超过 50%、70% 时，电客车激活端司机室 TCMS 屏自动弹框给司机提示，并且能够看到具体哪节车厢乘车率超过 50%、70%。司机根据提示内容报告行调，按照预案采取措施进行客流控制，组织行车。

电客车正线乘车率的功能实现，是网络监控系统通过获取制动系统所采集到的车重信息，进行数据计算与处理，将 AW3 状态下的电客车载荷定义为 100%，对乘车率 50% 和 70% 分别进行节点定义，作为报警提示的判断标准。

（4）转向架振动检测应用。

西安地铁新建线路电客车大多装备走行部故障诊断系统，其主要功能是对走行部关键部件（轴箱轴承、车轮踏面、电机轴承、齿轮箱轴承、齿轮）在线实时诊断，对于故障实现早期预警和分级报警，保障列车运营安全。车辆走行部故障诊断系统，由车载监测子系统、车地数据传输通道、地面管理子系统、数据中心四部分组成，在广义共振与共振解调的故障诊断技术基础上，通过安装在走行部关键部件上的复合传感器实现多物理量（冲击、振动、温度）感知、智能监控、信息化管理、网络化传输、大数据服务等先进技术，地铁车辆走行部与轮轨提供全方位的安全监测、状态评估、故障隐患挖掘、维修指导、健康管理。目前应用最为广泛、对运用指导最强的诊断分析主要包括：轴箱轴承数据分析、踏面数据分析。

3. 维修计酬方式创新

为有效激发一线生产主动性，提高生产效率，落实多劳多得、奖优罚劣的分配原则，结合具体工作现状，制订按量计酬绩效考评管理创新。确保绩效分配既能反映员工综合表现、工作质量，又在一定程度上兼顾多劳多得，提升劳效，力争实现质量与效率的平衡。绩效分配方式力争做到公平、公正，分配全过程信息公开，规则透明。

（1）分配方式与生产模式、管理手段相适配原则。

绩效分配模式、开展范围及试点方式与分部现阶段生产模式相适配，能够较好地满足现阶段管理需求，同时现阶段的信息化管理手段也较好地支持以工作量为基本单位的分配方式。

生产岗绩效分为综合考评绩效和专项绩效两部分。综合考评绩效以员工职级为基础，根据原《绩效考评管理办法》对员工考核周期内综合履职表现进行评价分配，该部分绩效总额为分部生产岗绩效总额的约 80%。专项绩效以员工考核周期内的生产任务完成量进行评价分配，该部分绩效总额为分部生产岗绩效总额的 20%。

（2）请休假绩效管理。

假期种类包括：年假、病假、事假、产假、婚假、护理假、丧假、工伤假、哺乳假、调休。

① 年假、产假、婚假、护理假、丧假、工伤假、哺乳假。

生产岗员工休以上法定假期时，休假期间工作量按照休假时段考评周期的平均基础工作量计算，休假期间的绩效管理以工作量在综合考评绩效和专项考评绩效中的考评方式落实。

② 病假、事假、调休。

生产岗员工休以上非法定假期时，休假期间不给予额外工作量，考评周期内仅以实际工作量进行考评，休假期间的绩效管理以工作量在综合考评绩效和专项考评绩效中的考评方式落实。

（3）工作量核定。

工作小组前期指派专人对班组所有作业工序工作量清点及标准统计核定，通过对现场作业实际跟岗、作业项目清单统计开展电客车工作项点清单梳理，对现有的生产班组生产工序的工作量全面梳理核定。

7

车辆大架修阶段的全寿命管理

7.1　大架修维修策略的确定

所谓策略，通常的理解是根据形势和环境制订的行动方案和计划。车辆架大修策略就是车辆架大修的战略谋划，是确立车辆架大修的使命、主要目标以及工作原则的纲领性文件。简单地说，车辆架大修策略是根据配属车辆的技术质量状况，以及车辆维修单位的人、财、物、场地等环境条件制订的车辆架大修的方案和计划。架大修策略是车辆架大修整体思路的具体表现形式。

1.　车辆大架修整体思路

车辆架大修策略是如何开展架大修的一种战略谋划，因此架大修策略的设计过程就是架大修整体思路的具体实践过程，策略的内容、方案与计划是整体思路的核心表现。

1）车辆架大修策略的内容

车辆架大修策略按决策层级划分，可以分为高层策略、执行层策略、操作层策略；按架大修项目的实施阶段划分，又可以分为项目前期筹备策略、项目实施期策略、项目后期策略。

下面先按决策层级分类的方法对车辆架大修策略的内容进行简要介绍。

（1）高层策略。

高层策略是车辆架大修策略中最高层次的策略，是指导整个架大修工作的纲领。从内容上看，高层策略侧重四个方面的研究决策：一是车辆设备维修体系的定位与设计决策，确定线网内车辆大架修基地的配套方案与建设规模；二是车辆架大修维修模式的决策，确定是采取整车自主维修还是委外维修；三是车辆架大修技术规程的决策，明确车辆架大修的维修范围、维修深度和原则；四是各车型架大修项目的立项决策，批准车辆架大修的预算资金。

从决策主体看，高层策略的制订人员主要是城轨运营单位负责设备管理的高层管理者或决策顾问机构人员。总之，高层策略是有关车辆维修的整体性、长期性的战略方案，对车辆使用寿命及全寿命周期成本产生深远的影响。

（2）执行层策略。

执行层策略是车辆架大修负责实施的中心或部门规划架大修目标、总体计划的策略，是高层策略的展开和延伸。其核心内容是确定车辆架大修的总体实施计划和主要战略措施，重点是根据开展车辆架大修所需的资源条件，规划人员、设备、场地等资源筹集与分配原则，设计车辆架大修的能力模型，组建架大修生产车间（或分部），制订架大修中期规划（一般为三年），确定架大修的技术层级管理思路、物资筹备方法、质量管理体系等。

（3）操作层策略。

操作层策略是执行层策略之下的子策略，是对高层策略和执行层策略的贯彻、实施，对车辆架大修所涉及业务模块的运作思路和方法进行策划定位，主要由车辆架大修实施生产车间（或分部）负责，主要内容包括班组建设思路、工艺流程规划、工装制作方法、过程质量关键节点控制、作业现场 6S 管理等。

2）车辆架大修策略设计实例

如前所述，车辆架大修整车维修模式分为自主维修和委外维修两种，下面以整车自主维修模式为例来介绍架大修策略的设计案例。如果车辆架大修整车维修模式采用委外维修，城轨运营单位负责的工作内容相对自主维修模式要少，主要按委外维修项目管理的策略执行，在此不单独阐述。

为使车辆架大修的整体思路对各城轨运营单位更具参考性，本章将车辆架大修策略设计按项目实施阶段划分进行介绍，即分为前期筹备策略、实施期策略、后期策略。

（4）架大修前期筹备策略。

在正式开展车辆架大修前，需完成的筹备工作主要有架大修技术筹备、项目立项、生产计划规划、物资备件筹备、工艺装备筹备等，各项筹备工作均需成立筹备项目小组，各项目小组按项目管理的要求开展筹备工作。

在各项筹备工作中，架大修技术筹备工作是各项筹备工作得以正常开展的基础性、限制性工作，而架大修技术规程又是技术筹备工作中最重要的一项。架大修技术规程明确了车辆扣修的基本条件，规定了各系统/部件在架修或大修中的检修周期、范围和深度，因此，架大修技术规程是其他各项筹备工作开展的依据，是指导架大修工作的基础文件。

城轨车辆架大修技术筹备主要包括技术资料收集、车辆部件拆检评估、架大修检修规程（草案）编制、检修工艺文件编制、检修记录单编制等内容，其中技术资料收集、部件拆检评估主要为检修规程的编制做准备，工艺文件、检修记录单编制等工作是检修规程确定后技术工作的细化与深化。

架大修检修规程编制可按项目管理来推进，一般需在架大修首列车开工前 18~24 个月启动，规程编制时间需 4~6 个月。工艺文件在技术规程稳定后着手编写，需在架大修项目首列车开工前 3 个月完成，以供检修人员提前学习。检修记录单编制在项目正式开工前 1 个月完成即可。

① 项目立项。

车辆架大修项目所需资金应申请立项，以做到架大修资金专项管理。

项目资金预算主要指需向公司外单位支付的直接费用，其组成主要有架大修周转件费用、物资费用、备品备件费用、委外维修费用、部件检测评估与工装制作等费用，以上各项费用预算的依据基于架大修检修规程。车辆架大修完全成本中的职工薪酬、工具设备厂房折旧、管理性成本、劳动保护费、消耗的风水电等费用列为间接费用，一般不计入架大修项目预算立项的范围。

② 生产计划规划。

按架大修检修规程确定的检修公里数和运用年限范围，结合该车型配属列车数量、架大修检修能力、列车月均走行公里数等关键要素，编制车辆架大修的三年检修规划、年度检修计划，以供架大修生产部门、物资采购部门、生产调度部门执行。一般新开展架大修项目的筹备期约 2 年，因此，架大修检修规划为 3 年即可满足各项筹备工作及生产计划的安排。年度检修计划主要确定车辆的扣停时间，计划需具体到月、旬。

③ 物资备件筹备。

物资备件筹备分为两部分：一部分为通用消耗型物资，如通用机油、扎带、密封袋等，这类消耗物资可按存量管理；另一部分为备品备件，主要包括车辆零部件、紧固件、橡胶（机械）密封件，此类备品备件安装在车辆的特定位置，有特定的规格型号或技术参数，需按定额或预估的故障比率提前采购，不宜存量管理。备品备件的采购供货期一般国产备件为 10 个月，进口备件则大于 12 个月，备品备件的采购清单则需按此供货期提前编制并交物资采购部门完成后续采购。

④ 工艺装备筹备。

根据车型和修程的不同特点，每个架大修项目均需一批非标工艺装备，如检修过程中的夹具、存放架、运输/拆装工具等，由于各项目需求的工装设备数量不大，且多为非标件，常采取自制或委托外单位制作的方式。对于车辆部件检测试验台，涉及电动或液压驱动装置，需要计量检测或标定，由于此类设备技术含量高、自制难度较大，常采取公开招标采购的方式。

工艺装备可以在架大修项目开工前筹备制作能预见的部分，一般需在架大修开工后半年时间才能逐步完善。

⑤ 委外维修筹备。

车辆架大修生产部门根据自身的技术条件、维修能力及社会化资源等情况，拟将部分车辆部件委外维修。一般部件的委外维修需公开招标，生产部门根据公开招标的流程、时间节点提前开展招标工作，以确保架大修首列车开工前部件委外维修合同已经签署。

2）架大修实施期策略

架大修项目开工后，技术、人员、场地、物资、工装等已基本齐备，架大修生产车间（或分部）按照生产计划稳步开展具体的生产工作。但在项目实施期间，仍有几个相关的策略值得注意。

（1）技术管理策略。

① 技术规程修订。架大修检修规程编制前的拆检评估约须在架大修作业开始前两年完成。在架大修正式实施后，需根据车辆部件的实际技术质量状态对检修规程进行局部修订。修订工作一般在检修 2~3 列车后进行。

② 技术问题决策管理。架大修过程中技术问题的决策，按技术层级管理原则，由架修生产技术部门提出初步处理建议后报生产班组，生产班组对不涉及检修规程的问题进行确认回复，对涉及检修规程的问题，则由架修生产技术部门初审提出处理意见后再报上一级技术管理部门审批实施。

③ 工艺文件的完善。一般而言，在项目前期筹备中编制的检修工艺准确性、可操作性不强。在项目实施期，技术员或质检人员通过工艺写实来验证工艺的准确性、可操作性，并依此修订完善工艺文件。

（2）生产管理策略。

架大修项目实施期的生产管理策略主要是分析生产工序与工艺流程的合理性、科学性，通过完善架大修的整体工艺流程布局，改进部件检修的工艺设计，提高架大修生产效率。生产管理者通过定期召集技术员、生产调度、班组长检讨当前的工艺布局与工艺设计，提出提高生产效率的措施，通过实践验证后对确实有效的措施采纳并推广。

（3）物资备件策略。

在架大修项目实施期，物资备件管理主要是备品备件的管理，包括备件的定额管理与补充采购计划两个方面。定额备件的稳定一般与架大修检修规程的稳定同步，即在项目完成首 2~3 列车之后。因技术资料或拆检评估的局限性以及检修规程的修订均会导致首次申报备件的不足，需在项目实施的初期尽快补充采购。

（4）质量管理策略。

车辆架大修生产过程的质量控制、整车交验、上线运营后质保期内的质量管理、遗留问题的跟踪处理等工作，需由专职的质量管理人员来负责。一般质量管理体系与技术管理体系平行，组织构架分车间级（分部级）、部门级与中心级，车间级负责质量的自控，部门级侧重于质检，中心级侧重于整车的质量验收管理。

3）架大修后期策略

架大修项目结束后，需对项目的总体开展情况进行总结评估，即项目后评价。根据车辆架大修项目的特点，通常将项目后评价的内容分为决策与规划筹备后评价、实施与控制过程后评价、列车交付运营后评价，具体内容包括项目筹备、生产组织管理、技术管理、质量管理及修后质量表现与遗留问题处理、物资申购与消耗分析、经营分析等。通过项目的总结评估，梳理在架大修过程中验证有效的措施与方法，沉淀为架大修管理经验。同时，总结架大修过程中出现的问题和不足，制订相应的整改措施，避免在后续架大修项目中重复发生。

项目后评价常用方法有对比法、逻辑框架法、成功度分析法，架大修项目后评价主要使用对比法。

2. 车辆大架修遵循的基本原则

1）全寿命周期成本最低原则

全寿命周期成本（Life Cycle Costing，LCC）分析是经济分析的一种方法，用于对包括采购成本与业主成本的产品总成本的评估。该分析为产品设计、制造和维修对策的制订提供了主要的参考依据。

城市轨道交通车辆的全寿命周期成本主要包括新车采购成本和维修成本。车辆维修过程中消耗一定量的人力、物力、财力，把这种消耗用货币形式反映出来即构成维修单位的生产费用，把生产费用归集到成本项目中就构成了维修成本。车辆的维修成本在城轨运营单位各专业设备维修总成本中比例最高约占37%，而一列车首次架大修费用通常占车辆全寿命周期内维修总成本的比例高达60%~70%。以西安地铁2号线车辆为例，一次架修约350万元/列，大修约1000万元/列，日常维护平均每年约50万元/列，架大修成本约占总维修成本的75%。因此，合理控制架大修维修成本，对降低车辆全寿命周期成本意义重大。

（1）维修成本的周期性规律。

根据相关研究结论，运营和维修成本呈周期性变化的规律，实际成本中有规律性的成本高峰，这些高峰就是车辆架大修成本的体现。

（2）降低维修成本的主要途径。

为实现车辆全寿命周期成本最低的目标，需在车辆的寿命周期内考虑运营和维修成本。通过车辆全寿命成本分析，在运营维护期，新车采购成本已固定，维修成本成为车辆全寿命成本可优化的唯一部分。如前所述，架大修维修成本占全寿命期维修成本的绝大部分，因此需采取措施重点控制车辆架大修维修成本。

① 创新技术手段，实行状态评估。最理想的情况是建立以可靠性为中心的维修（RCM），依此理论制订车辆的架大修技术规程。以故障统计为基础，以故障模式分析作决策支持，合理地确定城轨车辆的维修需求，优化目前使用的车辆维修保养方式，提高维修效率，增强有效性、体现针对性、克服盲目性，可以大大降低城轨车辆架大修的维修成本。对一些故障后可造成清客或救援，以及对车辆运行存在较大安全隐患的车辆部件、易磨损的机械部件，根据不同部件的可靠性、故障率分析，可按不同的维修周期开展计划性大修，如轮对、转向架、牵引电机、制动系统、车门、贯通道等。

② 备件定额管理，降低物资库存。定额管理是实行计划管理，进行成本核算、成本控制和成本分析的基础，实行定额管理，对于节约使用原材料，合理组织劳动，调动劳动者的积极性，提高设备利用率和劳动生产率，降低成本，提高经济效益，都有重要的作用。车辆架大修物资备件管理中，均需采用定额管理的方法。在车辆维修的物资管理中，难度最大的是备品备件高库存问题。在车辆维修过程中由于故障的不可预见性，常见故障的备件宜采用最低库存管理。为避免少频次故障部件的供应不及时，也应适当采购此类备件，并列为战略库存管理。

③ 优化生产组织，适当集中维修。城轨车辆检修停时是一项比较重要的运营成本，缩短检修停时也能降低全寿命周期成本。架大修检修停时一般为30~35 天，若由于架大修工作安排导致车辆需多次扣修，则检修停时成本会相应增大。比较典型的例子是齿轮箱、轮对、轴箱轴承的检修安排，由于齿轮箱大修需先退卸车轮和轴箱轴承，因此当车轮运用到限需换轮作业，而齿轮箱距大修作业少于或等于 1 年时，可考虑提前开展齿轮箱大修，以避免 1 年后又需扣修更换轮对，进行齿轮箱大修作业，减少车辆重复扣修的停时。

2）项目管理制原则

广义上讲，项目是在一定时间内满足一系列特定目标的多项相关工作的总称。与其他常规化、标准化、重复性活动不同，项目是一次性、临时性、不可逆的任务，具有明确的成果目标和资源条件限制，且执行过程中存在各种各样的风险和不确定因素干扰。正因为如此，项目管理也不同于传统的职能行政管理，它强调的是灵活、高效、成功地运作，其核心理论是通过一个临时的、专业的柔性组织，采用目标分解（WBS）和 PDCA（计划、执行、检查、处理）循环闭环控制方法，对项目进行时间管理、投资管理、质量管理和风险管理，以实现项目目标的综合优化与提升。

车辆架大修从项目筹备、执行到后期的一系列工作复杂、涉及面广，但与一个城市开通一条轨道交通线路的运营筹备工作相比，它只算一个相对较小的项目。对于一条线路的车辆或一批同型号车辆的架大修而言，它的前期规划、项目筹备、执行都是一次性的、不可逆的，根据架大修规划时间表和年度检修计划表，首列架大修车的扣修时间、检修质量标准等约束条件都是明确的，但在实施过程中存在物资备件、工装设备、人员、资金等外部不可预控因素的影响，因此应用项目管理的理论和方法开展车辆架大修工作是客观要求和科学选择。事实上，目前越来越多的组织活动都是以项目的形式来运作，大到航母工程、奥运会筹备，小到软件开发、会务筹备。

可应用项目管理组织的临时性、柔性特点，以高效、专业、经济为原则，根据车辆架大修不同阶段的工作需求，合理组建临时专业团队。如架大修筹备期，可成立项目筹备组，负责技术筹备、备品备件筹备、工装设备筹备等工作。项目筹备组下面又可以成立筹备小组，如技术筹备组组织检修规程的编制时，可临时抽调公司（中心）内车辆专业的骨干技术人员，组成规程编制小组，待规程编制完成后，该临时小组即可自行解散。

3）自主修与委外维修相结合的原则

城轨运营单位自主开展车辆架大修工作，不等于所有车辆部件的维修工作全由城轨运营单位实施。可根据部件检修的技术难易程度、检修市场化程度、是否为国家指定检测单位等原则，实行自主修与委外维修相结合的架大修模式。如上海地铁1号线交流动力列车2007年每列架修成本为420万元，其中自行修理物料消耗315万元，委托外单位修理费用105万元，委外维修的费用比例占架修成本的25%。自主修与委外维修的划分根据各城轨运营单位自身的技术、人员、场地等条件不同而采取不同的方式。其划分原则在第2章中进行了详细的描述，在此不再赘述。

4）质量与成本相匹配原则

一般情况下，质量越高，维修成本也会相应增加。质量与成本是相互影响、相互矛盾的，过高地追求架大修质量会提高架大修维修成本；反过来，因架大修质量不合格而造成返修或整改，也必然造成总维修成本的上升，最终也达不到成本控制的目的。所以，成本控制应以满足质量为前提，但又不能浪费，达到企业和社会效益的最佳状态。以追求过高质量为目标，应在追求合格产品的基础上，做好成本控制，减少前文提到的车辆状态修维修理论、以可靠性为中心的维修（RCM）策略，就是在质量与成本之间的最新探索，是对计划性预防维修在质量与成本上相互矛盾的优化。通过优化，质量与成本将达到更好的统一。

5）相近车型兼容性统筹原则

城轨运营单位往往负责多条城市轨道交通线路的运营工作，线网中各型车辆的技术方案存在相近的情况，如广州地铁1号线、2号线、8号线车辆同属于A型车，其中1号线、2号线车辆的转向架技术方案比较相近，转向架的部分零部件可以互相通用。在这种情况下，车辆架大修筹备时需统筹考虑相近车型的兼容性。兼容性主要考虑架大修所需周转性备件的采购策略，检修工装及设备的通用性设计，检测试验设备的技术方案选定，以及架大修技术工艺文件的通用性等几个方面。对相近车型架大修的兼容性统筹考虑，可以降低城轨运营单位车辆架大修的总体效率。

7.2　大架修维修基地功能及设备配置

车辆进入架大修后将会对车辆进行架车、解体，并对零部件进行清洁、检查、维修、更换等多道工序，因此需要车辆维修基地内设置车辆架大修专用场地，并配备车辆维修设备。

1. 维修场地设置

大架修基地是进行车辆维修较大修程的场所，根据轨道交通线网规模和车型的不同而设置不同数量的大架修基地。

大架修基地一般根据维修作业内容进行设计布置，包括架车道、检修道、临修道、静调道、清扫间、油漆间、部件维修间以及物资存放等必要的辅助间；又根据车辆架大修的工艺流程，分为转向架作业区、轮对作业区、空调作业区、车体作业区、制动作业区、电气检修区等，并配备与车辆日常检修共用的试车线。除静调道需要将接触网引入库内，其他轨道不需要接入高压电源。

架车机所在轨道是大架修基地最重要的一条轨道，主要用于车辆架大修作业中最为重要的转向架拆装节点，这也是大架修基地建设的一个瓶颈。检修道为平直线路，检修道之间的间距要根据大修作业需要，综合考虑架车机等检修设备、移动设备、备件运输车辆及检修人员作业空间确定。临修道主要用于车辆临时发生故障的修复，并考虑列车解编需要。静调道用于对列车进行静态调试，检查列车各部分技术状态，对各种电气设备和控制回路的逻辑功能等进行测试调整。静调道需设置车间电源，车辆架大修后需要在静调道进行车辆的尺寸检查、地板高度测量、走行部尺寸测量等，直线电机车辆还需在标准轨静调道进行电机高度调整等作业内容。

大架修基地的布置应根据车辆架大修工艺流程确定。对车辆设备和零部件的检修一般采用流水作业和换件修结合的方式。采用换件修可减少列车的库停时间，并以合理的计划安排做到均衡生产。

2. 维修设备设置

1）维修设备分类

大修库内的设备分为通用设备和城轨车辆专用设备。通用设备有起重运输设备、机械加工设备、探伤设备、焊接设备等；专用设备有拆装设备、检测试验设备、非标设备和专用工装。主要有：固定式/移动式架车机、移车台、工艺转向架、称重台、各种试验台、工作平台等。

2）维修设备配置原则

车辆架大修设备众多，其配置原则与维修策略有关，一般是自主修与委外修相结合。专业化程度高的设备不需配置，可委托相关领域的专业厂家进行维修，如牵引电机定子绕线设备和浸漆设备。有特殊资质要求或市场成熟度较高的维修，可充分利用社会资源，减少投资规模，降低维修成本。

车辆架大修设备的配置应按基本需求、工艺需求和特殊要求进行，且配置的设备应具有先进性、专业性，必须安全、可靠、高效。车辆架大修应按照规程配备专用设备，如对列车进行架车、解体，转向架构架探伤、修正，轮对分解、检查、压装，牵引电机分解、检查、更换零部件、性能测试，车门门页拆装、恢复，车体油漆翻新等专用设备。专用设备的主要配置如下：

① 架车、车体分解工艺流程的设备和工装：包括固定式架车机、移车台、车辆移动小车、工艺转向架、天车。

② 转向架拆装工艺流程的设备和工装：包括转向架升降工作台、转向架静载试验台、转向架清洗设备、一系簧试验台、减振器试验台、构架翻转台、构架靠模。

③ 轮对拆装工艺流程的设备和工装：轴箱轴承压装退卸机、轮对退卸机、轮对压装机、动平衡试验台、车轮车床、磨床。

④ 牵引电机检修工艺流程的设备和工装：牵引电机试验台、电机吹扫设备、耐压试验台。

⑤ 制动系统检修工艺流程的设备和工装：空压机试验台、阀类综合试验台、基础制动单元试验台、压力机。

⑥ 电气部件检修工艺流程的设备和工装：电气综合试验台、传感器试验台、高速断路器试验台、逆变器试验台。

⑦ 空调检修工艺流程的设备和工装：空调机组综合试验台、冷媒充放设备、空调焊接设备

⑧ 蓄电池组检修工艺流程的设备和工装：蓄电池组充放电机、叉车。

⑨ 其他部件检修工艺流程的设备和工装：车钩试验台、车门试验台、受电弓试验台、集电靴试验台。

⑩ 静态调试、动态调试工艺流程的设备和工装：称重试验台、静调电源柜、故障诊断电脑。

⑪ 油漆工艺设备：油漆设备房、油漆打磨房、油漆烘干房、通风设备。

⑫ 其他加工工艺设备：车床、磨床、刨床、铣床、钻床。

7.3　大架修立项及前期筹备工作

1．技术评估

1）数据资料归集

在车辆架大修项目开始之前，需进行有针对性的、充分的技术评估。评估的基础来源于与维修相关的数据资料，主要包括整车供应商提供的车辆维修手册、采购合同技术手册、设计联络及澄清文件、通用产品规格书或说明书、运营维修数据、后期升级改造资料及行业内的经验数据等。

车辆维修手册等资料：建议在新线车辆采购合同内即明确要求整车供应商提供，必须包含维修计划、必换件与选换件清单、相关技术标准、维修工艺方法、部件结构剖图等内容。

通用产品规格书或说明书：可要求子供货商提供，如紧固件、电气元件、接触器等。

运营维修数据：主要是行车公里数、元器件动作频次、运行时间、故障更换频次、测量调整间隔等，建议维修部门从试运营期起即建立维修数据记录系统，定期收集并整理数据。

升级改造方案：建议维修部门收集列车开展过的所有改造方案文件，包括改造背景、具体实施方案及改造后评估效果报告。

行业数据：建议通过国际地铁协会或国内具有丰富架大修经验的地铁公司，有针对性地对各系统进行交流，学习架大修经验。

通过收集以上数据资料，并进行筛选整理，滤除干扰信息，并针对每个系统、关键部件制订评估计划。

2）诊断分析方法

计划确定之后，需着手开展评估工作，常用的分析评估方法如下：

① 纯粹的数据分析,适用于有数据记录或可推算出有关数据的系统或部件，常见的是行车公里数、部件通电时间、动作频次以及部分元件，如继电器、按钮开关的故障更换频次。

② 目视检查,如部件表面的磨损或锈蚀程度、清洁度等。

③ 拆解评估,主要针对无法直接目测的、需进行必要分解后才可检查内部结构的情况，如制动单元、牵引电机、阀类、空调单元等大型部件内部的密封件、金属紧固件、金属弹簧件等。

④ 借用,专业设备、仪器测试参数,包括静载试验台、称重调簧设备、制动单元试验台等各类专业试验设备，以及常用仪器如万用表、示波器、函数发生器、分贝仪、振动仪、红外测温仪、探伤仪等。

⑤ 送专业机构检测,如各类润滑油脂、金属件或橡胶件的特性、开关元件的可靠性等。

3）规程工艺编制

规程工艺内容需包括总体原则（入修时间或公里数的选择）、具体维修内容及要求、特殊材料及设备仪器、探伤范围、部分系统的必换件清单等，可按系统/部件，并结合工艺顺序划分成多个章节，如修前检查、整车拆解、各系统部件的拆解维修及组装、整车组装、静态调试、动态调试等。因为架大修规程直接影响车辆维修备品备件等物资采购工作，考虑申购计划审批流程及物资的生产周期，规程应在车辆架大修工作开始前2年完成，以尽早确定需求清单。

应在充分了解所整理资料的基础上，结合拆解评估的实际情况进行工艺编制，工艺文件包含各工艺步骤的操作示范、具体参数要求、工具量具使用、必换材料清单、安全注意事项、关键卡控点等内容，尽可能包含拆解步骤的图片，做到图文并茂。

因车辆架大修项目的总工期一般都在3年以上，维修过程中不可避免会出现规程或工艺与运用现状不匹配的情况，因此建议定期对规程/工艺进行评估并修订，一般一年一次比较合适，除非出现因规程/工艺问题而出现的重大隐患或事件。

2. 人力资源筹备

车辆架大修属车辆的最深度维修，应根据其特定的工作要求对各岗位作分析，形成岗位管理系统，其人力资源岗位要贯彻流程化设计思维，通过流程明确各岗位的输入及输出工作关系、工作目标、责任和权限，做到配置完善、一专多能、授权充分、监控到位。

1）岗位设置原则

分析车辆架大修作业特点，合理进行岗位设置。车辆架大修是车辆的深度修程，在架大修中需要将整车进行拆卸、分解、修理、安装和调试作业，耗时最长达到 30 个工作日以上，所需备件量大、金额高，维修项目众多，委外招投标合同金额较大，因此需要生产管理、物资成本管理、合同项目管理、维修技术、生产作业等几大类岗位人员。对这几类岗位进行分析，进一步明确其岗位目标、上下级关系、工作职责、任职资格、资源配置等情况。

2）岗位配备标准及能力要求

按照车辆架大修作业的特点，综合采用比例定员、车辆定员、经验估算、行业对比等方法，细化各岗位设置和具体编制，并按照"精简、高效"的原则，参照行业先进水平进行标准配置。在研究香港地铁、广州地铁等已成熟运营多年的地铁公司情况后，发现其维修作业人员在形成线网维修后，总体在车辆作业配员/列的 13%～25% 范围内波动，总趋势是随着维修管理水平越来越高，作业自动化程度越来越高，其维修人员数量将逐步下降。但随着线网发展，车型和维修列车数量增多，维修人员数量又在不断地增长。一线生产人员的配员数受多方面影响，与城轨运营单位的运用维修策略有关，如采用状态修还是计划修、作业委外程度、保洁人员配备等；与车辆架大修的维修规程内容有关，如某一项作业在不同级别规程的作业要求会有所区别；与作业设备的自动化程度有关，如配备自动清洗设备还是人工清洗。总体上，维修技术人员约按一线生产维修人员的 15% 配置，后勤及职能管理人员按生产维修人员和技术人员的 10% 配置，生产管理人员按前三项人员之和的 5% 配置。车辆架大修所需人员的配员标准不是一成不变的，而是动态变化的，且与维修人员的能力密切相关。普遍考虑应具有中级水平，如一线生产维修人员平均水平为中级工，且中级工的比例约占生产维修人员的 60%，技师、高级工和初级工合计约占 40%，而具体生产岗位配员标准大概需要 1.5～1.9 人/节。同时，为适应轨道交通的快速发展，需要考虑配置必要的储备人员。在完成人员配置后，还需要在生产实际中不断地磨合尝试，找出最合乎实际的配置。

3）建立岗位培训体系

综观中国大地，正在经历有史以来规模最大的城市轨道交通建设热潮，多个城市兴建城轨交通，人员流动频繁，各类人才会加入到轨道交通车辆维修行业，因此必须考虑如何使员工快速适应车辆架大修要求。根据车辆架大修人员岗位配置分类，需要分别进行管理人员、技术人员和生产作业人员三大类岗位培训；根据培训实施方式可分为供货商培训、同行培训、订单培训和自主培训四种。

①　供货商培训主要是在线路运营前期由车辆供货商组织的专业知识和管理培训，架大修管理人员、技术人员及生产人员需要参加前期培训，以便尽快掌握技能。

②　同行培训邀请有多年开通运营经验和车辆架大修经验的同行，如北京、广州、上海等城市轨道交通企业安排培训，管理人员、技术人员均可参加，可以快速掌握维修管理、技术经验。

③　订单培训主要针对铁路系统大、中专院校铁道车辆方向的学生进行订单培养，是企业引进新员工的主要途径。可按照架大修对人员素质和知识技能的要求，提前在学校培养员工，以生产岗位人员为主。

④　自主培训这是车辆架大修岗位培训的主要方式。主要是针对生产一线的在职员工，通常包括架大修技术规程培训、工艺操作培训以及安全培训等。一般由城轨运营单位内部组织培训师讲课、师徒带教、专业技术人员授课等。

3.　物资筹备

1）确定物资需求

车辆架大修物资需求主要是车辆备件的需求，其中备件可细分为高价周转件、普通周转备件、消耗备件三大类。应在项目筹备初期制订各类型备件的需求原则，以结合维修计划，统筹管理总体物资采购工作。

高价周转件和普通周转备件的需求量主要取决于维修深度、维修方式、维修周期及并行扣修列次等因素，如大修还是架修、现车修还是换件修、自主修还是委外修、并行扣修是否多于1列车等。高价周转件作为固定资产，需考虑企业的财务策略，另因其一般体积较大，需考虑实际存放条件，一般以不超过2列车为宜。

消耗备件为直接更换不可重复修复使用的备件，按照更换比例分为必换件和视情更换件。必换件即按照规程要求在架大修过程中必须消耗的备件，视情更换件为故障更换件，两者可能因初期评估预测的准确性不足，而在维修过程发生互相转换的情况。普通备件按类型又可分为专用电子板件及电气模块、日常消耗件（制动闸片、碳滑板）、普通消耗件（紧固件、密封件）、继电器按钮开关等类型，后三类一般属于必换件，可视项目规模分批次采购，建议项目列车数多于15列或项目跨度3年以内的分2批次采购，项目列车数多于30列或项目跨度3年以上的考虑分3批次采购。

2）制订采购计划及清单

根据架大修项目的总体实施计划，需确定各类物资的到位时间节点，并以此倒排采购工作计划，包括市场调研、清单编制、经营审核、技术审核、招标比价、到货验收等节点，应预留一定的时间余量。一般而言，第一次批量备件因市场情况不清、技术资料不齐、需更换清单范围难以精确把握等因素，申购工作难度大，尤其是非标准类备件，往往在开工前难以顺利采购到位，需特别注意。

采购清单一般按照专业系统分别编制，可分为走行部专业、牵引主回路专业、辅助及控制专业、车门车体专业、受流专业、空调专业等，清单应包含物资企业编码、物资名称、详细规格型号、采购单价、数量、到位时间等，已开展过的项目也应将库存、在途及过往消耗等数据纳入清单表格，以便审查。

3）确定仓储及配送方式

车辆架大修需求物资种类多，总量庞大，需根据物资特性预留充足的、合适的存储空间。存储类型一般分为精密元件及仪器库、危险化学品库、密闭式存放库及普通敞开式存放库等，同时应考虑设置废旧物资的存储区域，如车辆用废旧件、化工用品遗弃物等。根据维修情况，应设定安全库存量，即在库内预留适当数量的备件，降低生产风险。因架大修项目一般跨度在3年以上，除了分批次采购外，可在合同内要求供应商按实际需求送货，既可有效降低库存成本，提高资金利用率，也可缓解存放条件不足等压力。部分常用消耗件如紧固件等，可提出项目总需求量，与供应商签订特殊供货协议，如将供应商的库房前移至维修库房区域，供货商根据安全库存定期补货，并以半年或一年为周期定期结算，项目结束后再作总体结算。

4. 项目立项

项目立项前应准备好以下文件作为编制立项申请书的支撑材料，主要包含预算书、项目可行性报告以及相关会议文件和技术文件、清单等。

1）编制预算

编制车辆架大修项目预算应遵循真实性、科学性、完善性原则。真实性原则要求预算测算时有真实可靠的依据，不能凭主观印象或人为随意提高或降低标准，应以架大修检修规程对应的物资需求清单和市场真实行情为基础编制；科学性原则要求编制方法规范科学，过程清晰明了，有理有据，同时需要程序科学，要以项目开工时间为目标，倒排编制过程的各个节点，必须预留充足的时间用以编制、审查、修订及上报审批，确保预算编制质量；完善性原则要求预算组成结构完整，主要分为备件、物料、固定资产（含周转件和设备）和委外维修四大模块，同时，应针对维修行业特性，通过借鉴过往或其他城轨运营单位维修经验进行横向对比、评估，预留合理的突发故障维修预算。

2）编制可行性报告

可行性报告作为项目立项报批的重要依据，应包括项目概述、维修模式选择、项目预算、能力分析、实施需求和结论五个方面。

项目概述简单介绍项目总体情况、实施背景及必要性。

维修模式的选择主要从技术、经济、安全保障等方面，分析选择自主修或委外修的依据，如属于原厂家技术封锁、市场成熟度高、劳动密集型行业、自修能力尚未具备等情况，可考虑选择委外修。

项目预算必须包含项目开展所必需的资金预算，一般包含备件物料、委外修、固定资产及其他必要的预留资金。

维修能力包括业已形成的能力和项目正式实施前将要形成的能力，主要从生产五要素即"人、机、料、法、环"方面进行分析。

实施需求即在维修能力分析的基础上，找出需外部协调或配合的关键事项，如委外修项目的招投标工作、备件或设备的采购、车辆运输配合等。

最后，根据以上论述，得出可否实施自修的结论。

3）其他文件材料

其他支撑文件包括原车辆采购合同、各层级审查会议纪要、架大修检修规程、物资需求清单及其他相关技术文件。

7.4　大架修技术文件编制

1．大架修规程的确定

车辆架大修的技术文件主要包括：检修规程、检修工艺、作业记录单、条件物料清单、质量验收标准、技术通知单、技术问题处理单等。

1）大架修规程

大架修规程是指车辆架大修过程中必须遵循的技术标准、检修要求、作业程序，具体内容包括车辆架大修入修条件、各系统的维修要求及标准、调试流程及标准等。对于委托外单位维修的部分，其委外维修需求书即是该部件的检修规程。在车辆架大修的技术文件体系中，检修规程具有类似国家"宪法"的地位，其余技术文件均依据检修规程进行编制。检修规程的正确性和先进性是主要的编制要求。正确性是指检修规程能准确反映车辆各系统及部件在维修前的技术状态、存在的技术缺陷，并制订切实的维修技术要求，为保证其正确性在编制检修规程前需对车辆各系统的状态进行评估；先进性是指在考虑维修内容的同时，也充分考虑维修停时、维修费用等因素。具体模式可参考西安地铁 2 号线电客车架修规程，其电客车架修规程目录模板如图 7-1 所示。

目　录

图 7-1　电客车架修规程目录模板

2）检修工艺

检修工艺也称为作业指导书或标准作业流程，是为了保证车辆架大修质量而制订的操作文件，以确保检修规程的要求在作业中实现。编制的工艺文件具体内容包括：适用范围、所需工具及物料、作业人员的技能要求、作业工序、作业方法及示意、安全注意事项等。工艺文件的编制基本采用"谁维修谁编制"的原则，应结合维修部门现有的技术水平、工装设备配备情况、劳动力定额和生产作业现场条件，充分考虑作业人员的可参考性和执行性，描述准确无歧义，可直接指导员工正确完成维修操作。

3）作业记录单

作业记录单是严格按照检修规程编写并适时记录作业全过程的原始记录，具体内容包括：测试数值、检查的情况、作业人员、检查人员等。作业记录单是对维修作业情况进行追溯的最有效的技术文件，应妥善保管。作业记录单的编制，应充分考虑作业内容以及作业任务分工，按作业时间安排进行必要的细化。在信息化管理程度高的检修单位，在作业现场设置了工位机，实现了检修作业记录单的电子化回填。

4）备件物料清单

备件物料清单通常包括定额消耗的备件和物料清单、故障消耗的备件和物料清单，是修前准备备件及物料的重要依据。

5）质量验收标准

质量验收标准是依据检修规程和检修工艺所编制的对已完成架大修部件或系统进行验收判断的技术文件，具体内容包括：作业内容的完整性以及主要技术参数等。质量验收标准的编制，应在验收质量控制和验收效率两个关键点中予以平衡。

6）技术通知单

技术通知单是检修规程以外的一种有效技术文件，通常用于对检修规程或检修工艺的临时补充或修订，是由上而下的技术要求。技术通知单属于临时性的技术文件，应注明有效期，有效期结束后如需继续生效，需另行下发通知或正式修订检修规程与检修工艺。

2.　大架修维修方案的确认

城轨车辆是一个十分复杂而又庞大的系统，由不同的子系统组成，各子系统彼此功能不同而又相互关联。车辆系统根据车型不同，会有不同的设计，部件的结构和型式也会相应进行改变。如直线电机车辆减少了齿轮箱、联轴节、齿轮箱吊杆等部件，增加了直线电机悬挂装置。车辆架大修工作是对车辆的全面维修，应以原车辆供应商提供的维修手册、大修手册、操作手册等文件为主要参考依据，同时结合车辆实际运用的情况进行维修。城轨车辆各系统或组成部件的可靠性直接关系到车辆的正常运营。车辆各主要部件的实际寿命决定了其维修周期和维修深度，通过技术评估分析掌握各部件故障规律及各部件的实际寿命，根据技术评估结果制订合理的维修规程，结合维修规程在车辆运行一定时间间隔或运行里程，在架大修作业时来完成相关部件的维修维护，降低车辆各系统或部件故障风险，提高架大修后车辆的可靠性，进而减少车辆突发故障对正线运营的影响。以列车整体作为维修对象，把不同子系统按照同一模式进行计划性预防维修不仅不具备针对性，而且造成人力物力的浪费或者维修不足等缺陷。

此外，在新车设计制造过程中，不同企业对可靠性工程的要求不同，且运营环境和日常维护内容、周期也不尽相同，因此，车辆架大修的维修方案可参考其他城轨运营企业的方案，但不能直接照搬，须结合车辆可靠性管理、状态评估具体研究确定。

因此，对于整车及部件的维修方案，应遵循可靠性维修的思想，根据各系统或部件的可靠性状况，以最少的维修资源消耗，运用逻辑决断分析等方法来确定所需的维修内容、维修类型、维修间隔期和维修级别，制订出维修大纲，强调以设备的可靠性、设备故障后果作为制订维修策略的主要依据。下面以西安地铁大修方案为模板，结合大修初期作业实际情况，涉及到各系统备件维修方案的大修方式可参照转向架系统。转向架系统备件大修方式如表 7-1 所示。

表 7-1　转向架系统备件大修方式

序号	部件名称	使用寿命	寿命来源	大修维修方式	维修依据
1	构架	30 年	GB 50157—2013 地铁设计规范	构架探伤、附加气室检查、尺寸测量	2 号线维修手册
2	空气弹簧	10 年	二号线维修手册	更换	2 号线维修手册
3	横向油压减震器	20 年	TJ/CL 411—2014 铁道客车转向架用油压减振器 暂行技术条件	检查维修，更换密封圈	该部件维修数量少（每列车 12 个）且市场维修成本低。
4	横向止档	7 年	2 号线维修手册	更换	2 号线维修手册
5	轴箱弹簧	8 年	2 号线维修手册	更换	2 号线维修手册
6	安全钢索	30 年	2 号线维修手册	检查维修，更换尼龙套	2 号线维修手册
7	高度调整杆	30 年	2 号线维修手册	检查维修，更换球面轴承	生产厂家提供文件
8	中心销	30 年	2 号线维修手册	探伤	2 号线维修手册
9	牵引梁	30 年	2 号线维修手册	更换中心销套并探伤	2 号线维修手册

序号	部件名称	使用寿命	寿命来源	大修维修方式	维修依据
10	牵引拉杆	30 年	2 号线维修手册	更换橡胶节点、本体探伤	2 号线维修手册
11	联轴节	30 年	联轴节维护手册	更换挠性板、探伤连接板及耦连器	联轴节维护手册
12	制动软管	7 年	2 号线维修手册	更换	2 号线维修手册
13	金属管路	30 年	2 号线维修手册	吹尘，更换管路连接密封垫	2 号线维修手册
14	排障器	30 年	2 号线维修手册	探伤	2 号线维修手册
15	天线端梁	30 年	2 号线维修手册	探伤	2 号线维修手册
16	紧固件	—	2 号线维修手册	紧固件全部更换	2 号线维修手册

7.5 大架修部件维修策略研究

1. 部件状态评估

1）部件拆验及状态评估

为了便于制订检修规程和作业指导书，应对电客车架大修前的部件质量状况进行摸底检查。车辆架修大修时大部分部件要从车体上拆下，进行必要的分解、清洁、检查、维修和调整，要更换一些密封橡胶件、磨耗件、一次性使用件和工作寿命到期的零部件，对状态不良的零部件进行修理；维修过的部件在装车前需经过必要的试验，组装完成的车辆还要作整车的调试，以保证经维修后的车辆能可靠运行至少一个架修、大修期。在拆验的同时可以对车间技术人员和工人提供培训。

2）对部件的维修模式进行分析

部件维修模式初步的大体分类：自修、合作修和委外修。对于 3 种维修模式的制订同时应考虑几个因素：该部件自修的技术可行性以及在其他线路的通用性。对 3 种维修模式进行的工艺路线和流程进行分析，制订出所有需更换的零部件及材料清单（须注明规格、型号、数量、价格、供货厂家）。同时对目前生产条件进行评估，从而确定维修模式。

先确定自修部件，再确定因自修方式不够经济而须采取委外修的部件，最后确定合作修部件。对于维修资料齐全、部件数量多、维修工作量大、维修难度小、维修设备投入资金少的部件采取自行维修模式，这样可以减少备件的库存量，减少资金积压，降低车辆维修成本。如受电弓（维修资料齐全、维修工作量大、维修难度小、维修设备投入资金少）、高速断路器（维修资料齐全、维修难度小、维修设备投入资金少）、车门、空调和车钩（维修资料齐全、部件数量多、维修难度小、维修设备投入资金少）等部件，相关试验设备均已采购到位。又如牵引电机轴承的拆装，由于部件数量多、维修工作量大、维修难度小、维修设备投入资金少，因此也采用自行维修。

对于一些电子和其他设备，包括子部件：司机室面板、电子设备柜、辅助电气箱、接触器、继电器、车间电源、牵引系统电子板、制动系统电子板、空调系统电子板、信息系统、显示器，因不掌握其电路板制造技术和核心软件，可以采取委外修的模式。例如，牵引电机的转子和定子故障率很低、维修要求高、供货商未提供维修资料、维修难度大，如果自行维修，需要配备一整套专用检修、测试设备及专业维修队伍，设备昂贵且利用率低，经初步调查，该部件在国内容易找到专业维修厂家，且委外修的费用低于自行维修的费用，因此该部件应委托专业厂家维修（主要为定子的维修，转子的维修成本通常会超过新购成本）。

2. 维修策略优化调整

通过项目管理的方法指导架大修作业，项目工作分解的基本思路是：以项目目标体系为主导，由上而下，由粗到细进行。因此在对地铁电客车大修期间车辆入修、分解、维修、组装、调试、验收、交付运用等逐层分解。要遵循维修工艺规程的特点和实践经验，符合技术要求、维修进度的跟踪和控制，有利于提高生产物流、工作流紧密联系的整体，而工作分解可以将其实施的过程划分监督和控制的单元。单个独立的项目又具有一定的弹性，随着现场实际情况变化而发生改变，同时彼此之间也相互影响、相互联系结构与动态系统的统一。

地铁电客车架大修项目管理模式下的进度计划与控制计划、人员和物资调配、资金预算等，是指导项目实施的有效工具。由于不同车型的维修流程并不相同，因此电客车架大修项目是以流程而不是最终产品为导向的。以转向架大修为例：

首先，根据转向架大修的维修内容，将这个复杂大部件的维修工作，按维修的工艺流程分解成几个大的工作包：转向架分解、转向架各部件维修、转向架组装、转向架气密性检查和加载试验。

其次，对大工作包进行有层次的分解，使得各个子任务在转向架大修中的位置和作用能够直观地反映出来，直至分解出来的任务能够很容易确定所需的资源（人员、工时、设备等）为止。

然后，根据所分解的各个子任务形成活动清单，并对活动清单中的各活动进行排序、评定工期以及确定活动所需资源和各活动间的制约关系。

最后，根据活动清单形成甘特图形式的进度计划，用于车间指导现场生产进度的控制计划，转向架大修进度控制建议如图 7-2 所示。

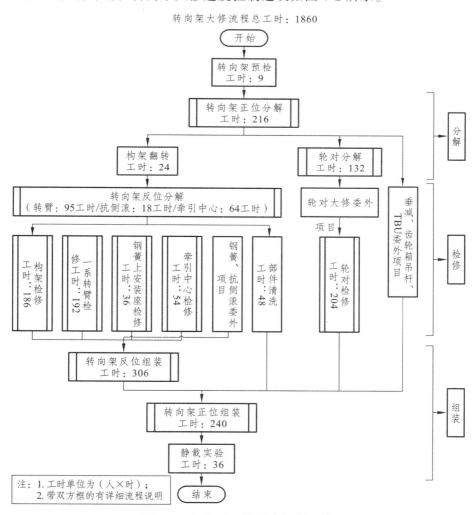

图 7-2　转向架大修进度控制建议

7.6　大架修维修能力及生产组织

1．架大修维修能力规划

1）维修能力的定义和影响因素

（1）维修能力的定义。

对于城市轨道交通车辆架大修而言，维修能力通常是指一定时间段内所能完成的城市轨道交通车辆架大修的数量。

设计能力与有效能力。维修能力可以细分成两种能力：一是设计能力：根据《地铁设计规范》，基于车辆段架大修库设计的维修列位、配属设备以及通用车辆架大修工时，理论上计算出的最大产出，即所能完成的最大架大修车辆数量。二是有效能力：设计能力扣除因个人时间、设备维修、车辆质量因素、车辆技术差异等情况下造成的维修能力减少部分。

设计能力是理想情况下最大的可能完成的车辆架大修数量。由于车辆技术类型、维修深度、维修范围的不同引起的组合改变，设备定期维修，员工正常休息，作业计划和作业平衡等情况的出现，有效能力通常要小于设计能力；而由于设备故障、员工缺勤或流失、备品备件和物料供应不到位、质量以及其他生产管理人员所不能控制的问题，实际产出通常要小于有效能力。

效率与利用率。以上两种不同能力的测量在定义两种系统效益时非常有用，即效率和利用率。效率是指实际产出与有效能力的比值，而利用率是指实际产出与设计能力的比值。

效率 = 实际产出/有效能力

利用率 = 实际产出/设计能力

高效率所表示的资源有效运用并不能代表资源真正得到有效运用，可以通过以下例子说明这一点。

例如，给定以下信息，计算某城市轨道交通车辆架大修部门的效率和利用率：设计能力 = 32 列/年，有效能力 = 25 列/年，实际产出 = 20 列/年，则

效率 = 实际产出/有效能力 =（20 列/年）/（25 列/年）= 80%

利用率 = 实际产出/设计能力 =（20 列/年）/（32 列/年）= 62.5%

这样，与每年 25 列的有效能力相比，每年 20 列的产出似乎还过得去。然而，当与每年 32 列的设计能力相比，每年 20 列的产出就不那么理想了。

因为有效能力决定了实际产出的可能性，因此，提高能力利用率的关键

是通过改进车辆维修质量、保持设备良好运行、充分培训员工技能和有效利用瓶颈设备。

（2）有效能力的影响因素。

城市轨道交通车辆架大修系统设计和实际运营诸多决策都能影响维修能力，这些因素主要包括设施设备因素、车辆技术类型因素、维修过程因素、人力因素、运营因素、物资供应因素和外部因素。

设施设备因素。设施的设计，包括规模以及今后扩展的余地，是一个关键的因素。选址因素，包括车辆架大修库所在车辆段在线网中的位置、车辆段周边的配套资源情况、架大修库扩展空间，也是很重要的因素。同样，架大修库的布局决定着架大修工作能否顺畅完成。库房通风、光线等环境因素以及库房设备配置，对于员工是否能有效工作也起到很重要作用，必须尽力克服不良设计带来的影响。

车辆技术类型因素。车辆技术类型对维修能力也有很大影响。如果维修的车辆技术类型基本一致，其生产工艺流程、备品备件、生产物料就越有可能实现标准化，员工作业节拍易统一，维修过程切换少，从而能达到更大的维修能力。

维修过程因素。维修过程的质量控制能力是决定维修能力的一个明显因素。如果车辆架大修质量不能达到标准，质量检验环节大幅增加和返工就会影响生产速度。维修效率也是影响维修能力的一个重要因素。在维修行业，标准工时与生产工时的比率称为维修效率。标准工时是表示完成维修工作需要的平均时间，可以视为正常生产需要的时间及成本；生产工时则是完成特定维修生产实际需要的时间，也可称为实际维修工时，是维修中实际投入的时间及成本。良好的维修效率为 115%~125%，良好的维修效率可有效保证稳定的生产速度。因此，提高维修质量和改善维修过程会提高维修能力。

人力因素。城市轨道交通车辆是技术含量很高的机电一体化设备，其包含很多个子系统。要完成城市轨道交通车辆的架大修各项工作任务，维修人员需要进行较长时间的培训和实践，员工的技能和经验对提高实际产出能力有很大影响。另外，员工的激励、责任心、团队氛围也与产出能力有关。

运营因素。由于城轨运营企业线网中配属车辆的数量、运营车辆的上线率、运营线路条件、车辆平均载客量等的不同，车辆运营里程和技术质量状态会存在很大差别，这就会产生车辆架大修排程问题，对车辆架大修的维修能力的要求会有很大的区别，也会影响有效维修能力。

物资供应因素。如果车辆技术类型较多，在规划维修能力时就要考虑物资供应的影响因素。维修车辆技术类型的不同，维修所需的车辆备品备件和物料种类将会大幅增加，种类增加但各种备件和物料数量需求若不多，物资采购途径和方式将会影响是否能正常供应，从而影响维修能力。另外，仓储、运输和供应商的渠道都会对维修能力产生影响。

外部因素。维修标准和车辆性能标准的高低，会对维修能力产生影响，过度维修或欠修对城轨车辆架大修都不合适，欠修会无法保证车辆运用安全，过度维修会造成人力资源和成本浪费，降低有效维修能力。另外，劳动法规定的员工工作时间限制和相关安全条例对员工可以从事工作种类的限制要求也会影响有效能力。

2）维修能力需求的预测

维修能力需求的预测涉及长期因素和短期因素。长期因素与维修能力整体水平有关，比如维修场地设施规模、维修人员技能水平；短期因素与由于需求不规则性波动产生的能力需求波动有关。

（1）长期维修能力需求预测。

确定长期维修能力需求需要预测一段时间需求，然后将这些预测需求转变为维修能力需求。对轨道交通运营企业而言，在做线网规划时，会根据城市规划、客流预测等方面对线路的走向、运营里程以及配属车辆数量进行规划，这样每条线路配属车辆的架大修需求基本能确定。根据车辆通用的运用维修周期，车辆几大系统一般每隔 60 万千米运用里程或 5 年运用时长需进行架修或大修，考虑车辆日运用里程及修程所要求的里程上限，将单条线路配属车辆的架大修控制在一定时间段内完成，即可大致计算出单条线路的架大修维修能力需求。由于具备架大修能力的车辆段涉及较大资金投入，一般一个架大修基地会负责多条线路车辆的架大修任务，因此，各条线路的架大修需求要统筹考虑，有计划地调整各线路车辆的运用里程，并结合架大修基地配置的场地设施和维修人员情况综合预测维修能力需求，使架大修基地的维修能均衡开展。需要注意的是，确定长期维修能力需求时需要预测一定周期时间长度的维修情况，还应当考虑线路配属车辆增加引起的需求变化。

（2）短期维修能力需求预测。

短期维修能力需求与车辆供车需求波动、临时性故障维修、设备质量状态有关。这些偏差极为重要，因为有时候它能够给架大修生产造成较大的压力，而另一些时候却会使维修能力闲置。例如，轨道交通运营企业根据城市交通网的需要，可能会对线网运行图进行调整，运用车辆的数量会产生波动，这样会出现无法按计划进行架大修或者减少并行扣修的车辆，从而引起短期维修能力严重不足。车辆系统性故障的普遍出现，引起临时性维修任务剧增，设备质量状态不良或故障，造成架大修计划调整，这些都会导致短期维修能力不足的现象发生。因此，在进行维修能力需求预测时，也需要把这些方面考虑进去，对关键设备要有备份和应急对策，对维修人员定员要有一定的储备。

（3）维修能力方案的制订。

城市轨道交通车辆是由多个子系统组成的机电一体化设备，在制订车辆架大修维修能力方案时，要对可能的能力方案进行合理调查和分析，使其适合本公司的发展战略，一般需要从以下几个方面进行考虑。

① 确定合理的维修策略。

城市轨道交通车辆各子系统的制造商情况和技术特点有很大区别，有些系统技术门槛较高，且对车辆行车安全和轨道交通运营单位运营组织有很大影响，这些应该重点考虑是否具备自主维修能力；而有些系统技术门槛较低，且市场维修能力很成熟，或者对相关检测有强制资质要求，这些可以考虑委托周边有相关行业经验的企业进行维修。在某些情况下，尽管一些系统或部件对车辆行车安全和运营组织有很大影响，但可以选择部分自主维修，而将剩余部分外包给其他企业维修,这样既可以保持车辆架大修生产系统的柔性，同时又可以减少委外带来的供应不及时的风险，增加委外合同谈判的筹码。

② 全盘、系统地考虑维修能力变化。

在制订车辆架大修维修能力方案时，必须充分考虑车辆架大修各维修过程之间的相关性，全盘考虑生产过程中存在的瓶颈作业。瓶颈作业是指能力低于其他作业对它的需求的作业。瓶颈作业的能力会限制架大修的整体维修能力。例如，架大修库有 4 列位的架大修能力，但如果静调线只有 1 条，即使具有 4 列车同时进行架大修工作的能力，但因静调线无法满足 4 列车同时静调，限制了架大修车辆的产出，这项工序就是架大修作业的瓶颈。为了改善整个过程能力，需要提高瓶颈工序的维修能力。这个在制订维修能力方案时应该予以考虑。

③ 将柔性设计融入车辆架大修规划中鉴于维修能力决策的长期性以及长期预测所包含的风险，需关注设计柔性的重要性。例如，在架大修设备设施初始设计中为将来扩大规模留有余地，比起不留余地而改变已有结构的成本要低得多。因此，如果架大修库将有可能要扩建，那么在初始设计时就要对电缆、水管、排水管、设备安装留位、电源功率等方面予以考虑，一旦日后扩建时，可以对现有结构修改动减少到最低限度。

2. 架大修生产组织

生产组织是指为确保生产顺利进行所做的人力、材料、设备、工艺、场地等生产资源的配置，简而言之，即生产五要素"人、机、料、法、环"的配置。生产组织工作，主要围绕以下五个方面来进行：目标设定、明确职责、协调资源、节点控制和总结改进。

1）目标设定

生产组织首先需根据总体生产任务并结合资源条件（包含预期到位的）设定目标，可以自然月、季或半年为单位设定，也可按完整任务截断面如批次部件完成时间、整车扣停时间来设定。

2）明确职责

设立了目标，编完生产计划，应进行分工，明确各岗位职责，做到凡事有人负责，凡事有人检查。基层生产单位主要由生产管理、技术职能、生产运作及生产支持四大类岗位组成。

生产管理类人员主要包括车间主任和车间调度，负责编制、修订架大修计划，组织各专业班组围绕总体计划开展生产，确保架大修计划按时按量完成。

技术职能类人员主要是密切围绕生产，指导生产并为生产服务的人员，包括各专业的技术人员、质量管理人员、安全管理人员、综合管理人员等，主要负责各专业的技术支持和指导、车间安全监管、作业质量监督改进及物资消耗管理等工作。

生产运作类人员为实施生产工作的直接人员，包括班组长、各专业检修工。

生产支持类人员主要是辅助生产开展的人员，包括文员、仓管材料员、特殊工种持证人员如场内机动车驾驶员、各类焊接工种人员、探伤检测人员等。

3）协调资源

生产效率的高低，与资源分配的合理性和科学性密切相关。相对而言，资源方面容易引起冲突的，主要是人员、设备和场地三大部分，因此做好这三方面资源的协调，可有效提高资源的利用率，达到产能最大化。

（1）人员方面。

因车辆架大修工作是按照专业来划分作业班组，各班组人员配置数量无法完全一致，且各班组的作业量在总维修期内分布不均，如大部件的拆装主要集中在维修期的前后段，随车维修与部件维修在中间。因此，人员配置时应考虑各专业班组作业总量的平衡及作业的均衡分布，还应考虑高、中、初三级工种等级的比例（建议 3∶4∶3），必要时应特别培养一批具备跨专业能力的人员，以提高调配的灵活度。另外，生产支持类人员特别是特殊作业持证人员，如场内机动车驾驶员、天车工、探伤检测人员、各类焊工等，可根据辅助工作总量来确定，考虑在车间组织内设置班组或按班组作业实际视情调配，约占总人数 25% 左右。因车辆架大修工作主要从事机械装配、尺寸参数调整等工作，在人员结构上应对机械专业人员偏重（建议 7：3），包括技术人员和生产人员。

（2）设备方面主要是大型设备，如固定式架车机、天车、叉车等，也包括部分测量仪器、仪表等。

（3）场地方面。

主要是在作业区域狭小、各作业工艺无法严格分开的情况下，应明确作业属地管理制度和管理者，以及特殊情况下的处理方式。

4）节点控制

车辆架大修停时较长，且作业范围广，涉及专业多。为便于掌控总体进度，生产组织方面须考虑设置重要时间节点，节点可分为车间级和班组级。

（1）车间级节点的设置。

车间级节点的设置一般需考虑以下几个因素：

① 涉及关键设备工序，如登高作业平台、架车机、转向架静载试验台、称重调簧设备等。

② 涉及特殊轨道工序，如吹扫线、油漆作业线、静态调试作业线。

③ 需外部资源配合且自主控制力较弱的工序，如委外施工/作业配合、段内转线调车、试车线调试、正线调试等。

④ 与前后工序关联度大的工序，如专业维修部件的交验、前道工序的完成为必要条件等情况。

（2）班组级节点的设置。

班组级的作业节点是在满足车间节点的基础上，并在班组工作安排上有一定自由度的情况下才存在的，其相对车间级节点而言更为细致，也更加灵活、不固化。不同时期的维修都极可能存在不同的节点，其设置主要应考虑班组作业量的均衡分布以及突发情况下的应对安排两方面。以安装车顶受电弓为例，一般情况下，该工序是安排在架车机轨道车辆安装转向架之后，若班组工作安排自由度较大，可选择立即全部完成，也可选择分散到不同工作日完成，甚至总体延迟数日也未尝不可，此时工班应结合班组作业的总体负荷以及班组成员状况（如因事因病、人员流失或新加入成员等），并考虑受电弓安装过程作业可能存在突发故障处理带来的延迟风险，以及影响车间级节点严重程度等因素，确定班组的节点。

5）总结改进

架大修生产属于维修性质的工作，作业过程中因维修主体的特异性而存在较多的不确定性，且内、外业务接口繁多，容易受外在因素的影响。因此，为了确保生产顺利推进，稳步提高维修质量，应对过往问题和处理经验及时总结，不断优化组织流程，减少返工，实现资源利用率最大化，并提高预见性，加强应对突发情况的手段。

7.7 大架修期间物资的管理

1. 周转件管理

周转性备件在架修过程中处于实时流转的状态，因此部门按照定量管理的方式进行周转性备件管理，电客车各系统根据部件维修周期及故障情况投入 1~2 列车周转件，电客车各系统周转件投入情况如表 7-2 所示。

表 7-2 电客车各系统周转件投入情况

序号	备件名称	单位	领用数量	领用班组
1	踏面制动单元（不带停放）	台	25	制动班
2	踏面制动单元（带停放）	台	25	制动班
3	制动器控制单元（M，MP，T 车用）	台	7	制动班
4	制动器控制单元（Tc 车用）	台	2	制动班
5	PD-10DF 干燥装置	台	2	制动班
6	HS10-3 电动空气压缩机	台	4	制动班
7	半自动车钩	台	2	车体车钩班
8	半永久牵引杆（带缓冲器）	台	5	车体车钩班
9	半永久牵引杆（带压溃管）	台	5	车体车钩班
10	横向油压减震器	个	23	转向架班
11	转向架（动车）	台	6	转向架班
12	转向架（拖车）	台	6	转向架班
13	动车轮对	台	12	轮轴班
14	拖车轮对	台	12	轮轴班
15	轴承	套	48	轮轴班
16	废排风机	台	28	空调班

序号	备件名称	单位	领用数量	领用班组
17	幅流风机（双轴）	台	37	空调班
18	幅流风机（单轴）	台	6	空调班
19	司机室离心风机	台	2	空调班
20	空调机组	台	12	空调班
21	受电弓	台	2	空调班
22	CMF-12 空压机启动装置	台	3	电子电气班
23	牵引电机	台	12	电子电气班
24	蓄电池	套	2	电子电气班
25	客室车门门控器	个	48	车门班

2．故障件管理

为防止故障备件的乱领、乱用，控制故障维修成本，通过《故障件领用记录表》，要求生产工班对故障件的领用必须填写故障件名称、数量、故障原因，技术人员现场查看故障状况，确认必须更换故障件后，才可到材料间按实领用。这一措施虽然使备件领用的手续繁琐、效率较低，但在实际应用中确实达到了规范备件管理、生产物资写实的目的。

3．必换件管理

为了确保必换件的使用规范有序，部门按照架修技术文本要求编制各线路电客车大架修必换件定额明细，明确各个班组单列车架修必换件数量、规格型号、使用班组等信息。目前经过多次修订，必换件定额数量为 268 项，调试班 10 项、制动班 98 项、空调班 2 项、车钩班 38 项、车门班 5 项、电子电气 25 项、转向架班 58 项、轮轴班 26 项、总装班 6 项。在车辆架修前，部门组织各个班组按顺序、按定额领用，既确保了备件发放的及时性，也避免了必换件使用过程中的损耗。

4．车辆履历管理

随着地铁维保技术及运营管理方式的发展，现有地铁车辆履历管理中的信息异构、信息缺失等问题愈发凸显，如何更好地实现地铁车辆履历信息的记录、保存及运用，成为地铁行业急需解决的问题。建立完善的电客车履历制度，包含电客车修前履历、修后履历，并根据实际维修情况进行履历更新，有利于电客车部件寿命管理及后续故障追溯。

以转向架系统为例，建立转向架系统履历。电客车架修转向架部件修前履历表如图 7-3 所示。

8M7B型电客车拖车转向架部件修前履历表

转向架编号：　　　　　　　　　　　　列车号：

部件履历		部件编号	生产日期	备注
1	构架编号			
2	轮对编号　一位端			
	二位端			
3	空气弹簧　一位端			
	二位端			
4	一系弹簧　一位			
	二位			
	三位			
	四位			
	五位			
	六位			
	七位			
	八位			
5	踏面制动单元　一位			
	二位			
	三位			
	四位			
6	横向油压减震器			
7	牵引拉杆　一位侧			
	二位侧			
8	横向止挡　一位侧			
	二位侧			
工班长：				

注：转向架架修过程中，部件组装基本按照原装原配的原则，如需使用周转件或出现故障件等特殊情况，可进行更换。所有部件在分解和组装时，必须严格填写该部件履历表，以便后期维修追溯和质量跟踪等工作。除备注栏外不许空格，看不清楚的项目填"无法识别"，部分看不清楚的，把能看清的部分填写，技术确认后在备注里说明

图 7-3　电客车架修转向架部件修前履历表

7.8　大架修委外项目的管理

委外维修形式主要分为两类，一类是进场维修，另一类是返厂维修。根据委外形式的不同，管理要求规定如下：

1. 进场维修

对于进场维修的作业项目，委外单位日常管理由委外单位自行负责。委外单位须严格遵守运营分公司、运营单位以及运营单位制订的各项规章制度、技术标准等，如遇相关制度、规定、标准调整时，须按最新颁发的执行。

① 进场前管理。

委外单位需按合同条款要求向运营单位提报企业资质复印件、参与项目的所有作业人员的身份证复印件、资质证书复印件、技术等级证书复印件、体检证明（二级医院以上出示的证明）等资料盖章备案，并提交电子版材料留存技术安全室。

② 委外单位需向运营单位提报项目计划（方案）备案。

③ 委外单位作业人员进场前，需熟知运营单位《运营单位外来施工人员进入作业现场安全告知书》各项要求，并经过运营单位的相关安全培训和考试，考试合格后方可进场作业。

2. 进场后管理

（1）人员管理。

委外单位须对作业人员落实到岗考评制度，禁止迟到早退现象发生。

委外单位人员须统一着装，劳保穿戴整齐。

委外单位人员须严格遵守作业纪律。

委外人员信息经部门及车间备案后，不得随意更换。若有特殊情况需更换时，须向运营单位提出书面申请，经同意后，新进人员经资格确认和相关考试，审核及成绩合格后方可更换。

对于不能满足委外项目工作要求的人员，运营单位有权要求委外单位更换人员。

（2）质量管理。

委外单位负责项目的技术质量管理。运营单位负责委外单位的技术监管和质量检查。

委外单位应严格遵守国家、行业有关技术质量的法律法规及运营分公司和运营单位有关技术质量的规章制度，严格落实委外合同中的作业质量标准要求，严格按照标准、规范、规程组织各项作业活动。

委外单位在作业过程中要配备质检人员对作业质量进行全程把控和跟踪，各项作业互控、他控措施到位，对质量监督情况留存检查记录。

委外作业须留存过程控制记录。

对委外项目中突发的各类问题，委外单位需严格按照合同服务条款中允诺的要求及时间响应问题，并及时解决。

在项目完成后，委外单位有义务出具维修服务后的产品合格证明和质量保证等材料，并配合运营单位落实好项目的质量验收工作。

（3）安全管理。

委外单位是委外项目安全管理的责任主体。运营单位负责对委外单位进行安全监督检查。

委外单位要按照国家相关法律法规的要求，落实项目合同中对安全作业的各项要求，配备项目安全管理人员，把控委外单位的生产作业，落实好本单位的安全生产责任。

委外单位必须遵守运营单位安全管理体系的各项要求，严格遵运营单位《外来人员进入作业现场安全管理规定》以及其他各类安全规章制度要求。

委外单位作业前办理清点手续，作业时自行设置号志及安全防护，严格按运营单位生产组织流程进行委外作业，作业过程中使用风、水、电时需提前办理手续，作业完毕后及时关闭。

（4）生产管理。

委外单位要爱惜地铁设施设备，相关作业要做好作业防护，不影响设备使用寿命。对相关设施设备及工器具的损坏，委外单位承担全部责任，并负责赔偿。

委外单位进场作业前要及时与运营单位调度办理清点手续，作业完成后及时进行销点。

委外单位在作业中要严格落实好作业台账的填写，做好维修记录，以便运营单位及时了解项目进展。

委外单位要按甲方要求提供各类备件及物料并合理使用，不得浪费。

委外单位要加强现场工器具和物料的管理，作业现场不得随意丢弃、摆放物料和工器具；物料存放稳固整齐有序，满足消防要求。

委外单位在每日作业完毕后，确保工完料净场地清。

委外项目合同期满或项目结束后，委外单位须做好工具设备、材料物资、生活设施及文件资料等的交接工作，将自有机械设备和人员撤出现场并清扫场地，经运营单位确认后方可撤离。

（5）职业卫生管理。

委外单位是委外作业人员的职业卫生和职业健康的责任主体。运营单位负责监督检查。

委外单位需严格落实分公司《职业卫生管理规定》中要求进行职业卫生

管理工作，需掌握一定的职业卫生管理能力，为委外单位员工提供合格全面的劳动防护用具、对委外单位员工进行职工体检以及职业卫生培训等。

委外单位按《职业健康监护技术规范》（GBZ 188）的要求，为接触职业危害的作业人员提供符合国家法律法规要求的职业健康体检，并提供体检报告复印件于车间备案，根据体检结果及时发现职业禁忌症和职业损害，不得安排有职业禁忌症的员工从事相应作业。

3. 返厂维修

对于返厂维修形式的委外项目，委外单位的管理要求如下：

① 委外单位负责项目的安全、质量、生产等的整体管理把控。

② 在项目开始前，委外单位需要将企业资质复印件与参与项目的所有作业人员的身份证复印件、资质证书复印件、技术等级证书复印件等资料的纸质版盖章留存运营单位，同时将电子版资料留存技术安全室。

③ 项目开始前，委外单位需按合同条款要求向运营单位提报项目计划实施（方案）备案。

④ 运营单位在项目实施期间，有权对委外单位进行赴现场的监督、监造和检查等工作，委外单位需要全力配合。

⑤ 委外单位对维修后的设备或部件质量负全部责任。

⑥ 运营单位各专业委外技术人员对返回的各批次修竣品按照合同中相关条款及用户需求书相关技术标准进行验收，并做好记录。委外单位需将维修后的产品维修合格证明或质量保证等材料一并附在修竣品中备查。若经运营单位技术人员验收不符合标准，委外单位须进行整改，直至所有维修设备或部件验收通过。

4. 考核考评

为了全面掌握委外单位的项目开展情况，提高运营单位委外单位的作业质量，委外单位须接受运营单位的跟踪管理、监督、检查、验收及对工作质量、安全、工期、服务、文明卫生等的评定和考核。

运营单位相关技术人员需不定期地对委外单位的作业进行监督检查，最终考评意见将作为委外项目的付款参考。

5. 进场维修

① 委外考核考评工作主要从人员管理、生产组织、安全管理、工作质量、服务响应等全方位进行评判，检查人员需全面细致地落实对委外单位的

检查，禁止形式化、表面化，每次检查后留存检查考核记录。对发现的问题及时通知委外单位限期进行整改，并作出答复。

② 服务周期大于一个月的，在服务周期内，运营单位每月要对委外单位进行不少于一次的监督检查，并进行考核考评；对于服务周期小于一个月的，运营单位也要在委外单位服务周期内对委外单位进行不少于一次的考核考评。质量检查同时纳入车间级委外质量对规管理。

③ 在合同条款规定的付款周期内，每个委外项目付款前，运营单位需将委外项目在周期内的考核考评意见进行汇总并上报技术安全室，技术安全室将车间的考核情况汇总形成部门级委外单位付款意见，经部门负责人确认后，落实对委外单位的考核，并形成最终项目付款金额。

6. 返场维修

① 对于返厂维修的委外单位监督检查工作，如果运营单位全程或定期派驻人员到委外单位所在地进行监督监造，监督检查工作由监造人员落实，每月不少于一次考核考评，并留存考评记录。

② 对于返厂维修后，未进行全程或定期监造的项目，运营单位要认真落实维修后设备及部件交货质量验收工作，交货验收工作由运营单位车间负责具体落实，技术安全室参与，着重对各批次部件维修周期是否满足合同要求进行确认，对部件的运输防护及维修质量进行检查，对委外单位交货周期内的服务响应进行评估，并形成各批次验收考核意见。

7. 委外验收

每个委外项目在首次作业时须安排最少 3 人的验收小组对首次委外作业进行首检工作，首检内容包括作业质量卡控情况、标准执行情况、人员管理情况、部件外观质量、备件清单、设备管理等，并填写《委外项目首检报告》，对首检存在问题进行整改，待首检通过后方可进行后续委外维修工作。

委外项目每次完成维修后需组织相关班组对维修质量进行验收，专职技术根据委外维修内容编制《委外验收作业记录单》，班组在验收过程中结合《委外验收作业记录单》对部件进行验收，对于验收发现问题，由厂家进行处理后需在《委外验收问题及处理情况记录表》上进行登记，厂家确认签字，班组委外验收人员负责对《委外验收问题及处理情况记录表》进行确认，问题处理完成之后交专职技术。

7.9　架修质量管理

1.　架修质量控制目标

地铁架修项目需根据实际运营生产需求，以及地铁车辆实际情况制订出科学合理的质量策划，该质量策划的实施不仅需要科学性的方针策划，同时还需要规定范畴内的生产与资源。制订科学性、经验性的质量策划，有助于保证最终架修、维修效果的实现。科学合理的质量方针和质量目标有助于提高实施效率，优化质量管理水平，为乘客提供舒适、优质的服务。

2.　架修质量控制方法

为制订更为全面的电客车架修质量控制方法，结合电客车架修质量控制流程（见图 7-4），从以下两个方面进行详细探讨。

1）质量管理体系文件

完善电客车架修质量体系文件，涵盖架修的服务需求、生产、检验、交付、质保等全过程的策划、实施、监控、纠正与改进等过程，包括：

（1）质量管理文件。

电客车架修质量管理办法或管理规定，明确质量管理工作的策划、控制和监督等方面的要求，明确相关部门的职责，规范"三定、四化、记名修""自检、互检、专检"等管理制度，制订关键部位及关键部件的控制点。

（2）验收管理文件。

电客车架修质量验收管理办法或管理规定，明确各部门的职责和验收工作的流程、依据及通过标准。

（3）故障调查及定责。

明确车辆移交后相关部门之间的职责、规范故障发生后的质量调查、分析及故障定责等方面的工作流程。

2）质量管理运作机制

（1）组织机构。

质量管理是一项体系性工作，电客车架修的上级职能管理部分、架修实施部分职能室与生产室均应按相应的工作职能，履行质量管理工作职责。

（2）控制流程。

①　新购备品备件质量控制。

备品备件作为质量控制的源头、需制订相应的验收、试用管理办法，以规范备件的验收、装车使用。

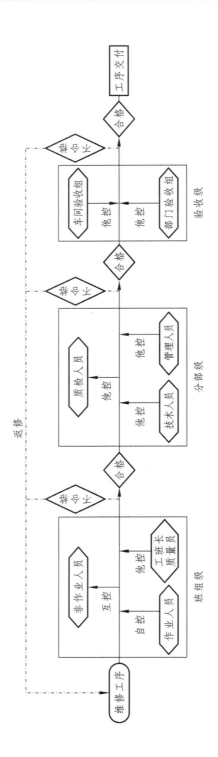

图 7-4 电客车架修质量控制流程

② 日常生产过程质量控制。

自检：检修人员在作业完成后，按照检修规程、工艺的标准进行检验，并确认是否合格。

互检：两名以上检修人员在作业期间或作业结束后，相互对工作过程、工作质量进行检验，共同确保作业质量符合检修规程、工艺的标准。

专检：由熟练掌握设备质量管理、设备技术性能、检修工艺、检验技能的个人或组织对设备及作业班组进行专门的检查。关键工序经专检确认符合相关技术标准后，方可进入下一道工序。

③ 部件委外维修质量控制。

委外修验收的方式可采用出厂验收或到货验收的方式，具体根据委外合同约定的方式执行。

④ 关键工艺工序质量控制

各型部件、设备的重要、薄弱和关键部位，及检修作业的关键流程和节点，是质量控制的关键点。根据车辆结构特点和重要程度，预先对车辆设备的重要、薄弱和关键部位，按专业分类建立质量控制关键点明细表、关键作业流程图、操作指引等措施，加强对车辆设备关键因素的质量控制。

（3）让步接收。

如因现场工装设备缺陷、备品备件未到位或技术标准变更等原因，无法按既有的技术规程、标准要求执行的，应对相关问题进行汇总，作为开口项，并按相关技术决策流程对问题进行处理，含可行性分析、处理计划及详细记录，作为让步接收的依据。

3．质量问题跟踪体系

1）车辆信息平台质量问题跟踪

建议在电客车架修中做到对所有承修的部件进行唯一性的标识，以便开展后续质量跟踪工作。修竣车辆在质保期内出现质量问题，及时配合车辆使用部门进行处理，并分析故障原因，制订防范措施。定期跟进开口项导致让步接收问题的处理情况，避免因开口项长期欠修发生故障。

（1）质量管理人员定期查阅车辆信息平台，跟踪架修后车辆在使用部门的质量情况，并将质量情况及时反馈架修部门，作为持续改进的依据，以改进后续作业质量。针对责任晚点以上的故障进行深入分析，制订整改措施，作为持续改进的依据。

（2）定期对典型、突出的质量问题进行分析，制订相应的整改措施。

（3）因质量问题而被暂停上线的，协助组织各生产部门及时安排维修人员抢修或临修，保证供车。

2）开口项质量跟进

质量管理人员定期跟进架修后车辆开口项问题的处理、整改，作为常态化的质量跟踪措施。

开口项问题分类：

因备件未到货而没有按技术规程要求执行。

因工装设备未按技术规程配置，或因临时故障功能缺失导致未按技术规程执行。

因技术规程或相关技术标准与现场实际情况不符，造成未按技术规程或标准执行。

3）开口项问题的处理

开口项问题必须按照技术层级决策流程处理，从技术上进行可行性分析，作为让步接收条件，同时作为车辆移交过程记录文件备案。

质量管理人员定期组织对开口项进行梳理，及时跟进处理、整改情况，并与使用部门核实后关闭。

7.10　大架修后的验收

1.　验收流程

确认车辆已按相应的检修规程、合同等要求完成所有检修、检测项目，并已按要求完成相关作业记录单的填写、技术文件的编制，符合验收条件后，方可申请进行验收。提出验收申请后验收单位按要求检查并确认具备验收条件后，组织生产部门质量验收人员开展修竣验收工作。验收过程应用验收记录单的形式留存验收依据，验收记录单模板如图 7-5 所示。

2.　验收依据

质量验收标准，作为各专业设备的修竣质量验收依据，由验收单位组织各相关生产部门编制，并统一发布实施。

3.　让步接收

如因现场工装设备缺陷、备品备件未到位或技术标准变更等原因，无法按既有的技术规程、标准要求执行的，应对相关问题进行汇总，作为开口项，并按相关技术决策流程对问题进行处理，含可行性分析、处理计划及详细记录，作为让步接收的依据。验收相关问题应形成问题反馈表单留存，问题反馈表单模板如图 7-6 所示。

DKZ27型电客车架修验收记录表

列车号：   维修日期：

序号	验收项目	分项		验收标准	验收结果
1	资料	履历记录	齐全		
2		委外维修记录	齐全		
3		试验及探伤记录	齐全		
4		过程质量控制记录	齐全		
5		技术改造记录	齐全		
6	静态试验	车体外观	车体外观无异常，车体外部设备完好		
7		车顶	车顶受电弓、空调等各系统部件安装状态，校检状态良好，各项状态符合标准要求		

图 7-5 电客车架修验收记录表

电客车架大修质量预验收问题反馈单

列车号：   日期：

序号	班组	质量问题	检查人	整改措施	处理人	复查人	复查结果	复查日期
1								
2								
3								
4								
5								
6								
7								
8								
9								

图 7-6 电客车架修质量预验收问题反馈表

4. 重点工作

1）架修进度控制

地铁电客车架修项目管理模式下的进度计划与控制计划、人员和物资调配、资金预算等，是指导项目实施的有效工具。通过工作分解可以将其实施的过程划分监督和控制的单元。单个独立的项目又具有一定的弹性，随着现场实际情况变化而发生改变，同时彼此之间也相互影响、相互联系结构与动态系统的统一。

2）架修成本控制

西安地铁架修维修范围需结合生产实际情况，明确自主修、委外修项目内容；结合国内已开展电客车架修地铁公司架修经验，开展部件状态评估。将在此基础上优化维修范围，制订并提交维修范围优化建议。同时采用结合评估检测、技术分析等手段，优化各系统部件维修时机，科学合理缩减维修项点，提交架修维修项目及成本优化专题报告。

对架修场地的危险源进行识别统计，提出整改方案，对危险源进行评估评级，提供相应的管控措施。

7.11　风险识别及改进

1．环境分析

环境分析包括内、外部环境分析。

外部环境主要指日益增长的线网客流，对设备的可靠性提出了更高的要求；管理政策的变更，对城轨交通大修备品备件的采购政策和方式，作出了新的规定和要求；部分关键备件的采购，涉及境外公司，不仅采购价格高、周期长，且易受国际环境影响，一方面在立项时需考虑经济性风险，一方面在制订采购计划时需考虑到货周期风险。

内部环境是指组织全责的管理体系环境、维修设备及工装的配置环境、经营政策的管理环境、电客车架修的维修模式等。

2．目标设定

城市轨道交通电客车架修风险管理的目标设定需结合内外部环境，从安全、技术、管理等不同方面入手，将目标解析：

安全的作业环境；

符合标准的维修质量；

满足效率要求的维修计划；

规范的委外管理等。

3．风险识别

本项目所涉及的电客车架修生产全过程，应用业务流程分析、风向调查列举、风险分析、失误树等适用于具体环境和生产过程的风险缝隙方法，对生产工艺流程、作业中的各个环节，及其所涉及的部门、岗位、制度和对应所需要资源和信息进行全面的识别，形成大修生产风险事件库。

4．风险评估

风险评估将按照风险发生的可能性及其影响程度对风险进行分类和排序，确定关注重点和优先控制程序。运营单位将通过层次分析、功效系数、矩阵分析等各种使用的风险评估方法，对所识别的风险进行判定和评估，并根据风险级别和特点，分别制订控制、转移、分散等具体的有针对性的防控措施。

如针对架修故障修故障率分析不准确，将结合以往故障率，分类统计各类各型设备的故障率，运用统计分析方法预测故障换备件数；针对委外维修内容和备件采购清单缺漏，将加大立项审核力度，协同经营管理、技术管理等部门，对架修立项内容进行多方审核，当出现缺漏时，制订相应的项目调整和预算追加制度，保证后续补充的可行性。

5．风险监督与改进

完善架修风险管理的工作自查制度、监督评价制度、信息报送和反馈制度等，为改进和落实风险管理要求提供保证，确保大修生产的顺利实施。

8

车辆三十年生命周期全寿命管理

8.1 车辆全寿命管理的信息化平台搭建

随着大量地铁线路开通运营，对于设备检修质量进行评估所需数据日益增多，而电客车检修及配套工艺设备、工程车辆的维修保养工作，一直以来在管理上存在着设施设备数量多、种类多，型号繁杂，作业地点分散等困难，并由此产生车辆和工艺设备出现故障时，报修、故障确认、故障鉴定、故障处理及问题销号等环节存在着流程繁琐、重复统计、效率有待提高等问题。因此需要改变传统模式，借助计算机网络、数据库技术等信息化手段，提高设备检修质量和效率。

1. 车辆全寿命管理的信息化平台的必要性

1）地铁车辆设备复杂性

随着我国科学技术的发展，地铁车辆设备朝着自动化、智能化方向发展，设备更加精密复杂，涉及到的技术方法更加广泛，这就决定了信息的复杂性，有着大数据平台管理的需求。显然如果沿用传统的数据管理模式，若实现从海量信息中快速提取出有用的信息，所需的工作量非常大，而且效率低，所以建立一个实用性强的信息管理系统是解决这一问题的有效途径。

2）车辆维修大背景下的需求

地铁规模不断扩大，每天处于高负荷运行状态，故障率越来越高。一方面车辆检修工作量越来越大；另一方面检修时间极大压缩，在车辆的状态信息掌握、故障信息管理、维修计划管理方面提出了更高的要求。从国内外专业发展的历程看，维修体系逐渐从计划维修向状态维修靠拢，维修管理精细化与信息化系统都是其中不可或缺的基础。维修信息管理系统的建立能够极大减轻各级工作人员的工作量，也有助于让设备的生产、质量管理、维修更加规范化，提高车辆系统的管理水平。

3）轨道交通发展的时代需求

随着时代的发展，信息化已经成为当今各行各业发展的大趋势，车辆检修信息管理系统的开发水平已经成为衡量一个国家车辆管理水平和综合实力的重要标志之一。地铁交通系统的快速建设，使地铁车辆的运行负担增加，故障率逐渐变高，通过现代化的信息管理手段来完成对车辆运行状态的分析，提高车辆资源利用率，优化检修模式，是时代发展的必然要求。

2. 车辆全寿命管理的信息化的现状

各地铁公司对于计划修和状态修相结合的修程修制都做了一定的探索，并开发了相应的信息化系统，但现有系统仍不成熟，存在以下缺陷：

1）子系统数据无法共享

虽然车辆各重要子系统都配备有专门的信息系统，但由于开发厂商不同，存在诸多接口问题，严重影响了车辆全车数据的使用效能。地铁车辆的检修信息共享程度不高，工作效率低下。

2）技术资料管理困难

检修业务存在多车型、多批次和多种类，结合着大量的技术技改一同进行检修，需要对不同阶段、不同时期的技术资料数据调取、查找。

3）数据利用率低

系统在存储数据的基础上只能做简单的处理，无法做深入的数据挖掘。

4）数据形式单一

现有的车辆维修信息系统数据的交互形式比较单一，已无法适应网络化运营条件下车辆维修需求及车辆维修资源分散的现状。

5）车辆履历不完善

缺乏新造、售后、检修履历系统的管理，对检修部件更换履历信息掌握不全，无法按照车辆的构型将故障、部件履历、执行标准等相关信息进行记录，导致检修履历及检修业务数据缺失，不利于有关部门追溯质量问题。

6）配件储备成本高

配件储备以经验为主，未结合部件状态、剩余寿命、维修需求进行合理预测储备，配件成本偏高。

7）现场管控缺乏新的技术手段

对现场任务进展情况、人员、设备、配件到位与作业情况缺乏及时、有效的技术手段进行支持和管控。

8）缺乏对正向设计提供有效的数据支撑

不能自动地将检修数据按照系统、类别、部位等进行分类汇总，检修履历、检修成本等重要信息缺乏体系化的数据规划和标准化的数据记录，对设计 RCM、LCC 分析不能提供有效支持。不利于实现地铁车辆的检修内容、检修进度和质量状况等信息的分析，影响车辆检修程序的规范化和科学化。

因此，建立先进的车辆维修信息系统，对提升城市轨道交通车辆的投运率和可靠性有极大的帮助。

3. 车辆全寿命管理信息系统的需求分析

地铁车辆检修信息系统的总体目标是：为决策层提供车辆检修的综合信息，可以为管理人员提供及时、准确的车辆信息，并为检修人员提供便捷的操作功能。因此，地铁车辆检修信息系统的目标主要有以下几点：

（1）最大限度地提高信息资源的科学管理能力，合理分工企业的业务功能，提高整个企业的管理水平。

（2）充分发挥信息资源的作用，利用先进的信息管理方法和计算机网络技术，对管理决策进行辅助和指导。

（3）简化管理工作流程，使检修人员避免重复机械的体力劳动，能够方便轻松地操作检修流程。

（4）对企业的实施动态管理，利用及时的动态检修信息，及时反馈给检修人员，提高车辆检修的质量和效率。

4. 系统功能模块设计

以西安地铁车辆信息管理系统为例，该系统设计包括电客车故障管理模块、生产日报管理模块、资料文件管理模块、电客车履历管理模块、公务督办及人事培训管理模块，对质量、生产、技术、安全、物资、培训各个环节进行信息化管理。

1）电客车故障管理模块

该模块具备电客车故障管理、走行公里统计、用电量统计、维修记录统计、生产组织、统计分析等功能。

（1）故障管理。

电客车故障录入界面如图 8-1 所示，该模板具备电客车维修和运营故障的录入、查询和用户角色权限管理功能，录入信息来源于故障字典，保证了数据的规范性，为统计分析的准确性提供了扎实的依据。

（2）维修记录。

如图 8.2 所示，通过维修记录，实时动态监控各线路、各车进行的生产作业流程。

（3）走行公里、用电量记录。

如图 8-3 所示，可实时查询电客车走行公里、用电记录，作为设备履历中的重要组成部分，为设备状态的判断及高一级修程的规划提供数字依据。

（4）生产计划。

如图 8-4 所示，自动根据修程修制设计，根据已完成的检修作业，动态生成新的生产计划。

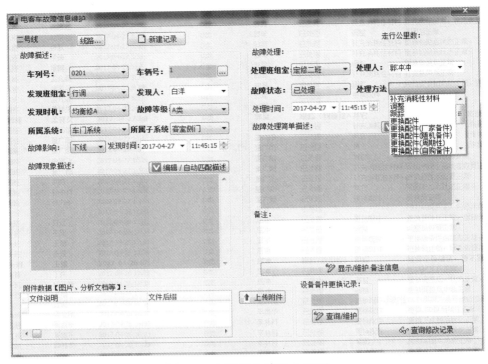

图 8-1　电客车故障录入界面

图 8-2　电客车维修记录查询界面

图 8-3　电客车走行公里、用电记录界面

图 8-4 生产计划动态生成界面

（5）备件更换记录。

如图 8-5 所示，可实时记录电客车备件更换情况。

图 8-5 电客车备件更换记录界面

（6）统计分析。

如图 8-6 所示，具备电客车修程、洗车、正线故障、维修故障等数据的统计，及对正线故障率变化及检修班组绩效分析功能，对故障预警及检修环节中存在的薄弱点进行有效的量化分析。

（7）系统维护。

如图 8-7 所示，通过对故障字典的实时维护，可以使系统紧贴生产现场，保证系统的易操作性和准确度，并有效降低系统维护成本。

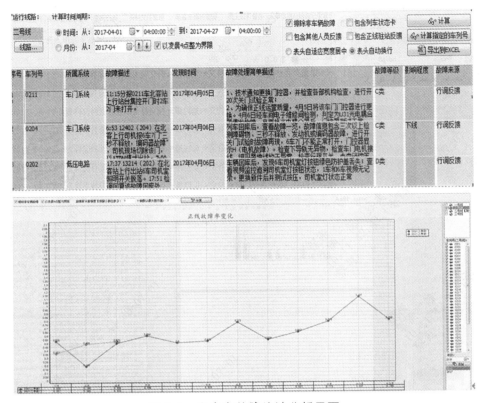

图 8-6　电客车故障统计分析界面

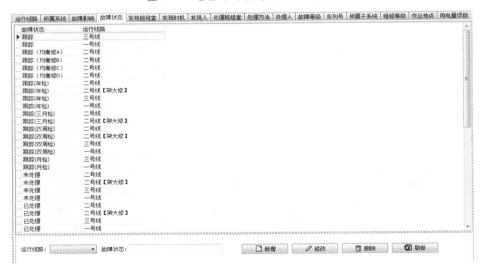

图 8-7　电客车故障系统维护界面

2）生产日报

如图 8-8 所示，对于每天的电客车检修具体作业环节进行安排与记录，用于对车间、班组各项工作进行组织，具备内容包括当值班组人员信息及出退勤记录、电客车作业记录、施工作业记录、设施设备作业记录、列车清洗记录、班组培训、临时工作安排记录、次日生产安排等功能。

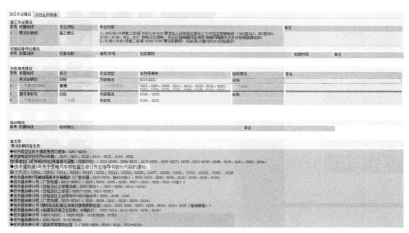

图 8-8　电客车生产日报界面

3）资料文件管理

对涉及所有部门工作的各类资料文件按用途、类别、使用范围进行分类，结合部门管理制度规范管理，并提供上传、下载、浏览等功能，在作为部门信息发布平台的同时，保证了所有资料文件的完整性、时效性和可追溯性。

（1）文件目录的树状管理，如图 8-9 所示。

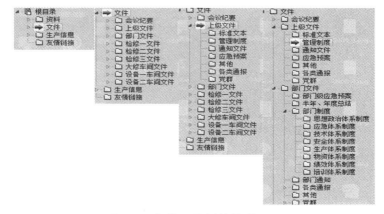

图 8-9　文件目录树状管理界面

（2）文件实时上传、下载，如图 8-10 所示。

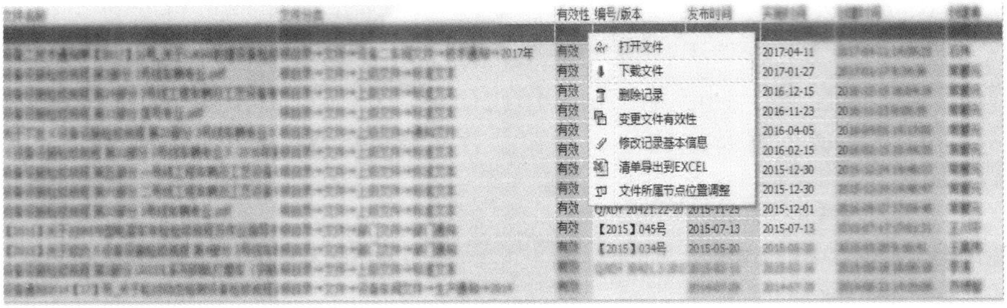

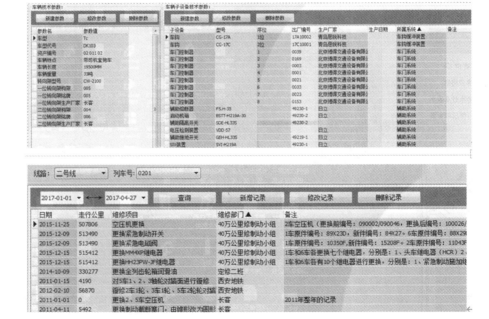

图 8-10　文件实时上传、下载界面图

4）电客车履历管理

根据电客车管理要求，如图 8-11 所示，在信息化系统中建立电客车履历，对所有电客车技术参数、维修记录、专项修记录、软件更新记录、部件更换及追踪记录、更新改造记录进行动态更新管理。

图 8-11　电客车履历管理界面

5）员工公务督办、人事信息及培训记录管理

如图 8-12 所示，各级管理人员可使用系统对下属安排工作，员工在完成各个节点任务后在系统中进行反馈，使所有工作进度可控。

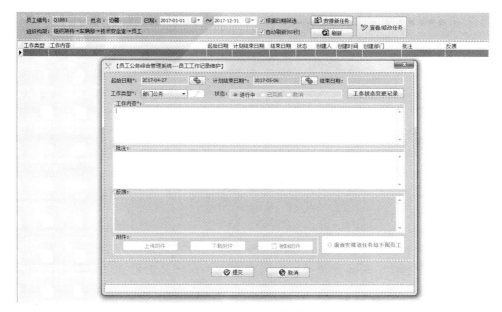

图 8-12   员工公务综合管理界面

6）人事信息及培训信息管理

如图 8-13 所示，对所有员工的简历、个人信息、培训教育记录、岗位调动等信息进行记录及动态管理。

图 8-13   人事信息及培训信息管理界面

5．目   标

基于公司统一的构型数据，实现设计、制造、维修的数据打通，将规程、技术资料融入到检修生产中，以"手册驱动维修"；以车为对象实现车辆全寿命周期相关数据（技术资料、履历等）的完整数据归集，一车一档；覆盖运用维修、高级修业务，提供全寿命周期运用服务一体化平台；积累、提取维修过程知识，完善技术资料等知识库，形成知识使用、积累闭环。

实现先进的检修信息化平台对检修业务的管理，最大限度地避免过度维修，有效提升装备检修效率，降低全寿命周期运营成本，实现轨道车辆自新造交付至报废的全寿命周期，实现整车及部件的技术状态、运维信息、物料管理、成本信息等全方位管控。

8.2 车辆最小可更换单元部件清单梳理

随着中国轨道交通的发展，截至 2022 年 12 月 31 日，中国共有 53 个城市开通运营城市轨道交通线路，运营里程达到 9 584 km，车站数量为 5 609 座。中国城市轨道交通运营里程已经达到了全球第一。目前全国有 7 家轨道交通相关的整车制造厂，各个企业的技术来源不同，同时整个行业发展迅速，技术迭代较快，对于设备的维护和管理要求也越来越高。备品备件管理是设备管理的重要组成部分，是保证生产设备正常运转的基础之一。同时为最小化更换、维修成本，整个部件清单应尽可能细化至最小可更换单元。

1．概　述

备品备件管理对于车辆各系统设备能够正常高效地运行是最为关键的，因此这就是针对车辆设备管理工作当中的核心，很多的地铁公司都意识到对于备件的管理需要强化，通过减少购买的成本，尽量减少设备的库存，将更多的资金用于其他资源的开发，最终达到最好的经济收益。由于备品备件的数目繁多，同时种类很多，在生产维修过程也必须要对其进行质量监控，因此就要对生产维修过程进行严密的监管，从而才能保证生产过程能够顺利地进行，并提高企业的运作能力。

2．备品备件工作管理中存在的问题

1）备品备件基础信息不完整

备品备件清单的基础为项目开展初期各项目供应商提供的设备零部件清单，由于对该清单的要求规定不够明确详细，通常会导致所得到的清单格式及各项内容不统一，如有的备件清单详细到每颗螺栓，而有的仅提供到集成的装配体。另外，针对车辆备件管理而言，备品备件的使用线路、使用系统、使用位置、使用数量、更新周期、估价及关键性能等信息都是需要列入清单的，这些基本信息不够准确，将直接影响到备品备件的存储管理、采购和成本分析等，如型号不准确，采购过程中就需要反复地跟物资采购部门及供应商核对，影响谈判进度、交货周期等。

2）备品备件需求预测不准确

由于车间技术人员关注点偏向于设备运行稳定性，加之备件采购周期长短不一，在备件提报时往往习惯"多而全"，在备件采购上偏向尽量多买，尽量把所有备件都备齐。如果不加以干预，就会导致库存积压，库存周转率下降等问题的发生；对于过量设置的备件，会存在补库存浪费的问题，因此，备品备件基本信息的定期回顾必不可少。

3）库存积压，周转率较低

由于车间技术人员经验参差不齐，部分采购的备件在经过长期的存储后仍然没有发生消耗，随着市场发展越来越快，各备件生产制造厂家的产品迭代步伐加快，往往前期存储的备件还未被使用，产品已经升级或进行了改造，导致原有备件无法使用。同时，部分技术人员对备件需求轻重缓急缺乏认知，导致备件采购回货后持续积压，造成呆料废料的产生，不仅造成库存浪费，而且耗费备品备件管理员大量精力去管理维护。

3. 问题的解决对策

1）完善设备备品备件清单

车辆设备备品备件清单建立时，首先应按照不同线路，车辆批次和系统进行细分，备件分类如图 8-14 所示。

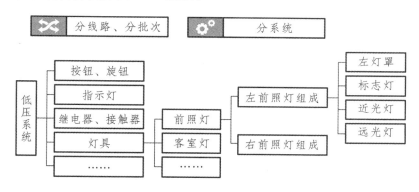

图 8-14　车辆设备备件分类示意

备件物资信息如图 8-15 所示，具体内容应包含备品备件的名称、型号、使用位置、使用数量、采购周期、单价、存量设置等，是备品备件管理活动中最基本的信息记录，是其他一切备品备件管理工作的依据。

以西安地铁 2 号线既有车的物资清单为例，其清单格式如图 8-16 所示。

通常我们着重对备品备件的库存管理、采购管理等流程做思考及改进，而忽略对设备备品备件清单的完善，使得备品备件管理最基本的信息存在错误，从而影响其他流程改进的效果。

图 8-15　车辆设备备件信息示意

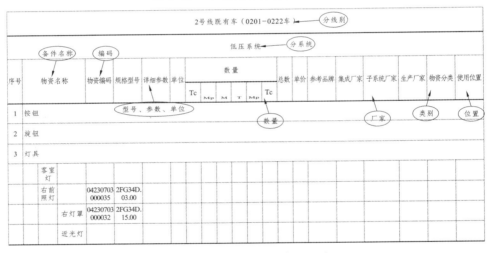

图 8-16　电客车物资清单示意

2）加强项目初期的执行力

设备备品备件清单初版由新项目筹备时各供应商提供，在项目之初，设备采购招标时应把备品备件作为一项重要内容考虑，对备品备件的细则规定好，包括：通用品牌统一、自制件和外购件标示方式、备品备件项目价格及后续采购价格的浮动差额、备品备件配套图纸资料等，充分考虑项目结束后的备品备件采购工作，以便拿到符合要求的设备备品备件清单。

在项目实施阶段，人员关注的重点侧重设备安装调试运行过程，对附属工作投入的时间精力不足,往往车辆验收时设备备品备件清单还未完成收集，遗留给后续备品备件管理的工作量非常大。因此，需要在项目实施阶段严格控制供应商提交设备备品备件清单的时间，在设备预验收时应对重点备品备件进行核对，及时组织技术人员对设备的备品备件清单进行审核，有疑问的备品备件要在第一时间要求供应商核实，对响应不及时的供应商进行考核并在最终验收付款里体现，迫使供应商认真对待设备备品备件信息的提交。

3）核查、补充设备备品备件清单

考虑到备品备件信息的多样性，在项目筹备阶段实难得到完整准确的设备备品备件清单，车辆投入运行后，技术人员需逐项核对各系统的备品备件，确保无重要部件遗漏、品牌型号一致、图纸资料齐全。

对于部分非标设备，不同的设备供应商提供的备品备件型号通常为该企业内部编码体系赋予的编号，通过该型号只能向该设备供应商采购备品备件，而大部分备品备件实际为该企业的外购件，若能直接找到该备品备件的原始制造厂家采购，无疑能节省大笔费用。因此，通过现场核查，记录备品备件铭牌信息，找出备品备件制造商和制造号，多方咨询确认采购途径，后续可能节省大笔采购费用。

4）备品备件数据统计分析

车辆备品备件的状态及磨损通常呈随机型、发散型，难以把握。同时技术人员的水平也参差不齐，对设备状态的分析不同，对备品备件的寿命周期、采购周期等的掌握程度不同，使得需求判断不同，以致备品备件库存越来越多，而有时现场急需的备品备件却无库存，需做紧急采购计划，催供应商交货或提前送货，备品备件采购需求计划缺乏有力的技术和数据支持。

因此，备品备件数据统计分析工作尤为重要，不仅能为备品备件采购需求提供支持，更能反映设备运行状况。需统计的数据主要有备品备件消耗量、备品备件周转天数、备品备件采购周期、备品备件历史价格、备品备件历史采购量等，并将这些数据记录进设备备品备件清单，作为设置备品备件存量的依据。

8.3 车辆全寿命周期内维修内容规划

城市轨道交通车辆需要定期进行维护保养，而维护质量与运行安全息息相关，同时车辆维修的成本随着运行时间的推移，也持续攀升。为确保车辆满足全寿命周期的使用要求，运营单位应在确保列车运行安全和维护质量的基础上，制订科学、合理、适用的维修制度和修程。

1. 车辆全寿命周期内维修的研究意义

地铁车辆的各部件全寿命研究对于优化设计、提高安全性和经济效益具有重要的意义。车辆购置成本占车辆全寿命周期成本的50%左右，进行城市轨道交通车辆选型时应充分考虑车辆的全寿命周期。现阶段地铁车辆的设计寿命普遍在30年，车辆在使用过程中需要进行定期维护，年检以下修程的部件更换率较低，产生的成本也较低。在架修、大修（厂修）等的维修周期中，大量的必换件及故障件的更换，导致维修成本较高，按照列车30年的寿命期进行计算，在寿命期内需要进行三次架修、两次大修，总计成本基本与车辆的采购成本相当。因此，研究车辆部件的全寿命管理，根据每个部件的使用情况和状态，确定最佳的维修频率或时机，尽可能降低过度修或欠修，对于运行成本的控制及安全性具有极为重要的意义。

对地铁车辆各部件全寿命的研究和管理，可以帮助我们更好地理解并优化车辆的性能和维护需求，从而提升地铁的运营效率和安全性。

2. 各部件寿命来源及维修依据

现阶段，一方面由于城市轨道交通车辆的生产制造尚无统一标准，各主机厂在进行车辆生产时，对于车辆各部件的寿命规划不尽相同。另一方面，由于各个城市的轨道交通客流密度相差较大，各系统部件的损耗也存在差异，致使各个城市对于部件寿命管理的维修策略不同。目前来说，车辆维修规程中部件寿命的确定主要依据有四个，分别为：车辆生产制造厂家提供的维修手册、部件使用中的故障率、同行业内的维修情况、部件状态评估。

1）维修手册

对于目前开通地铁的大部分城市而言，城市轨道交通处于初级发展阶段，对于车辆的维修经验较少。在车辆维修的过程中，制订维修规程的依据主要是车辆生产厂家提供的维修手册，而车辆部件供应商在制订维修手册的过程中，为了确保部件的绝对安全，往往会考虑极限的运行环境，对部件使用时间留有一定的余量，给出相对保守的寿命值，但实际上，车辆在正线运行中的环境各异，按照维修手册的更换时间，部件并未达到使用寿命，会出现过度修的情况，造成资源的浪费。另一方面，维修手册有时给出的使用寿命与检修部门的维修修程不一致，导致往往会存在提前修或者失修的问题。例如，西安地铁2号线电客车空调机组的离心风机和冷凝风机根据维修手册中提供维修时间，风机轴承需要4年进行更换，风机整体需要8年进行更换。而车辆整体维修的计划为5年架修和10年大修，与风机推荐维修时间存在差异。如果完全按照维修手册推荐的维修时间制订维修计划，会导致维修不便，且将大大增加车辆的扣修时间，降低车辆的使用率。

2）各类标准

实际电客车维修过程中涉及的零部件数量极多，厂家给出的维修手册仅涉及其中一部分，多数零部件的寿命和相应的维修策略其中并未明确，此时还可参考相应的国际标准、国家标准、铁路标准和行业标准。如西安地铁目前涉及的主要参考标准如下：

GB/T 1032—2012	三相异步电动机试验方法
GB/T 7928—2003	地铁车辆通用技术条件
GB/T 14894—2005	城市轨道交通车辆组装后的检查与试验规则
GB/T 14977—2008	热轧钢板表面质量的一般要求
GB/T 25123.1—2010	电力牵引轨道机车车辆和公路车辆用旋转电机第1部分
GB/T 30489—2014	城市轨道车辆客室侧门
GB/T 34573—2017	轨道交通　司机控制器
TG/CL 125—2014	和谐2A/2B/2C一阶段/2E型动车组四级检修规程
TG/CL 206—2013	铁路客车轮轴组装检修及管理规则
TB/T 449—2016	机车车辆车轮轮缘踏面外形
TB/T 1491—2015	机车车辆油压减振器
TB/T 1619—2010	机车车辆车轴磁粉探伤
TB/T 1618—2001	机车车辆车轴超声波检验
TB/T 1804—2017	铁道客车车顶单元式空调机组　技术条件
TB/T 2711—2005	机车、动车用空气压缩机试验方法
TB/T 2767—2010	机车车辆用直流接触器
TB/T 2785—1997	机车车辆低合金高强度结构钢焊接技术条件
TB/T 3106—2005	铁道车辆单元制动缸
JT/T 1218.2—2018	城市轨道交通设备设施维护与更新　技术规范　第2部分：车辆
JB/T 10563—2006	一般用途离心通风机技术条件
IEC 60349—2	铁路与道路车辆用旋转电机　第2部分:电子变流器补偿的交流电动机
交运规〔2019〕8号	城市轨道交通设施设备运行维护管理办法
交办运〔2022〕84号	地铁车辆运营技术规范（试行）

3）部件使用中的故障率

维修手册对于很大一部分的部件寿命并无明确的寿命要求，但在实际维修过程中却需要考虑部件的寿命、故障影响。所以要根据车辆日常使用的情况，对部件故障进行统计，对于故障率过高的部件可在相应的修程中进行更换。例如，西安地铁 2 号线电客车客室幅流风机在维修手册中要求每四年对风机轴承进行更换，每运行 15 000 h 对摆头电机进行更换，并没有明确要求风机整体的更换年限，但是根据日常使用情况，在年检以及架修过程中发现幅流风机随着使用年限的增加，故障率逐渐增高，架修过程中风机故障已经达到了 90% 以上，所以架修过程中对故障率较高的叶轮端部进行修复，大修时则需要进行更换或改造。

4）同行业内该部件的维修情况

国内部分城市的轨道交通发展时间较早（如广州、北京、上海等），目前具有相对丰富的维修经验，对于车辆的维修方式可以进行借鉴，对于同一个系统，尤其是同一个生产厂家的部件，需要充分地参考同行业的维修规程，结合自身情况制订。

例如，车钩架修规程在制订过程中，根据维修手册，在 5 年架修过程中，未要求进行车钩部件的探伤作业，但是前期在车钩架修调研的过程中，发现广州地铁、深圳地铁等国内架修成熟地铁公司，部分线路使用的电客车车钩与西安地铁相同，均为青岛四方生产。而该两家公司在对车钩架修过程中，都对车钩关键部位进行探伤，而且在维修过程中也发现了关键部位的裂纹。最后，经过国内地铁相关专家评审讨论决定，西安地铁在电客车架修过程中将车钩定为关键部位，在实际维修过程中，也确实发现不同程度的探伤裂纹，如钩舌裂纹、压溃管裂纹、连接卡环裂纹等。

5）部件使用状态的评估

前面也提到不同城市轨道交通车辆的运行环境差异较大，不同部件生产厂家不同，部件使用状态也不同，维修手册中也未对部件使用寿命进行明确，就需要根据部件实际使用情况对部件状态进行评估，制订相应修程的维修方案，对于影响行车的部件可以保守进行评估，对于非关键位置、不影响行车的部件可适当地放宽使用时间。例如，非关键位置的按钮开关、客室的扶手吊带、空调机组密封胶条、橡胶减震垫等在维修手册中未明确使用年限，部件维修规程在制订时，需要对部件状态进行评估，结合实际运行状态制订维修方案。

3. 影响部件寿命的原因分析

1）使用环境对部件寿命的影响

部件规定的寿命只是在某一个特定环境下设定的使用期限，日常使用环境不同，对部件的使用寿命也会有很大的影响。我国地域辽阔，南北环境差异较大，同一个部件在深圳、广州的使用寿命可能会与西安不同，主要影响因素包含温度、湿度、粉尘、海拔、人为因素等。

温度影响：部件在运行中如果温度过高或过低，超过允许极限时，都可能产生故障。

湿度影响：绝大部分设备都要求在干燥条件下使用和存放，当然过低的湿度（环境特别干燥）会产生静电对电气设备使用不利，需要控制在适当的湿度范围内。据统计，全球每年有 1/4 以上的工业制造不良品与潮湿的危害有关。

粉尘影响：粉尘影响列车部件机械配合、电气设备控制系统及其它电子元器件可靠性，使设备使用寿命缩短，部件质量下降。

海拔影响：常规部件是指在海拔 1 000 m 以下使用来做的实验及能完成的工况。海拔影响通常是指设备使用场合海拔比常规实验海拔高出很多，比如我国的西藏地区。海拔过高影响部件的散热等。

人为因素：人为因素是指对该部件没有概念的人由于种种原因引起设备故障，需要设计者与使用者做好相关警示防范措施，避免出现设备故障影响设备寿命。

2）日常保养对部件寿命的影响

日常保养过程中，对部件寿命影响主要有以下情况：①对部件进行拆卸或维护时，会造成部件的磨损等。②由于不同的维修人员维修的技能、习惯的差异，也会不可避免地对部件造成不同程度的损伤。

4．部件运行状态系统的建立

1）常态下跟踪统计部件使用情况

建立车辆部件履历，对车辆主要部件的进行跟踪。定期检查其使用状态，结合部件运行的数据统计，对部件的状态进行分析，掌握部件的质量情况。

2）部件故障率的统计（故障数据库）

建立部件故障数据库，对部件的故障数据进行统计，在相应规程制订前，对故障数据进行分析，根据车辆的故障点、数量等制订合理的检修规程。

5．各系统部件维修规程的确定

1）维修模式分类

从以往的维修经验来看，地铁车辆维修模式可总结为以下几种：

① 定期维修。

定期维修也称作预防维修，是指按照固定周期对车辆零部件的检查、修理和更换。适用于故障特征随时间变化、有明显和固定损坏周期的零部件。如按照一定周期进行分解检修的转向架、基础制动装置、车钩、牵引电机、门机构等；如按一定速度磨损的紧固件、接地装置、接触器、受电靴、闸瓦等金属、绝缘或消耗部件；按一定速度老化的一二系悬挂装置、蓄电池、电源模块、密封胶条等橡胶、电子元器件或化工材料；按一定速度挥发或变质的介质（如润滑脂、润滑油）等。

② 状态维修。

状态维修也称作视情维修，是指根据状态检查和趋势监测信息进而决定维修策略的一种预知维修模式。适用于可实施监测、易于实施监测、监测信息可以准确定位并预知故障发生时间的零部件，如构架检测、车轮镟修、车轴检测、风机维修等，目前经常采用的状态监测方式包括量具测量、无损检测、实验设备检测等。

③ 事后维修。

事后维修也称作故障维修，是指车辆零部件发生故障后的修理，没有任何维修计划。适用于故障后果不严重，不会造成次生故障和人身伤害，车辆能够正常使用，事后维修能够最大限度延长车辆的有效使用周期，是比较经济的维修模式。

④ 机会维修。

机会维修也称作窗口时间维修，不拘泥原来的维修计划，利用车辆早晚高峰下线后停扣机会，按照使用停扣时间长短，参照各系统维修工时进行时间匹配维修。也可利用所有可利用机会（如周末、假期、专项整备等）进行窗口修，也可对车辆问题部位进行局部解体检修，对前期发现的潜在故障进行处理。维修方式更加灵活，不用单独为某一项工作停扣车辆，能够大大提升车辆上线率。

⑤ 改进维修。

改进维修也称作纠正维修，不拘泥原有结构，通过换新、结构改造、性能补偿和软件更新等手段，使故障率高、失效频繁或有安全隐患的零部件得到改善。改进维修主要针对存在设计、制造、原材料缺陷、先天不足或经常出现重复性故障的零部件，是解决故障频繁和维修费用过大的根本途径。

⑥ 专项检查和普查工作。

车辆在检修时，涉及需要维修的部件较多，所以就会需要根据实际情况，制订相应的检查方案。例如，有些部件的使用与季节相关，空调仅在夏季进行制冷，客室电暖在冬季进行使用。所以就需要根据季节制订相应的检查方案。例如，车辆的走行部主要承受整车的重量，在预估到可能会有大客流的情况下，需要对车辆的走行部进行重点检查。

2）各级检修规程的确定

检修规程目前主要包括日检、双周检、月检、三月检、年检、均衡修、架修、大修等，在制订相应的检修规程时，除了依据维修手册、部件使用的故障率、同行业的维修情况、部件状态评估外，并结合部件的使用寿命，确定相应的维修方案，明确需要检查、更换、测试的部件，对于特殊备件如防松螺母、弹簧垫圈、开口销等进行安装完成后，如需要拆卸，再次安装时需要更换新件。

6．维修方式确认

车辆维修的重点问题是根据各零部件的状态对具体零部件选择正确的维修方式和维修层次，合理安排修理计划并付诸实施非常重要。车辆定期维修是地铁车辆全生命周期中维修工作量最大的部分之一，车辆架大修是其中技术含量最高、工况最复杂、时间周期最长也是费用最高的任务之一，是保证车辆运行安全最重要的修程。科学维修是保持或恢复车辆正常运行、充分发挥效能、保证各零部件完好的基本条件。针对地铁车辆重要零部件的维修模式，结合车辆大修针对地铁车辆重点零部件的特点进行组合维修分析。

车辆大修时常会遇到各子系统零部件的维修周期不匹配问题，在保证车辆运行安全前提下，为了能够使各零部件大修时间相匹配，就需要研究各零部件的特性，结合各地区外部环境及零部件本身使用状态，在无严重故障后果和影响的前提下，适当调整检修时间节点，改变维修周期，实现维修节拍同步。

（1）转向架构架进行定期探伤和划线检查；轮对进行轮缘经济性镟修，并辅以定期探伤检查；齿轮传动装置的轴承达到寿命进行更换并进行齿轮检查，轴箱轴承在生命期内进行定期检修；一系橡胶弹簧的蠕变是一个逐渐变化的过程，保守估计约八九年的生命期，通过蠕变规律推算一般能坚持到10年大修期，如遇蠕变量过大的建议架修提前更换；二系弹簧的劣化也是一个逐渐变化的过程，如泄漏量达标，且不出现明显橡胶变质，一般可坚持到10年大修期。

（2）电气系统控制单元建议15年修时（半生命期）更换一次，在车辆全生命期内能够少更换一次控制单元。10年大修后进行事后维修，只对故障率高的个别部件进行更换。

（3）制动系统控制单元也建议15年修时（半生命期）更换一次，10年大修后进行事后维修，只对故障率高的个别部件进行更换。

（4）空调压缩机一般运行时间能够达到5万小时，由于各地空调使用时间长短不同，更换时间也不同，以实际运行时间为准。

8.4　物资采购成本优化方案

地铁企业由于初期建设投资巨大,同时作为公益性企业具有运营成本高、票务收入低的特点,因此我国目前各个城市地铁运营企业几乎都有不同程度的营业性亏损,需要依靠财政补贴来弥补,这给当地财政带来巨大的压力,同时也不利于地铁企业的长期持续发展,因此开展成本管理和控制工作,通过不断研究与探讨,寻找新的管理方法与手段创新、逐步实现管理体系的完善,项目成本管理水平的提高,最终实现可持续的成本效益最大化,可持续的资源消耗最小化。成本管控和优化是企业在经营过程中所必须面对的一个重要课题,是企业有效提升自身经济效益的重要因素之一。作为地铁列车维修企业,在确保城市轨道交通安全运营的前提下,对车辆资源进行全寿命周期成本控制与管理是当前面临的难题。

1.　采购物资种类

地铁所需物资主要包含以下几方面:

(1)生产消耗性材料:指运营生产使用的材料、燃料、油脂化工料、小五金件、清扫照明、危险品、辅助材料等。

(2)备品备件:指地铁车辆、工程车辆和各专业设备维修、保养使用的互换配件。

(3)工器具:指运用、检修使用的生产工具;检测、计量使用的仪器仪表和器具;培训使用的教学器具和电教设备;医疗急救器械;生产用载运工具等。

(4)设施设备:指运营各专业生产使用的检修、检测、监控、客运服务等设施设备以及生产、管理专用系统等;生产、办公用交通运输工具。

(5)劳动保护用品:指运营各岗位配置的工作服、工作鞋、工作帽、手套、清洗用品以及特殊岗位防护用品等。

2.　地铁车辆维修成本控制存在的主要问题分析

对地铁车辆的维修管理成本控制主要在两方面存在一些问题,导致维修成本的消耗过高:一方面是车辆维修物资的定额管理问题;另一方面是车辆维修备品备件的管理问题。这两方面问题是影响车辆维修成本的控制的主要阻碍。

(1)车辆维修物资定额管理问题。

定额管理是指对车辆维修成本的计划性管理,基于车辆运用实际情况,制订维修计划，同时对维修成本进行科学核算，达到对成本控制的目的。实行定额管理成本控制方式对提升维修物资的利用效率，推动人员合理配置以及调动员工积极性等方面都具有十分积极的作用。在地铁车辆维修过程中，对维修物资实行定额管理的方法能有效降低维修成本，提升维修设备以及物资的使用效率。但在实际管理过程中对维修材料的定额管理存在以下问题，影响到定额管理开展的实际效果。

对所需维修物资的数据难以确定，由于在地铁车辆维修中维修工作开展环节较为复杂，维修物资的数据确定难度较大，受车辆运行年限、使用状态、维修工艺的不同，维修物资消耗数据变化较大。

（2）车辆维修备品备件管理问题。

① 申购困难。

地铁车辆系统设备种类繁多，专业人员在缺乏丰富经验的情况下很难确定备品备件的准确名称、规格型号、详细的技术参数等基本信息，导致错误的申购，造成不必要的浪费，增加了成本。

② 采购困难。

由于需求信息少或不准确，在实施采购时就容易出现供应商报不了价或者出现误采购。

③ 采购价格高。

一是在没有详细信息时，大多备件需要在原供货集成商处采购，价格太高；二是地铁维修所需关键系统如牵引制动系统备品备件，由于国内地铁行业发展起步较晚，因此在一些核心技术上不够成熟，地铁车辆操控所需的备件与技术借鉴国外成果，因此在维修方面需要对维修材料中的进口部件申请单一来源购买，由于购买渠道较为单一，因此存在采购价格过高的现象。

④ 信息不对称造成库存积压，造成成本增加。

3. 降本工作类别

（1）直接降本（包括不限于）：

① 预算核减；

② 谈判核减；

③ 项目合同调整。

（2）间接降本（包括不限于）：

① 优化完善工器具配备标准；

② 闲置物资调配，减少采购；

③ 物资分批到货，降低资金占用；

④ 修订统一物资编码，避免重复提报；

⑤ 修旧利废。

4. 成本优化措施

降本工作通过计划管理、采购管理、仓储管理、工具及计量管理等方面进行推动。

1）计划管控措施

① 采购计划重新核定，减少采购，核定原则为：比对现有库存，合理核减现有库存物资的数量；结合历史用量数据，减少冗余物资需求。

② 关口前移，提升审核质量

明确需求计划提报原则及成本管控工作要求，统一工作思想及标准，充分发挥生产专业优势，将需求提报和审核重心从物资采购部门审核前移至专业部门和需求中心，提升审核工作的效率和成效。

③ 强化审核标准的执行及力度，严格卡控相关物资提报数量

以维修实际需求为基础，控制维修物资成本。对物资的申购与采购必须建立在车辆维修对物资实际需要的预测基础上进行定额管理，对车辆进行全面检查，对维修所需物资的型号以及规格进行详细地记录，明确维修物资的技术参数，从而有序开展申购与采购工作。同时加强横向和纵向数据对比。各运营部门对同专业同类物资不同线路提报需求计划内容、数量进行对比分析，对各专业提报的需求计划，对比分析近1至2年使用消耗数量、消耗定额等数据，减少不合理提报，提升各专业物资管理精细度。

此外，为了防止维修过程出现物资短缺的现象，在制订物资定额管理计划时，根据物资使用经验及采购周期制订物资安全库存量，适当增加常用维修物资的库存量，以备不时之需。

2）采购管控措施

（1）分批供货。

为提高物资周转效率，减少资金占用、降低库存压力。物资分批供货遵循"按需供货"原则，对急需物资要求供应商尽快送货以满足生产需求，剩余物资按需列入后续年度供货批次。

（2）新购物资采购的控价。

通过市场调研、分析历史采购价等方式制订谈判策略，在谈判/评审过程尽可能降低采购价，节约采购成本。

（3）推进本地仓储中心的建设与落地。

一是调研并增加本地化仓储中心的系统集成商；二是制订本地化仓储中心工作方案，明确工作流程。

通过对接商讨备件清单范围，根据运营实际生产情况确定每年备件消耗数量，签订长期框架协议，根据生产需求实供实销，减少资金占用，缩短供货周期，实现外部物资的快速调配，降低库存积压。

（4）深化专用物资转通用物资采购。

可由专用转为通用采购的物资，例如紧固件、继电器、电机等市场竞争和货源较为充足的物资，通过采取通用采购方式，节约采购成本，缩短供货周期。

（5）备件维修单元细化分解。

各需求中心推进、加深维修深度，促进维修单元的分解，将需更换部件进行细化，降低备件采购的成本。

（6）源头采购。

直接寻找生产厂家采购，采购成本会大大减少。

（7）替代产品的探索。

结合物资采购项目的实施情况和市场调研情况，对采购价格偏高、供货周期长的物资进行梳理，讨论替代产品方案的可行性，根据讨论结果开展相关试验及测试工作。

（8）国产化改造。

以车辆国产化改造为措施，降低车辆制造与维修成本。提升科技创新，加强对地铁车辆修建的国产化改造，从根本上解决设备材料采购难，但价格昂贵的问题，降低生产维修总成本。维修过程中高昂的材料与设备费用是导致地铁车辆维修成本控制困难的主要障碍，其中重要原因在于地铁车辆制造过程中使用的材料为进口材料，缺乏自身的自主创新技术，从而导致后期维修材料进口费用高昂，因此加快推进技术革新进度，积极引进国内研发的科技成果，开拓更大的部件国产化范围，在提升国内相关产业竞争力的同时，降低地铁车辆制造与维修成本。

（9）以成本控制为理念，开展节能降耗工作。

地铁是大运量的城市轨道交通运输系统，也是耗电量的大户。地铁运营过程中消耗能源的主要形式是电能，因此应本着淘汰高耗能用电设备，更换为先进高效的设备，以"保质量、提效率、降成本"为目标，开展车辆系统节能降耗工作。如开展车辆客室 LED 照明改造、车辆客室变频空调改造等项目，通过经济测算确定节能与改造投入的经济平衡点，确定改造经济可行性。

3）工器具及计量管控措施

（1）优化委外计量项目清单及计量周期。

结合生产实际重新梳理已有委外计量项目清单及计量周期，对使用频次较低的计量器具周期从生产实际角度提出延长建议，重新确定运营分公司委外计量项目清单和计量周期。

（2）优化完善工器具配置标准。

通过现场检查调研，结合工器具配置标准实际执行情况，分析研究工器具配置标准的合理性，严格审核新增工器具配置需求提报依据，同时结合闲置工器具数量，核减相应配置标准。

（3）开展工器具调拨，节约工器具采购成本。

利用物资信息系统，审核不同部门的闲置工器具状态，开展闲置工器具调拨工作，保证工器具的利用率。督促各部门及时在物资系统更改闲置工器具状态，从而减少后续工器具采购量。

4）仓储管控措施

（1）推进修旧利废。

严把物资报废关，明确修旧利废范围。建立健全废旧物资相关管理制度，将旧的物资回收、修复、利用纳入物资管理和生产单位的日常管理工作中，对所需物资实行交旧领新制度。对于拆下的旧设备、零部件和材料，凡能继续使用的须完好保留；能修复使用的物资在修复并经技术鉴定可以安全使用后，需入库保管以作备用，减少浪费，提高资源利用率。但是修复后的设备、零部件一定要符合安全生产标准，不能再利用的坚决报废，不能因修旧利废带来安全隐患。

把控修旧利废经济性关口，开展修旧利废活动前，应先对修的对象进行定性判断，从使用年限、修理费用、时间、精力、修复后的安全性等方面入手综合考虑、科学核算，确定有修复价值、能产生经济效益的对象，方可列入修旧利废的范围内。

（2）闲置物资再利用。

① 开展闲置生产物资再利用。

统计各部门的闲置物资清单，组织各部门调配，后续抽查调配物资消耗使用情况，确保闲置物资高效精准调配并利用。

② 探索跨企转让减少库存占用。

对公司内部不能调配的闲置物资，积极探索跨企转让，主要可通过两个方面开展。一是尝试同行业转让。一方面开展公司内部转让，进行闲置物资内部转让；另一方面开展其他地铁间转让，发动供应商力量，对闲置物资在行业内转让。二是探索在公共资源平台转让交易。

5. 结　语

地铁车辆维修成本控制问题在当前相关行业受到高度的重视，地铁车辆的维修关系到地铁运行的效率与安全性，但由于维修所需材料、设备等的成本管理上存在一定的障碍，地铁维修整体成本过高，影响到了企业的经营效益。基于维修成本管理的现状，为了提升维修成本的管理水平，主要从对维修材料与设备的成本控制入手，更新成本管理总体模式，对车辆维修的成本进行精细化管理，提升成本控制的整体水平。

同时应考虑到产品价格只是影响成本的重要因素之一，此外供货质量、供货周期及售后服务的响应能力也会对列车的维修成本产生影响，如由于供应商的供货周期较长，采购料件不能及时到位导致部件周转件的采购成本及暂缓执行项的质量成本的增加；供应商的供货质量及售后服务响应能力不足导致列车故障率上升、正线列车保有量降低，从而导致项目考核等额外成本的增加。

因此，在整个采购过程不能只考虑价格因素，应进行综合评分，全面考量供应商的资质和能力。

8.5　车辆全寿命周期成本

车辆是城市轨道交通的重要组成部分，城市轨道交通车辆的成本比较大，造价高，车辆运行过程消耗大，要求对影响成本的各项因素进行严格的管理和监督控制，既保障车辆的正常运行，满足城市交通需求，还需要科学地降低成本费用支出。城市轨道交通车辆全寿命周期成本管控工作的实施，强调对各项影响成本费用的因素进行严格的监督控制，认真做好车辆设计、制造、采购、使用、维修、废弃处理等各环节成本费用的管控，减少不必要的成本费用支出，实现城市轨道交通综合效益最大化。

1. 全寿命周期成本概念

全寿命周期成本指的是在产品全寿命周期内，为购买、制造、维持其正常运行或使用和最终报废需要发生的所有成本。根据时间的先后顺序可将产品的寿命周期划分为论证与研制阶段、生产阶段、使用阶段、报废处置阶段等，每一个寿命周期阶段都会对应一项成本。这种理念着眼于设备的全寿命周期，将未来运行期的信息向前集成，在采购阶段提前考虑整个流程后期的运营成本。

车辆后续寿命周期的管理，也是基于前期的车辆选型和采购。轨道交通运营商要降低车辆全寿命周期成本，就有必要在车辆的选型、采购、运营、维修乃至报废等各阶段探讨其技术管理的新思路。

2. 全寿命周期成本管理的重要性

全寿命周期成本管理主要指对产品在有效使用期间所发生的与该产品有关的所有成本及影响因素进行全面的监督和控制，包括设计、制造、采购、使用、维修、废弃处置等阶段产生的各项成本及费用支出，以保证成本支出的科学规范性，降低不必要的成本费用支出。全寿命周期成本管理主要应用于一些周期长、材料损耗量大、维护费用高的产品及项目，强调通过系统化、全面的管理和监督控制，尽可能降低不必要的成本费用支出；对产品进行综合的评价分析，使各项决策更科学合理，选择性价比适合的产品；降低后期使用成本，实现经济效益最大化。

城市轨道交通车辆的全寿命周期主要包括 4 个阶段，成本控制工作的开展和实施也需要从这 4 个阶段入手。对车辆采购、运行、后期维护、报废处理阶段影响成本费用支出的各项因素进行严格的管理和监督，实现城市轨道交通综合效益最大化。通过对采购成本的综合化考虑和分析，确保采购方案的制订更科学规范，选择性价比适合的产品，既满足城市轨道交通的实际需要，也能最大化地降低成本投入。车辆在长期运行和使用过程中，会产生大量消耗，需要对此进行科学的管理和监督，尽可能地降低浪费和不必要的成本支出。车辆的维护、车辆使用寿命将直接影响城市交通后期运行的安全稳定性和投入使用的收益。

因此，需要重视做好运行过程中车辆的维修与保养工作，确保其拥有良好的使用寿命，降低车辆维护和重新购置的成本。对车辆进行及时的报废处理，降低车辆闲置等造成的各项损失，有效提高资源的利用效率。

3. 全寿命周期成本的构成

1）新车成本的构成

一般新车成本由项目合同价格决定。随着车辆轻量化、节能、智能化、降噪、环保等要求的不断提高，以及新技术、新产品的应用，新车成本难以下降，个别车型新车成本略有增加也属于合理范围内。

2）检修成本的构成

根据检修内容，地铁车辆的检修成本可按日常维修、架修、大修及修复性维修进行分解。检修成本来源于全寿命周期成本测算。全寿命周期成本测算数据包括预防性维修和修复性维修的材料成本和直接人工成本。依据地铁的修程修制和系统部件检修维护大纲,计算车辆预防性维修所产生的工时费与材料费,包含架修、大修的人工及材料成本。根据各系统预防性和修复性成本测算数据,统计每个系统的日常维修的人工、材料成本,统计每个系统的架修、大修人工成本和材料成本,统计每个系统的预防性维修人工、材料成本,统计每个系统的修复性维修人工、材料成本,统计整列车的预防性和修复性维修人工、材料成本。

修复性维修成本占比很少,日常维修人工成本占检修总人工成本的72.3%,架大修的材料成本占检修总材料成本近77%。由此可见,检修成本控制应主要考虑降低日常维修成本和架大修成本,重点考虑降低日常维修人工成本和架大修材料成本。

3)能耗成本构成

能耗包含牵引能耗和辅助能耗。能耗成本数据由地铁项目的线路进行的仿真分析计算获得。能耗成本与列车质量及空气动力学等息息相关。可采取车体轻量化设计、改善车辆空气动力学性能及牵引性能、电机选型等手段进行节能设计,进而降低能耗成本。

我国地铁既有产品基本均未到报废阶段,无相应的报废成本数据,故本文忽略报废成本的分析。

4. 降本方案和具体措施

1)新车采购

对采购成本的综合化考虑和分析,能确保采购方案的制订更科学规范,降低采购的成本,选择最适合的产品。要充分认识到城市轨道交通车辆采购阶段的成本管理工作开展和实施的重要性,对影响成本费用支出的各项因素进行严格的管理和监督,减少不必要的成本费用支出。车辆是城市轨道交通的重要组成部分,城市轨道交通车辆的成本比较大,在采购阶段就需对成本进行科学的管控,既强调满足城市轨道交通运行的实际需要,也要最大化地降低成本投入。相关工作的开展和实施,要重视物资采购预算管理方法的运用,根据实际工作的需要,构建完善的采购预算管理体系,从城市轨道交通车辆长期运行角度去综合考虑和分析,科学编制预算、编制采购计划方案。在编制预算时,还需要考虑车辆的质量、性能,选择性价比高的车辆,也就是说不能一味地追求价格最低,要确保车辆的质量、性能符合实际要求,减少后期车辆运行和使用过程中故障、事故的发生概率,降低后期维护、管理和因频繁更换车辆造成的成本。采购工作的实施要严格依照采购计划和规范流程进行，提高采购效率，尽可能降低采购成本。车辆采购的核心是在满足功能需求的前提下，重视节能环保、标准化、国产化和备品备件高性价比等要求，并且采用统筹采购模式。

2）修程修制的优化

在传统轨道交通地铁车辆维修模式下，主要依据时间间隔与运行里程开展"计划性维修"，用于预防地铁车辆故障问题，并于地铁车辆发生故障问题后进行"事后故障修"，但随着轨道交通的发展及城市化进程的推进，地铁车辆数量增加，此时应根据实际情况优化维修修程，调整维修机制，在提升维修质量与效率的同时，延长维修间隔，减少维修成本。

如西安地铁在优化后的地铁车辆修程修制中，日常检修取消了周检，大架修里程间隔，加大大修里程间隔和时间间隔，减少低级别检修次数，减少大修次数，延长车辆里程寿命，降低单位里程成本。

3）设备寿命的优化

设备寿命的优化主要是基于既有地铁车辆的运维数据，尽量延长设备寿命，提高设备寿命与修程修制的匹配性，减少设备全寿命周期中的零部件更换次数，减少了备件品种和数量，减少过度修，有效降低全寿命周期成本。首先，统计分析既有车辆各零部件的设计寿命、检修维护、实际更换等基本情况；然后，以设备实际使用寿命能力为基础，在不增加全寿命周期成本的前提下，采用等寿命设计及延寿设计，制订合理可行的方案，优化地铁车辆设备寿命。其中，轴承类部件和电器元件须结合车辆实际运营情况，按照里程和时间寿命管理；对于寿命未达到架大修年限的零部件，按照里程或时间寿命管理，规划到年检里；尽量减少检修更换次数，以节省材料成本和人工成本。具体可从以下几方面着手进行其成本控制。

① 车辆零部件设计的维修间隔尽可能长并与车辆架修、大修周期相吻合。

② 对于所采购的备品备件应进行来料质量控制，以防因质量缺陷而提前更换或报废，以避免供货商的成本转嫁至运营商的维修成本中。对于备品备件来料质量控制可采用由运营商对供货商生产过程质量定期审核的方式，并设立动态的合格供货商名单，从源头上掌控产品质量。这同样可以有效降低车辆维修成本。

③ 车辆零部件的标准化、系列化和简统化，可以扩大备品备件批次从而降低采购成本。尤其对于一些随时间而自然消耗的备品备件，如润滑油脂和橡胶件等，可以集中仓储，一方面减少库存量，降低仓储成本；另一方面将仓储报废率降低到最低限度，从而降低维修成本。

④ 进口件国产化替代工作也是降低车辆全寿命周期成本的关键。如果纯粹依托车辆或部件供货商进行国产化，因涉及核心技术转让，步子不会迈得很快。只有以用户为导向去不断地推进国产化，才能将供应链市场逐步培育起来。

4）节能

科学规划和设计车辆的供电系统、照明、通风系统、控制列车通信系统和电力牵引系统，既保证满足基本所需，也要考虑降低成本和消耗，确保设计和规划的合理性，如确保整车具有良好的散热能力、减少功率消耗、降低空调等消耗。日常行车过程中要规范化操作，减少不规范操作对车辆造成的损伤，降低车辆维修成本。

可从以下几方面对车辆供货商提出车辆节能要求。

① 车体应采用大型铝合金中空挤压型材或薄型不锈钢材，重视车辆各大系统设备的轻量化，从而降低列车牵引能耗。

② 车辆应具有再生制动功能。优化牵引电机设计，尽可能扩大恒电制动力的速度范围，充分发挥再生制动的功效。

③ 提高电气牵引系统和机械传动系统效率，减少不必要的传动损耗。

④ 根据载客量自动调节空调通风系统的新风量，减少空调压缩机的工作时间和耗电量，在节能的同时使乘客具有较好的乘坐舒适性。

⑤ 对于行驶在高架线和地面线上列车的内部照明采用光控方式，充分利用车辆的外部光能。

5）提高设备利用率

车辆维修和检测设备在车辆检修过程中起着至关重要的作用。要加强设备的维护保养工作，以确保检修质量。同时，设备的折旧费和后期维护保养费用也影响着车辆的维修成本。

保证维修检测设备正常使用是确保车辆维修质量的关键。设备维修费用是不可能节省的，唯一能挖潜的是尽可能减少检修设备种类和有效提高设备利用率，消除设备怠机时间，从而降低车辆维修成本。

一方面，从车辆的标准化工作着手，使车辆系统或零部件与检修设备的接口尽可能标准化。另一方面，检修设备设计应尽可能通用化，可通过增加适配器以适应不同车型的零部件接口要求；在操作程序上通过编制不同的可供选择的软件以适应不同车型零部件的维修检测操作要求，减少检修检测设备种类。

轨道交通网络化运营后，车辆部件集中修的维修策略为充分利用维修设备创造了条件，但与此同时也将增加运输成本。因此，在规划阶段就需着手进行研究，在满足批量维修、设备利用率提高和运输成本降低三者之间寻找最佳平衡点。对于特定的零部件，可以在线网上设置 1 个或多个维修点，以提高设备利用率，适当降低运输成本。

6）报废处理

随着车辆逐步接近设计寿命，延长车辆使用寿命或报废将是运营方需要考虑的重要问题。认真做好城市轨道交通车辆报废处理阶段的成本管理工作，减少不必要的成本费用支出。全寿命周期成本管理强调规范化做好城市轨道交通车辆的回收处置、报废处理等工作，在具体实施中强调对车辆的运行和使用情况、车辆的运行状况、故障损耗情况等进行综合的考虑和分析，在此基础上，判断和分析哪些车辆可以进行回收处置和报废处理。对于不能再投入运行使用的车辆需要严格依照相关的程序和要求，及时、规范地进行回收处置、报废处理，降低车辆闲置等造成的一系列问题和损失。需要注意的是，在车辆回收处置、报废处理时，要回收利用列车上某些有价值、可以用于其他方面的零部件，有效提高资源的利用效率。

5. 小 结

电客车在管理的过程中会经历一系列的部件及财务的台账和管理及维修记录，如电客车部件的可靠性管理及维修费用的历史数据，都可以作为电客车全寿命周期的分析依据，最终在电客车报废之前，对电客车整体使用经济性、可靠性及其管理成本作出科学的分析，并可以辅助电客车的采购决策，可以更换更加先进电客车系统重新进行全寿命周期的跟踪，也可以使用原型号的设备，使原设备的历史数据进行更加科学的可靠性管理及维修策略，使其可靠性及维修经济更加优化，从而使设备全寿命周期管理形成闭环。

各部件自身寿命分析的依据在缺乏专业试验设备和专业实验室的情况下，如果需要确定各部件的使用寿命，地铁公司只能以车辆生产厂家提供的维修手册作为编写部件维修规程的依据。

在维修方式初步制订时主要是以维修手册为依据，并结合业内其他城市轨道交通车辆维护经验，后期可根据部件实际情况进行修订，实现部件全寿命管理。通过对全寿命的管理可以推算车辆整体完整使用周期的成本，从而在车辆采购时可以进行整体考虑。在维修的过程中要依据部件的全寿命管理方案，在确保部件安全运行的前提下，充分发挥其内在特性，利用其本身的可靠性，最大限度地发挥其使用价值，做到不失修、不欠修和不提前修，减少检修工作量，达到节约维修成本的目的。同时考虑地域环境的影响，北方空气干燥，南方空气较为湿润等，对部件的腐蚀程度不同，所以应根据实际情况对部件寿命进行综合考虑。

（1）理论寿命与实际寿命不统一。

各部件使用寿命和维修规程的依据是来自实验室的模拟数据，但是，根据设计标准模拟各部件实际运行工况而得到的数据，与车辆的实际运行工况会存在一定的偏差。

（2）根据车辆部件运用中的故障率进行分析。

各部件在使用中的表现，是确定和优化各系统部件维修规程的主要依据。由于线路不同、车辆的车体结构减振性能不同，会出现同样的部件在不同的线路其故障率不同的现象，其使用寿命也会存在一定差异，因此，在确定各部件维修规程时，需全面统计分析各部件的故障率，并结合列车的实际情况，以确保制订的维修规程切实可行。

9

全寿命周期的替代品研究及升级改造

9.1　车辆部件国产化替代品研究

城市轨道车辆国产化是关系到我国城市轨道交通可持续发展的重大课题。备品备件长期依赖进口，给维修保养带来很大困难，也使运营成本高居不下。同时，我们应该看到我国的轨道交通工业还相对落后，只有紧紧抓住当前轨道交通大发展的有利时机，探索出实施车辆国产化的新路子，使我国的城市轨道车辆制造业真正搭上国产化的"提速列车"，才能提升我国轨道交通工业的发展水平，降低工程造价和运营维护成本，推动本土企业成长，缩小国内外技术差距，实现本土配套与产业链完整，促进城市轨道交通的可持续发展。

1. 城轨车辆国产化工作现状

目前，我国城轨车辆国产化工作已全面启动，并取得了一定的成效。但同时我们应清醒地认识到车辆国产化的道路还很长，仍需付出艰苦努力，才能实现真正意义上的国产化。

1）城市轨道交通车辆的基本特征

车辆是确保城市轨道交通系统安全、正点、高效运行的关键。车辆既在地下隧道中行驶，又在地面及高架桥上运行，因此对城轨车辆的动力性能、外观造型、噪声和振动等环境保护指标要求，比干线铁路要高得多。城轨车辆主要由车体、转向架、车门、车钩、空调通风、牵引与电制动、空气制动与风源系统、辅助系统、列车自动控制、故障自动诊断及旅客信息系统等子系统组成，基本具有以下特点：采用直流 1 500 V 架空接触网受流方式；采用 VVVF 变频变压控制技术；采用 A 型铝合金轻量化车体；采用高性能、低噪声 H 型无摇枕转向架；采用 ATC 列车自动控制与诊断系统；采用模拟制动技术和电阻制动；采用节能再生制动方式；对车辆内外部噪声等级及旅客乘坐舒适度指标要求高；对车辆水密性、防火及接地等安全性要求高；对车辆的电磁兼容性要求高。

2）未取得实质性进展的原因分析

（1）对城轨交通车辆国产化重要性的认识不足。在过去的几年里，对一些主机厂和地铁企业来说，车辆国产化仍停留在口号上，而未能落实在行动上。

（2）目前，实施车辆国产化最直接相关的三方（外国供货商、国内供货商和地铁公司）出于各自利益的考虑，表现出的积极性不高。

外国供货商作为车辆国产化的技术提供方，为保持其市场占有率和产品利润率，实施技术垄断，不愿完整地转让其车辆生产技术，特别是其制造技术诀窍；国内供货商为维护其市场的形象、保证产品质量，害怕"砸牌子"，对国产材料和部件不感兴趣，而国内部件或材料定点厂由于历史原因，其产品种类和质量无法满足车辆国产化的配套要求，导致形成了恶性循环，在客观上制约了车辆的国产化进程；地铁公司作为工程的责任主体，则出于对车辆质量、价格和性能的担忧，对国产化车辆或其材料和关键部件的质量持怀疑态度，再加上由于初期开发研制成本摊销的原因，有的国产化部件和材料价格反而高于同类进口产品价格，因此，地铁公司往往不愿采购国产化设备，表现出对国产设备的排斥心态，热衷于采取"迂回"办法，尽量选用进口设备。

3）产品的开发、研制、试验费用高，国内技术条件受限制

由于国内城轨车辆市场需求量小，厂家和科研院所对城轨车辆的开发、研制重视不够、投入不足，再加上相关的开发、研制和试验费用较高，生产成本偏高，使得国产城轨整车和部件、材料价格偏高，甚至高于进口产品，缺乏市场竞争力，发展水平长期徘徊不前。另外一个重要制约因素就是技术条件，如国内专业技术人才匮乏、关键制造技术未取得突破、尚未建立起全性能的运行试验场等，也严重制约了车辆国产化进程。

2. 实施车辆国产化的原则与目标

城市轨道交通车辆是城市轨道交通系统的核心设备，其购置费约占工程总投资的20%，为供电、通信、信号、环控、防灾报警等其他设备投资的总和，而且技术含量高、安全与可靠性要求高、国产化水平低。因此车辆国产化是技术装备国产化的重中之重。结合我国轨道交通发展的实际，提出以下实施国产化的原则与目标：

（1）坚决贯彻国家对实施城市轨道交通设备国产化要求，只有明确的目标引导，才能将国产化政策落到实处。

（2）充分利用我国已经形成的工业基础，分析国产车辆的技术水平、技术规格、技术标准及工艺，实事求是地确定车辆的国产化率，循序渐进、积极稳妥地推进国产化进程。

（3）实施国产化应以技术成熟、安全可靠、技术性能相对先进为目标，符合当今轨道交通设备发展趋势。

（4）对国内尚不能生产或技术上不够成熟的部分关键零部件要通过引

进、消化、国内配套、组装，逐渐实现国产化。

（5）国产化应达到大幅降低工程造价和便于维修管理、有效降低运营成本的基本目标。

（6）充分发挥外国供货商、国内相关企业及项目业主单位三方的积极性，运用市场规则，使参与的各方都能从国产化实施中获益。

3．实施车辆国产化的方案和步骤

根据列车运营期间零部件的应用情况及新型列车部件技术研究成果，在维修过程中合理实施零部件选型替代工作。

1）列车零部件国产化替代工作原则

① 原供应商零部件停止生产；

② 国产件各项性能指标均满足列车设计需求，且价格合理；

③ 列车原进口零部件采购周期长或起订量较大，无法满足列车维修需求（注：国产件性能应符合列车设计需求）。

2）可进行国产化替代的零部件

（1）一、二系弹簧。

一、二系弹簧是地铁车辆转向架的重要组成部分，其性能优劣直接影响着车辆的运行安全性和行车平稳性。多年来，国内减震科研单位成功完成了国内地铁车辆一、二系弹簧的国产化研制工作，并成功实现大批量的装车使用；与此同时，国内科研单位也适时开展国内地铁车辆的一、二系弹簧力学及动力学的承载特性研究工作，取得了较为丰硕的技术成果。安装国产一、二系簧列车的横向平稳性指标，垂向平稳性指标脱轨系数、轮重减载率和轮轴横向力等参数均满足 GB/T 5599—1985 评定标准的要求。

（2）蓄电池。

蓄电池作为车辆的主要部件，其主要任务是在主电源断供的情况下，确保车辆有足够的电能维持用电设备达到应急供电的时间要求。对蓄电池的要求是安全和可靠。原有的车辆蓄电池全部依靠进口。

为了克服原装蓄电池在实际使用过程中存在的一些问题，在产品开始研制时就对单体蓄电池的性能有了较明确的要求，重点对蓄电池的单体质量、内阻、倍率放电容量、低温容量，以及恒压充电接受能力、使用寿命等技术指标在原有车辆蓄电池的性能要求基础上提出了更高的要求，同时对快速充电性能和补水周期有了更明确的要求。

9.2 车辆部件统型研究

随着社会经济的发展，支撑地铁车辆的相关专业技术也在发生日新月异的变化，加之不同城市对轨道交通的需求不尽相同，导致地铁车辆在制造材料、车型、速度等级等方面多种多样，这势必造成车辆制造及设计成本增加，维保难度加大，质量问题增多。

1. 统型的概念

统型是标准化领域出现的一个新名词，是针对产品品种、规格和型号杂乱的一种产品品种、规格和型号的梳理和整顿行动，属于"后标准化"的概念。所谓的"后标准化"是指事后的标准化，即在出现产品品种、规格和型号混乱后，开始进行的标准化规范工作。通常的标准化行为是"前标准化"行为，即在事前制订标准，通过实施标准规范发展。开展统型往往是产品消费者的需要，是产品全局利益代表者的责任。统型的行为尽管属于事后补救，但"亡羊补牢"为时不晚。

2. 车辆统型的意义

车辆是城市轨道交通系统设备的核心，是确保运营安全、正点、高效运行的关键系统。车辆的各组成系统有着种类繁多、技术复杂的特性，加之不同城市对轨道交通车辆的需求不尽相同，随着轨道交通网络化运营逐步发展，积极进行网络化运营条件下的车辆功能界面和部件标准化研究，实现多条线路车辆功能界面、部件建设和维修标准统一，是城市轨道交通网络化发展的一项重要原则，是简化车辆维修工艺、降低部件库存量，实现资源共享，降低维修成本，优化车辆维修体系的有效途径。

在网络化运营模式下，不同线路车辆的差异性，会造成车辆备品备件种类的多元化，电气设计理念的不同也不利于推进标准化质量管控体系的建设，不同的检修接口也会增加检修标准化流程实施的难度，不同的司机驾驶界面和列车状态显示方案同样会大幅增加列车司机的培训周期和成本。所以实现车辆的统型是提升运营质量、降低运营成本的有效途径。

3. 当前研发制造的特点

1）零配件标准化程度较低

进入本世纪后，地铁交通最大的特点就是高速发展，运营里程在近 20 年几乎是每 5 年翻 1 番。在巨大的市场需求拉动下，整车与主要零配件的新造市场竞争较大。而多制造商、多用户的局面也造成了整车及主要零配件多品种的特点，而多品种的特点对零配件的影响是远大于整车的。

其主要原因在于整车车体、转向架构架的使用寿命为 30 年，需要维护保养但无须更换。但是大量零配件会因为使用寿命长短不一，需要在不同修程中适时更换。零配件制造商众多以及零配件品种多就需要制订零配件统型的技术标准。这样不仅有利于运营商进行备品管理，也有利于制造商规模化生产、降低成本、持续提高质量。同时，互换性也是使不同制造商公平、有序竞争的前提。无论是对于整车还是最小可更换单元，从制造和维护更换的角度考虑，用户都更希望零配件的种类规格少、数量多。

但是目前缺乏零配件互换所需的统型技术条件使得地铁车辆装备市场难以规范有序，部分零配件制造商以低价抢夺整车新造市场。且零配件市场因缺乏型号管理而被切分为很多小容量的细分市场，从而阻碍了规模化生产以及产品质量的提高。

2）技术向纵深发展

以地铁车辆为主要代表的城市轨道交通装备技术创新已经从早期引进消化国外先进技术以追求核心装备自主化，到近几年积极尝试应用信息化智能技术，再到现阶段对车辆装备标准化更加关注。中国的地理环境与城市人口特点使得车辆装备既要适应湿热、高寒、风沙等不同的气候特点，又要满足大客流、快交付、严格减振降噪、全自动驾驶等不同需求。在这种综合需求的驱动下，车辆装备技术研究正逐步向纵深发展。

3）技术标准体系未形成

在进一步深化改革、扩大开放的大环境之下，中国政府对城市轨道交通装备行业的管理已经发生了重大变化，正逐步向装备认证的管理方式转变。城市轨道交通装备技术标准体系作为一种公平规则，是推行装备认证的必要条件。现阶段，在设计研发、合同谈判、项目执行中，通常执行中国国家标准、铁路标准、国际电工标准、欧盟标准等多种国内国际标准。缺乏车辆技术标准体系导致标准之间互相冲突、互相矛盾，从而阻碍项目顺利进行。

积极推进技术标准体系建设有利于提升城市轨道交通装备行业的产品价值。贯彻实施技术标准体系不仅要划定装备产品性能的底线，保持装备安全运用的技术门槛，还要推动良性的质量竞争，促进产业链共生共荣。

4）用户需求多样化、个性化

由于车辆运用的历程不同以及装备与材料技术的快速发展，不同区域的地铁用户形成了多样化的特点，例如车体材质有铝合金与不锈钢 2 种；客室侧门有塞拉门、内藏门、外挂门 3 大类，每一大类之下还有若干种差异。

此外，用户有各种个性化定制需求，如司机室、客室等各种操作设备存在使用习惯、个性化等方面的差异性。因此，整车与配套制造商需要更加深入地研究地铁用户运营维护车辆装备的人机系统，以及司乘人员、车辆、站务等方面的管理制度。制造商与运营商要共同发掘多样化、个性化需求背后的科学规律，以指导个性化定制。

而且许多合同需求是用户针对前述规律或存在问题所提出的技术解决方案，并不是问题或需求本身。例如，受电弓技术方面，不同用户要求采用 4 根碳条代替 2 根碳条，其需求不尽相同，有的旨在提高碳条脱落后的冗余性，有的则是从降低碳条的电弧烧蚀考虑。如果制造商能充分领会与理解其根本需求，对比分析实际运营数据，就有可能提供更为全面和优化的解决方案。

5）智能维保装备正在快速发展

当前车辆架、大修的关键零配件以返回原厂维保为主，线网较大的城市能够保持成规模、较完整的维保能力，而难以达到规模的城市未来将以换件修为主。伴随人工智能、4G 通信等基础软硬件技术的大规模推广，地铁车辆智能化维护保养进入快速发展阶段。而零配件由于标准化程度低且缺少合理简洁的定位标识标准势必难以实施换件修。标准化与模块化不足也会妨碍故障诊断、剩余寿命推测等装备信息化智能技术的实施与推广。

4. 型号杂乱原因

产品品种、规格和型号发展杂乱，主要有 5 个方面的原因：

（1）为了解决产品有无问题，从多国引进产品技术进行合作研制或仿制国外产品品种、规格和型号，形成了多国产品品种、规格并存的现状；

（2）为了创新而创新，标新立异的无价值增值性的重复设计，形成的高密度品种规格产品；

（3）垄断利益驱使，有意将产品品种、规格设计为专用的，使其他厂商难以仿制和渗透，难以加入到其产业链中，由此形成自我封闭的专用化的品种规格；

（4）有规划产品品种、规格发展的条件和时机，但忽视或没有及时科学规划产品品种、规格的发展，放任了产品品种、规格的随意性发展；

（5）在产品发展的初期，有规划意识，但规划的时机和条件不成熟（还不能看清产品品种、规格和型号的合理发展方向），只能任由产品品种、规格自由发展（只有发展到一定程度后，方能看出产品品种、规格合理发展的关系）。

5. 优化设计方案

1）车辆零部件的统型

对零部件统型从较为简单的机械类部件开始研究，其中包括了车辆部分易损易耗件、种类较多的零部件、维保所需的辅材以及更换频率较高的耗材。

2）司机操作界面的统型

通过对司机驾驶习惯、对各类开关按钮的使用频率以及对驾驶操作的标准化流程的考虑，优化整体司机室布置。其中包括了司机驾驶台布局和功能、司机室侧墙操作面板的布局和功能、司机室电气控制柜布局和功能。

3）列车逻辑功能的统型

按照行业相关规范和标准，结合司乘和维保的需求，对部分车辆逻辑功能进行统一。其中包括了车辆限速、车门防挤压力、紧急制动环路逻辑功能等。

6. 车辆零部件统型

1）锁具

地铁电客车内装及车下箱体都会设有大量的锁具，车内锁具类型包括插芯执手锁、四角锁、三角锁等，车下锁具包括四角锁、卡扣锁等。加之锁具的供货可能来自于多家系统供应商，锁具种类及尺寸的多元化，不利于备件和钥匙的管理。按照运营经验，将车辆内装及车下设备锁具统一为四角钥匙锁，并形成标准化锁芯样式，包括锁芯直径、锁芯收紧形式、锁芯固定方式、锁到位标识样式等，同时考虑到不同的锁闭需求和预留安装空间，将锁芯长度分长、短两种规格，特殊位置依靠锁舌的个性化来适应。由于锁具故障大多集中于锁芯，故实现了锁芯的统型便可实现锁具的通用性。

2）应急设施

地铁列车均会设计车门紧急解锁、乘客紧急对讲、破窗锤、灭火器等应急操作设施。一方面是统一不同线路车辆应急设置的布置数量、布置位置，如紧急解锁布置在每一个客室门面向车门的右侧，每节客室在贯通道处设置一个干粉灭火器和一个水基灭火器；另一方面是实现应急设施本体及防护罩板的统型，如制订标准破窗锤尺寸，制订标准防护罩板尺寸，将这些易丢件、易损件进行统型，实现各线路备件共享。

3）乘客信息显示终端

将车厢内的广告框、LCD信息显示屏设计成标准尺寸和标准安装接口，实现线网共享。并根据运营经验，选择最为耐用、便于清洁、方便广告内容更换且美观的广告框,可统一采用标准尺寸及安装接口的亚克力材质广告框。

4）辅材

对设备维保的相关辅材进行品牌和型号的通用化研究和试验，如齿轮箱润滑油、车门胶条及滑道润滑脂、轮缘润滑脂、动/拖车接地碳刷、受电弓/受流器碳板等。

5）车辆维护接口

对车辆维护接口进行标准化设计，实现线网的通用性，如统型制动系统压力测试接头，统型一系弹簧、二系弹簧调整垫等。

6）车辆小型零部件

针对故障率较高，且易于实现统一的零部件进行统型设计。如司机室遮阳帘、间壁门锁、客室车门的隔离/故障指示灯、司机室各类按钮、指示灯、旋钮、按键开关等。

7. 司机操作界面的统型

司机操作界面的布置要以简化司机台布置，贴合司机标准化驾驶操作流程为原则，统筹考虑各功能区的布置和作用。

1）司机台功能及布置

司机台应布置司机驾驶时需实时查看的设备显示终端和司机正线驾驶时使用频率较高的按钮、开关等。司机台立面需设置无线车载台、TMS 显示屏、信号 HMI 显示屏、广播控制盒、风压表、常用状态指示灯（制动不缓解、受电弓、门关闭等）、常用操作按钮（空压机、照明等）、CCTV 监视器等。司机台平面需按功能区进行划分，如信号系统按钮功能区、车辆操作按钮功能区和司控器功能区。

2）司机室电气控制柜

电气控制柜设置司机在正常驾驶过程中不需要操作的按钮、开关，且在电气柜内设置一个前置面板，面板与电气柜采用折页连接。将面板由上到下划分为空开、按钮、网压显示、旁路开关共 4 个功能区域，并结合运营经验对各个区域进行标准化设计。其中，为防止误按，相邻空开可考虑用不同颜色加以区分，并将不常用空开设置于面板后方；为防止未操作到位，所有的按钮增加按到位指示灯；旁路开关需按照使用频率和旁路影响设置为带铅封保护和不带铅封保护两种旋钮。

3）司机室侧墙操作面板

在司机室的左、右侧墙分别设置开关左门和开关右门功能区，以防止司机开错门。由于开门按钮使用频率较高且故障后影响较大，故设置两组开门按钮，同时在按钮上方设置开门允许指示灯。关门按钮设置在司机室门朝车尾方向，以便于乘客上下车时，司机面向站台瞭望的同时操作关门按钮，使功能设计与驾驶动作标准统一。

8. 列车逻辑功能的统型

对于复杂且较为重要的列车电路逻辑进行统一，如将牵引回路、制动回路、紧急制动回路和旁路回路进行标准化设计，统一各电气回路的触发条件，标准化电路设计方案需要依据运营经验进行筛选优化，以达到提升检修质量和正线应急处理速度的目的。其次，依照国标或行业标准对直接影响客运服务的部分进行标准化，如车门防挤压力。同时，对结合标准对列车限速、超速保护等功能进行统一。

对地铁车辆统型后可以提高不同线路备品备件的通用性，可有效降低备件的成本和仓储压力。并且统型后的部件是根据运营的经验和需求得到的优选产品，可提高列车的质量。同时，对司机室驾驶台、电气柜、侧墙操作面板的统型，可有效地降低司机驾驶的难度，减少新线司机培训成本。并且对车辆限速、关键回路控制逻辑、车门防挤压力进行统型，可有效提升网络化运营下列车的客运服务水平，提升列车排故和应急响应速度。

9.3　车辆部件升级改造研究

伴随着城市建设进程的加快，城市轨道交通市场运营时间和里程不断地增长，新技术不断地创新和应用，早期开通地铁的城市已面临更加严苛的运营要求。同时，人们对出行的方式、效率及舒适度都有了更高要求，使车辆的性能与运营舒适性、智能化之间的矛盾越来越突出，车辆难以满足日益提高的运营服务要求。

1. 技术进步

1）车辆装备领域

随着中国轨道交通的发展，车辆领域从单一的有轨电车，发展到如今的A 型地铁、B 型地铁、C 型地铁、单轨车辆、低地板车辆、市域快轨、磁浮、APM 等多种制式的轨道车辆全面发展的盛况。

2）信号通信领域

中国信号通信领域，从最初的固定闭塞，历经准移动闭塞、移动闭塞（CBTC）、共享运行和跨线运营（I-CBTC）发展到如今的全自动运行（FAO），目前正大力发展新一代列车自主控制（VBTC）技术。

3）车辆安全领域

车辆安全方面从被动安全发展到如今的主动安全，车辆上出现了诸如主动防撞系统、脱轨检测、火灾探测等安全检测系统。

4）车辆运行领域

车辆动力从直流驱动发展到现在的交流传动驱动；从动力集中发展到如今的动力分散；从手动驾驶发展到如今的全自动运行。

5）车辆服务领域

地铁车辆服务信息经历了从无到有，从有到全，从全到精的过程。现在车辆已经装备了最新的电子信息服务系统，不但能提供非常全面的旅客乘车信息服务，还能针对不同用户需求提供定向服务，如网络服务、无线充电、助听系统等。

6）车体

从普通的耐候钢发展到如今的铝合金、不锈钢等。

7）转向架

1969年第一代国产转向架由中车长客生产，随着技术变迁，目前已拥有适应不同速度、不同环境、多种复杂运用工况的系列化产品，形成了完整的体系。

8）牵引系统

牵引系统经历了从蒸汽机、内燃机到电力牵引的变革，中国城市轨道交通的牵引也经历了从直流牵引到交流传动的发展，牵引控制也从直流控制转变成交流控制，发展到今天，永磁同步电机也陆续出现在地铁牵引系统中。

2. 车辆升级改造中的问题探讨

受运行舒适度要求的提高、车辆寿命的延长、节能环保的要求、智能运维的需求等因素影响，越来越多的地铁车辆逐步进入现代化改造阶段，同时新技术的不断应用推广，如无人驾驶、智能运维、大数据、5G技术、以太网应用、人工智能等，将是后续车辆升级改造的重要考虑因素和方向。

同时，车辆升级改造过程中将面临诸多问题，如车辆寿命延长的评估无成熟的规范和准则、部分系统改造时与其他系统的接口匹配问题、升级改造项目执行过程中的质量管控与验证问题等。结合项目执行过程的相关问题，本文提出以下建议。

（1）车辆的升级改造应以乘客和运营需求为目标，确定存在的问题以及技术需求；同时以性能可靠为基本原则，并结合本地的具体情况，确定改造的目标、方向和范围。

（2）在前期，应做好调研与准备工作，如重要部件（车体和转向架）的寿命评估、功能需求等；在实施时，应做好过程管控，如相关的试验和认证；在后期，应做好调试、认证、运营的准备工作。

（3）升级改造应寻找合适的时间窗口，如结合车辆大修进行，避免不必要的资源浪费。

（4）应尽可能采用成熟的技术保证升级后系统的稳定性，减少与旧系统的接口，并确定新旧接口的关系；同时应少变动硬件，仅保留必须的接口。早期开通地铁的城市已面临车辆逐步接近设计寿命的问题，以及更加严苛的运营要求，根据国内外城市地铁车辆的发展和管理经验，随着国内地铁市场的不断创新和发展，延长车辆使用寿命、功能升级改造将成为地铁车辆市场长期健康发展的必然趋势。无人驾驶、智能运维、大数据、5G 技术等将是未来车辆改造的重要方向，因此应尽早建立地铁车辆升级改造和延长使用寿命的管理规范和准则、有效的技术标准体系和审核管理机制，以及车辆改造后的认证管理规范。

10

车辆全寿命管理发展思考及展望

10.1　研究现状概述

结合国内外城市轨道交通运营经验，无论是从经济还是技术的角度，人们都希望车辆设备在安全稳定的运行条件下，能够延期运营。早期开通城轨的部分城市轨道交通运营单位进行了探索研究和实施，积累了一定评估和维修经验。由于车辆是一个庞大的机电系统，涉及专业广泛，整体系统寿命的研究工作非常复杂，本章仅探讨寿命研究课题的初步想法。

1. 国内外研究情况概述

1）国外研究情况

从伦敦大都会地铁（Metropolitan Railway）首条地下铁路 1863 年 1 月投入运营至今已有 160 年的历史，城轨车辆从污染严重的蒸汽机车过渡到清洁能源的电力牵引机车，车辆的技术条件、控制理念、牵引制动系统、使用材料、主要元器件等都经过多次研究，进行了更新换代，延长车辆及主要系统、部件的实际使用寿命、降低运营成本是其中的一项重要内容。例如，莫斯科地铁首条线于 1935 年开通，多年前就已面临地铁车辆使用寿命到期的问题，因不可能立即更新全部车辆，其技术人员通过对车辆状况调研和评估，通过目测检查和无损检测等方式对碳钢车体金属结构及构架技术状态进行了评估，当时面临的最主要困难是碳钢车体多部件出现严重锈蚀，通过有限元建模评估分析和对锈蚀点的强化修理，降低车体结构部件的实际应力，并最终通过加强薄弱结构的方法，延长了车辆的使用寿命。

2）国内研究情况

北京地铁在国内最早投入运用，其车体材质主要为耐候钢。从 1967 年开始，其 DK1、DK2 等系列车型陆续投入使用。在 2008 年，为满足北京奥运会运输能力需求，在新购置列车无法完全到位的情况下，北京地铁公司组织专家评审会，对超期服役列车是否满足运营要求进行了评估。专家评审后同意部分超期列车进行有限度的运营服役，并在后续新购置列车到位后逐步替换。

香港地铁观塘线列车于 1979 年投入运营，至 1997 年因列车使用寿命过半，港铁公司对列车寿命延长开展研究，并对不锈钢车体的英制列车进行全面翻新，翻新后列车延期服役至今。目前因列车设备老化严重，港铁公司一方面着手购置新车，另一方面正开展研究早期列车延长到 40 年后再继续延长 10 年的方案。

上海地铁为解决运能问题，在 1 号线和 2 号线列车上实施增能扩编（"6 改 8"）项目。购置了部分动车车组，对裂纹转向架则进行全部更新，并对列车的电气系统进行了全面升级改造。通过该项目，为列车延期服役创造了一定的条件。

在国铁方面，因铁路列车不断提速、重载，机车车辆结构件疲劳断裂现象时有发生，一些科研院校已对车辆焊接结构疲劳寿命的评估方法开展研究，如基于 AAR 标准的货车车体疲劳寿命评估，基于 BS/IIW 标准的焊接构架疲劳寿命评估等，这些研究分析也为开展城市轨道交通车辆寿命延长可行性评估开拓了思路，具有一定的参考价值。

2. 研究意义

延长城轨车辆的使用寿命，不仅可以缓解新车采购替换期的运营供车压力，而且可以在保证安全运营情况下能最大限度地提高车辆使用寿命，其直接经济效益明显，因此有关车辆延寿运营的研究课题，已然成为国内外各城轨运营单位共同关心的项目。如前所述，俄罗斯已对碳钢车体寿命延长可行性开展了研究分析并有效实施，北京地铁因客观情况对耐候钢车体车辆实施延期服役，香港地铁在不锈钢车体车辆半寿命期深入开展了列车寿命延长的研究，并成功应用。

结合国内外运营情况，尽早开展车辆寿命延长的可行性评估工作是有必要的。由于车辆寿命延长的系统评估工作在内地尚属第一次，需借鉴业内同行的相关经验，特别是香港地铁对各系统评估的方案与经验，探索出适合于国内城市轨道交通车辆的寿命延长评估方法。特别值得一提的是，现国内城轨车辆应用铝合金车体已成为主要趋势，根据现有的信息和资料，尚未有其他地铁公司对铝合金车体的寿命延长开展相关的研究分析，对采用铝合金车体的车辆延长使用寿命的研究有着尤为重要的现实意义。

10.2　必要性分析

1. 安全必要性分析

车辆设备的使用寿命，也称作安全寿命，是指车辆设备保持或基本保持原有性能而不影响其工作特性满足安全运行要求的时间。城轨车辆经过长时间服役，设备都会有不同程度的老化，性能降低，结构件会产生疲劳损伤，其安全寿命也在不断减少。

通过开展寿命延长评估研究，对车辆主要设备系统进行有针对性地分析、评估，可以获取设备在当前状态下的结构件尺寸、表面形态、连接配合状态、材料性能等各方面数据，全面评判车辆设备在结构和性能方面的安全性。据统计，机械结构约有 80% 的失效是疲劳断裂，而疲劳损伤又是涉及结构、材料、强度、动力学、制造装配工艺、质量控制体系以及运用条件等诸多因素的复杂问题。因此，对于车体、转向架等机械焊接结构件更侧重于金属疲劳特性的分析，如部分取样做疲劳试验，充分验证产品的疲劳寿命。而电气系统电缆设备，随着使用年限的增加会有不同程度的老化，绝缘性能也会有所降低。通过一定的专业手段检测，可定量评估安全等级，掌握其运行周期的可靠性。

借助车辆寿命延长评估研究，可让我们对车辆各主要系统设备的可靠性有更深入的了解，提前制订风险控制措施，最终目的是提高城轨车辆整体安全性。

2. 技术必要性分析

车辆属于系统集成、技术先进、高度复杂的机电综合设备，目前国内同行大多是依靠车辆制造商的维修指引和实际运用经验，进行预防性维修。在开展车辆寿命延长研究过程中，通过一些必要的技术手段和测试手段，如疲劳试验、老化试验、无损检测、应力应变测试、有限元建模分析等，进行间接或直接、定量或定性的评估，能较好地摸清车辆各主要系统的使用寿命，有效掌握各系统故障发生的周期特性，适时进行检修和维护，提高系统的可靠性，降低故障概率，为下一步推进状态维修打下坚实的基础。

目前从文献资料分析，在先进国家已建立起基于故障诊断技术的寿命预测评估方法，根据设备的老化、故障规律及影响和决定因素，通过对各种检测方法（离线或在线）取得各种信息，经过科学分析方法全面综合分析，掌握设备的当前状况和寿命期望，并得出设备检修和更换的最佳时机，在避免发生重大事故和节约检修成本方面具有实用价值。

引入基于故障诊断技术的寿命预测评估技术，建立车辆设备智能状态监控与故障诊断系统，不仅可以提高车辆维修能力，还能为延长车辆使用寿命提供重要分析依据。

3. 经济必要性分析

目前在我国城市轨道交通新线建设工程中，车辆购置费占机电设备采购概算比重最大。在确保车辆设备整体安全性和可靠性的基础上，延长车辆使用寿命，充分提高设备利用率，能有效降低新线建设投资费用。并且，在全寿命周期内，车辆的维护费用主要来自于设备材料费、人工生产成本、委外维修费、管理性费用等，其中，设备材料费和人工生产成本占整个维护周期费用的主要比重。城轨车辆的寿命延长评估研究，是在充分保障车辆安全运营的前提下，合理考虑节省新车采购的成本以及相关隐性成本（管理性成本），直接经济效益明显。同时，有效摸清各系统设备的使用寿命，也避免了一部分零部件未达到全寿命而直接报废，使部件得到充分的全寿命应用，降低总体运营维护成本。

10.3　研究评估建议

1. 车　体

1）车体简介

车体的强度、刚度，关系到运行的安全可靠性和舒适性；车体的防腐、耐腐能力、表面保护和装饰方法，关系到车辆的外观、寿命和检修制度；车体的质量关系到能耗、加减速度、载客能力乃至列车编组形式（拖动比），所有这些都直接影响到运营质量和经济效益。

目前，城轨车辆车体材料主要有普通钢（含耐候纲）、不锈钢和铝合金 3 种材料。其中，铝合金在保证车体同等强度下，车体自重最大可减轻 50%，而且铝合金的耐腐蚀性好，可以延长车辆的使用寿命。近年来，我国上海、广州、深圳、南京等城市城轨车辆都采用了铝合金车体。

2）车体评估

车体各级维修内容。主要集中在以下几个方面：（1）车体外观检查，以及对车体的尺寸进行测量检查，尤其是关键部位的尺寸，如车顶高度、车顶宽度、车体底架的挠度等。（2）车体油漆涂装。（3）部分车体在架大修时对牵引杆安装座处进行探伤。

车体评估内容及方法。涉及车体使用寿命的故障主要体现为车体裂纹，如贯通道安装处、司机室下部的牵引梁处都可能发生裂纹。

在车辆运营的 30 年中至少需经历二次大修，在正常情况下，车辆设计寿命已基本到期，至于车辆实际使用寿命可以延长多久，需要在第二次车辆大修时做好评估。评估的办法，侧重于车体材料的耐候性评估、焊缝的强度评估、几何尺寸评估等。

据了解，香港地铁公司已开展过类似的研究，并得出延长 20 年寿命的结论，且在实际中已经有效延长 10 年，此点值得借鉴和学习。

3）小结

车体是乘客的直接载体，其寿命直接决定整车的寿命。而对于车体来讲，影响其寿命的主要有材料腐蚀、焊接强度（尤其是焊缝处强度）等因素。因此，开展车体寿命延长研究，须对这些方面进行综合评估。对于材料腐蚀，由于车体均涂有保护油漆，且在车辆大修时已对油漆进行翻新，材料腐蚀方面无须担心。但对于焊接强度，需要在重点承力部位、焊缝连接处进行评估，如有必要，可采取材料破坏性试验分析。

2. 转向架

1）转向架简介

以广州地铁为例，主要有 A 型车、B 型车、L 型车等，运用在各种车型的转向架根据载客量、速度、受流方式、牵引方式、区间工况等条件的不同而有各自的特点和设计思路，以适应车辆总体的设计要求。

各型车转向架在各级修程的检修中发现有各种类型的故障，主要有构架裂纹、钢弹簧断裂、一系橡胶弹簧蠕变、二系空气弹簧漏气、齿轮箱漏油、牵引杆和吊杆裂纹、牵引电机烧损或扫膛等，制约着车辆的运营可靠性。

2）转向架评估

转向架的寿命评估，首先应对运营中故障率高、重要性高的部件或位置进行检测，汇总转向架上各部件的故障历史数据，掌握故障的发生频次和发展趋势，有针对性地制订系统测试方案，全面评估部件的剩余寿命，其构架寿命是转向架寿命评估的核心。

（1）构架。

一般而言，构架采用箱型设计全钢焊接结构，并对一定比例构架的关键位置焊缝进行无损探伤。而在实际运营中，构架在高频交变载荷的作用下，也可能会因为焊缝未焊透、夹渣、气孔、焊瘤或母材自身缺陷等因素，导致裂纹由微观逐步扩展成宏观，而最终发生断裂或变形。

以转向架的整体设计寿命 30 年为依据，构架运用接近设计寿命时，如需对其延寿作出评估，建议提前对构架开展下述评估工作：

① 名义应力法寿命评估。

名义应力法是以名义应力为基本参数，实测转向架的应力幅和动态响应特性，得到转向架构架的惯性载荷谱，以 S-N 曲线进行损伤计算，最终利用 Miner 损伤累计理论计算得到转向架构架的寿命。

② 构架疲劳试验。

构架的疲劳试验是在一定的实验室条件下，参照相关实验标准和规程，对构架的关键位置分阶段进行高周负载试验，并在每个试验阶段利用无损探伤对试验构架进行探伤检查，最终来检验构架是否满足疲劳强度的要求，进一步确定构架的疲劳寿命及结构薄弱点。

③ 关键焊缝位置探伤。

常用的探伤方法主要有：射线探伤、超声波探伤、磁粉探伤、渗透探伤、涡流探伤、荧光探伤、着色探伤等，其中射线探伤、超声波探伤、涡流探伤是应用较广泛的无损探伤方式。构架的探伤主要是对焊缝和关键位置母材进行探伤，建议采用超声波或涡流的无损探伤方式，选定几个构架对其焊缝和关键位置进行探伤，再依据选样的探伤结果和寿命期内出现裂纹的位置作原因分析，判断构架各关键位置的裂纹趋势情况，评估构架的整体状态及维修措施。

（2）轮轴。

轮对是车辆牵引和制动的关键部件，实际运营中，轮饼属于磨耗件可不作寿命评估的考虑，而轮轴如没有裂纹且表面无划痕则可继续使用。对轮轴的检查建议采用电磁探伤的方式对其表面和近表面进行无损探伤，并用超声波对整轴进行无损探伤。

3）小结

转向架的寿命评估主要是以机械结构为对象，应结合运营期部件的运行状态，以及通过评估探伤和检测发现的故障，利用合适有效的评估方法对其进行宏观和微观上的整体状态评估。转向架是车辆牵引与制动的基础，其状态决定了车辆运行的质量，针对构架裂纹等关系寿命评估的故障，应在 30 年设计寿命中定期或不定期进行检测，并详尽记录其状态，继而在转向架到达 30 年设计寿命时，根据运营故障情况，研判部件的安全剩余寿命。相关部件的评估工作建议引入专业的评估机构，作系统而科学的评估。

3. 电气部件

1）辅助供电系统

辅助供电系统主要包括辅助逆变器、蓄电池充电机、蓄电池及其他辅助设备等，具有逆变电压、电压隔离、直流供电的功能，也是车辆实现自动控制的前提，为此，辅助供电系统的状态稳定性，直接影响着正线运营。

（1）辅助逆变器（DC AC）。辅助逆变器主要包括电抗器、电子板、滤波电容、继电器、变压器、逆变器模块等部件，在对其进行寿命评估时，应结合实际运行中故障统计情况，确定相应的故障点和故障趋势，另外也应关注涉及正线运营质量的关键电子器件（如继电器、电子板）的设计寿命，避免出现清客、救援事件。

（2）蓄电池充电机。蓄电池充电机主要包括斩波整流模块、电子板、传感器、电阻等部件，运用至 30 年时，应测试其输出电压范围与蓄电池充电特性曲线是否相匹配，并视其各子部件故障情况，进行故障维修或直接更新。

2）牵引控制系统

牵引控制系统主要包括受流装置、牵引逆变器、制动电阻、牵引电机及其他辅助设备等，实现了车辆的牵引与制动功能，并具有故障自诊断、制动冲击与防滑保护、能量反馈等功能，是节能降耗和行车安全的重要保障。

（1）牵引逆变器（VVVF）。牵引逆变器主要包括接触器、电抗器、继电器等部件，其寿命评估方式可参照辅助逆变器的寿命评估方式，综合考虑其实际运行情况、设计寿命、故障趋势等方面，针对各子部件进行评估分析，确定可继续使用的部件寿命和需更新的部件。如广州地铁 1 号线车辆随着系统国产化升级改造，逐步被新的系统替代，给整车的延期服役带来极大的可能性。

（2）牵引电机。牵引电机定子绕组的绝缘性能要求较高，但随着运用时间其绝缘层存在不可避免的老化，就有可能造成绕组绝缘击穿，而烧损牵引电机。

在评估牵引电机寿命过程中，建议取样若干台牵引电机，通过专业的第三方检测机构进行相间电阻、匝间电阻、耐压等试验，评估牵引电机定子绝缘层的绝缘性能，视情况对电机进行真空浸漆或绝缘升级维护改造，并满足 IEC 60349-2 标准。

（3）制动电阻。制动电阻是车辆实现电制动的关键部件，按照冷却方式可分为自然冷却和强制冷却。事实上，制动电阻的电阻条和绝缘体都不属于易损易耗件，能在长期的运用中保持稳定的状态。

在寿命评估中，建议电阻条参照 IEC 60322 标准测试其分段阻值、电感值、温升等性能，并检查电阻条外观，要求无裂纹；绝缘体可参照 IEC 60077 标准测试其绝缘性能及爬电距离；另外还应检查制动电阻箱外观，要求无裂纹、无变形。

（4）受流装置。受流形式主要包括第三轨集电靴受流和接触网受电弓受流。以受电弓为例，又分为弹簧弓和气囊弓，其主要部件有绝缘子、避雷器、框架、上下臂杆、弓头、碳滑板、升降弓装置等。在对受电弓进行寿命评估时，建议主要针对绝缘子、避雷器、机械结构探伤和整弓检查，参照 IEC 61133

或 IEC 60494-2 标准，测试其绝缘性、受流性能、温升特性等指标，并对受电弓的焊缝和关键位置进行无损探伤，同时，还应考虑受电弓的故障情况，如框架裂纹、升降弓装置故障等，评估其状态考虑维修方案。

由于电气部件是实现列车自动控制、牵引制动、安全保护等功能的重要模块，建议引入第三方专业机构进行寿命评估，制订详细的评估方案。

3）电力电缆

（1）材料与选型。车辆上的线缆主要是由金属线芯、绝缘层和保护层三部分组成，通常是由几根或几组导线，每组至少两根绞合而成的类似绳索的电缆，每组导线之间相互绝缘，并围绕着一个中心扭成，整个外面包有高度绝缘的覆盖层。

在车辆上应用广泛的是交联聚乙烯、乙丙橡胶等材料，且选用时要求所有材料都应采用防火无卤的材料，达到防火安全性标准 DIN 5510 防火保护等级 3。

（2）电缆评估。电缆的性能指标主要是电性能和机械性能，其中，电性能包含导体的直流电阻和交流阻抗，绝缘层的绝缘电阻，介质损耗和其中的电场分布及电场强度，电缆的电容、电感、载流量，金属护层的感应电压和电流；机械性能包含机械强度、伸长率，绝缘护层材料的机械性能、阻燃性能等。可参照 GB/T 3512—2001 对绝缘层做热老化试验，测试其硬度变化与性能变化率，最终得到电缆绝缘层的剩余寿命理论值。

实际运行中，由于外界环境干扰、绝缘老化、磨损、热熔、弯折等因素，其绝缘层的机械性能和绝缘性能下降，线缆会出现接地、短路、闪络等故障，而此类故障的发生可能导致车辆的电气控制和受流接地装置出现故障，极大地影响了车辆的安全运营。为此，电缆评估主要是考虑其绝缘层的状态，试验评估其剩余寿命。

4）小结

根据以往的经验及资料显示，延长车辆寿命的研究有助于城轨运营单位效益的提升，促进轨道交通车辆行业的发展。现上海、天津、广州部分地铁车辆已进入半寿命期。从长远考虑，必须根据各自的特点和实际情况，选择合适的评估咨询机构，重点研究车辆关键部件和系统基于更新或翻新车辆时要考虑的关键因素和决策过程，从与车辆翻新相关的维修、更新和升级改造整个生命周期进行分析，制订延长车辆寿命的决策要素和标准，以确定旧车翻新的最佳方案。

参考文献

[1] 牛凯兰，牛红霞. 城市轨道交通行车组织[M]. 北京：机械工业出版社，2013.

[2] 李宇辉. 城市轨道交通应急处理[M]. 北京：人民交通出版社，2011.

[3] 阎国强，仇海兵. 城市轨道交通概论[M]. 北京：人民交通出版社，2010.

[4] 仇海兵，城市轨道交通车站设备[M]. 北京：人民交通出版社，2011.

[5] 徐新玉. 城市轨道交通运营管理规章[M]. 北京：人民交通出版社，2011.

[6] 耿幸福. 城市轨道交通行车组织[M]. 2 版.北京：人民交通出版社,2012.

[7] 李显川. 城市轨道交通电客车运用[M]. 北京：电子工业出版社，2012.

[8] 永秀. 城市轨道交通车站运作管理[M]. 北京：机械工业出版社，2012.

[9] 牛凯兰，牛红霞. 城市轨道交通行车组织[M]. 北京：机械工业出版社，2013.

[10] 李建国. 城市轨道交通系统概论[M]. 北京：机械工业出版社，2012.

[11] 裴瑞江. 城市轨道交通客运组织[M]. 北京：机械工业出版社，2013.

[12] 李慧玲，刘冰. 《城市轨道交通安全管理》[M]. 北京：人民交通出版社，2011.